LIOBANI
Ich berate – nimmst Du an?

LIOBANI
Ich berate – nimmst Du an?

Universelles Leben

CIP-Titelaufnahme der Deutschen Bibliothek
LIOBANI. Ich berate – nimmst Du an?
Universelles Leben, Würzburg, 1. Auflage 1988
ISBN 3-926056-88-6

Band II
LIOBANI
Ich berate – nimmst Du an?
1. Auflage 1988
© Universelles Leben
Postfach 5643, 8700 Würzburg

Satz: Fotosatzstudio Klein, Würzburg
Druck: Joh. Walch, Augsburg
Illustrationen: Hella Schillinger, Postfach 5643, Würzburg
ISBN 3-926056-88-6

*Das Wort Gottes an uns,
offenbart durch
einen Engel des Herrn –
Liobani, unsere göttliche Schwester*

*Gegeben
durch die Prophetin des Herrn,
Gabriele – Würzburg*

Inhalt

                                               Seite

Für die Eltern
Erziehung zu freien, selbstverantwortlichen Menschen .   11

Das Kind von sechs bis neun Jahren
Licht und Schatten in Seele und Mensch   22
Die unsichtbaren Gedankenwesen   24
Die Inkarnationen der Seele   26
Nur durchlichtete Seelen nehmen die höchsten
Strahlsphären wahr   28
Jeder hat einen anderen Bewußtseinsstand   29
Die geistige und die irdische Schule   34
Ein tüchtiger und brauchbarer Mensch werden   40
Was du deinem Nächsten zufügst, das fügst du dir selbst zu   46
Rechtzeitiges Erkennen der Fähigkeiten und Talente,
der Schwierigkeiten und Probleme   49
Erziehung zum positiven Denken   52
Wenn Eltern streiten   54
Lieblingstier und Lieblingspuppe   56

Erzählung von Liobani
Die unsichtbaren Helfer, die Naturwesen und Elementargeister – ihr Evolutionsweg, ihr Aussehen und Wirken .   63

Die Luftgeister 87
Die Feuergeister 94
Zusammenwirken der Schutzengel und Naturwesen . . 98
Die Wassergeister 102

Elternhaus und Schule

Tagesabschluß in der Familie 118
Der Morgen 127
Das Schulkind 130
Das Gesetz von Saat und Ernte 135
Der Unterricht 157

Spiele zur Schulung der Sinne, der Konzentration und der Selbsterkenntnis

Das Spiel mit den Sinnen 161
Das Spiel zur Schulung der Konzentration 168
Erkenntnisspiele 175

Liobani erzählt weiter

Die Elementargeister 189
Die Waldgeister 197
Elfchen Traulich berichtet 198
Schlaufuchs 204
Rehkitz 209
Rotkehlchen 217
Der Sonnentanz – ein Gebetstanz der Naturgeister . . . 223

Für den heranwachsenden Jugendlichen von neun bis zwölf Jahren

Für die Eltern 233
Bilanz im Lebensbuch 233
Eignung für den späteren Beruf 235
Der heranwachsende Jugendliche 238
Vorbild statt Autorität 240

Für die jungen Geschwister

Eigene Erfahrungen und Entscheidungen 252
Fähigkeiten, Talente, Qualitäten 260
Sich selbst finden 266
Weichen stellen 271
Selbstlosigkeit 275
Wer ist Liobani? – Die Geistwesen 281
Der Berggeist 289

Information

Universelles Leben 301
Grundsätze und Ziele der Nachfolger des Nazareners . 303
Meditations-Fernkurs 308
Bücher im Universellen Leben 309

Für die Eltern

Erziehung zu freien, selbstverantwortlichen Menschen

Liebe Brüder und Schwestern!

Ihr seid eingekleidete Geistwesen, ihr seid nur geraume Zeit in einem Erdenkleid.

Die ewige Heimat aller Wesen ist das Licht des ewigen Vaters; es ist das Reich des Inneren.

Liebe Geschwister im Erdenkleid, viele von euch sind oder werden Eltern.

Eure Kinder, die ihr zeugt und gebärt, sind, wie auch ihr, eingekleidete Geistwesen, Kinder Gottes.

Der Mann, der Vater, hat nur die Hülle, den Menschen, gezeugt, und die Frau, die Mutter, trägt unter ihrem Herzen die werdende Hülle, den wachsenden Embryo.

Beide, der Vater wie auch die Mutter, übertrugen dem werdenden Erdenkörper einen Teil ihrer Erbanlagen – nämlich die Teile, die in der Frau, der Mutter, wie auch im Mann, dem Vater, bei der Zeugung und während des Wachstums im Mutterleib aktiv sind; es sind Erbanlagen, die eventuell in diesem Erdenleben ihres Kindes wirksam werden.

Diese Erbanlagen können im Laufe dieses Erdenlebens aktiv werden oder latent bleiben. Die Planetenstrahlung, die die Seele des Kindes zur Inkarnation führt, bewirkt sowohl das eine wie auch das andere.

Liebe Eltern, wie ihr also gehört habt, kommt die Seele in den Erdenkörper. Sie ist im reinen Sein ein Geistwesen – wie auch ihr und ich im geistigen, göttlichen Reich es sind.

Sofern das Geistwesen belastet ist, wird es Seele genannt.

Es hat sich während seiner Inkarnationen belastet und ging nach jeder Entkörperung in eine der vier Seelenreiche in den Stätten der Reinigung. Der Aufenthalt dort erfolgt immer wieder, so lange, bis die Seele geläutert und wieder zum reinen Geistwesen geworden ist.

Liebe Eltern, wenn ihr euer Kind, das nun die ersten Schritte in die Welt tut, belehrt, unterweist und auf viele Dinge und Gegebenheiten in der Welt aufmerksam macht – so denkt immer daran, daß auch euer Kind von Gott den freien Willen bekam.

Nach dem Gesetz des freien Willens dürfen die Eltern den Willen ihres Kindes nicht unterdrücken, indem sie ihm ihre Meinungen, Vorstellungen und Lebensgewohnheiten aufzwingen!

Jeder Mensch hat seine individuelle seelische Belastung.

Entsprechend dieser seelischen Belastung werden Seele und Mensch von der Planetenkonstellation geführt, mit der die Seele schwingungsnah verbunden ist.

Liebe Eltern, beachtet bitte, daß die Seele eures Kindes andere Belastungen, Wünsche, Erinnerungen und Merkmale trägt als eure Seele – selbst wenn sie in einigen seelischen Aspekten den Belastungen eurer Seele gleicht.

Diese gleichen oder ähnlichen Belastungen haben Eltern und Kinder zusammengeführt. Das ist eine Seelenschuld, ein Gemeinschaftskarma, das Eltern und Kinder miteinander verbindet, das sie gemeinsam tragen sollen. Daran denkt, wenn ihr den oftmals störrischen, unfolgsamen Kleinen eine Lektion erteilt, damit ihr den freien Willen nicht unterbindet, indem ihr ihnen euren Willen aufdrängt. Bemüht euch, euer Kind zu führen, nicht zu beherrschen, damit es ein brauchbarer, guter, freier und glücklicher Mensch wird.

Liebe Eltern, wenn das Kind unfolgsam, quengelig und störrisch ist, bitte, ruft das Kind nicht herrisch zur Ordnung, sondern führt es! Das heißt: Geht auf das Kind ein und ergründet die Ursachen für sein Verhalten. In vielen Fällen liegen die Ursachen nicht nur beim Kind, sondern auch in der Erziehung durch die Eltern.

Sowohl für die Erwachsenen als auch für die Kinder ist jeder Tag ein „Schultag", an dem jeder einzelne Mensch sein Denken und Leben erkennen darf. So dürfen sich die Eltern auch an dem Verhalten ihrer Kinder erkennen. Die Kinder sind für die Eltern ein Spiegel.

Wie die Eltern denken, wie sie miteinander leben, harmonisch oder zänkisch, so wirkt es sich auf ihre Kinder aus. Die Erdentage sind also Tage der Selbsterkenntnis, Schulstunden im Erdenkleid.

Für jeden Menschen – auch für das Kind – sind die einzelnen Tage entsprechend der seelischen Belastung geprägt. Das Energiepotential des Tages strömt jedem Menschen anders zu, entsprechend seiner seelischen Entwicklung und dem, was er am heutigen Tag bewältigen sollte. So ist jeder Tag ein Schultag für jeden Menschen, für den kleinen und für den erwachsenen Menschen.

In jedem Augenblick regt die Tagesenergie über die Empfindungs- und Gedankenwelt – oder über Zweite und Dritte – den Menschen an und sagt ihm, was er heute und jetzt an sich selbst erkennen soll, damit er es sodann entsprechend bereinigt; entweder durch ein Gespräch, durch eine richtige, selbstlose Tat, durch die Bitte um Vergebung oder durch Vergebung.

Die Lehrer eines jeden Tages sind die ungesetzmäßig angewandten Energien, also gegensätzliche Gedanken, Worte und Handlungen, die der Mensch in vorausgegangenen Inkarnationen oder in der derzeitigen Einverleibung seiner Seele auferlegt hat – die aber noch nicht bereinigt sind.

Gleich oder ähnlich schwingende Energien, die die belastete Seele in sich trägt, schwingen auch in den Stätten der Reinigung und in der Atmosphäre. Sie werden gemäß ihrer Aktivität von den Belastungen der Seele – wir nennen sie auch Entsprechungen der Seele – angezogen. Seele und Mensch werden also jeden Tag sowohl von innen – vom Schutzgeist – als auch von gleichschwingenden Energiefeldern berührt und so geführt, daß der Mensch täglich – in jedem Augenblick – erkennen darf, was er heute und nicht erst morgen zu bereinigen hat.

Erkennt also:

Gott, das ewige Gesetz, gibt jedem Menschen täglich so viel Erkenntnisse und zugleich so viel Kraft, um das Erkannte zu bereinigen, damit die freigewordenen negativen Energien in positive, kraftvolle Lebensenergien umgewandelt werden können.

Nützt der Mensch die Tage, Stunden, Minuten und Augenblicke seines Lebens nicht, dann vergeudet er diese Inkarnation. Eventuell belastet er sich in dieser Einverleibung mit einer neuen Seelenschuld, die größer ist als die, welche er in dieses Dasein mitgebracht hat.

Deshalb, liebe Eltern, seid wachsam und erkennt: Auch eurem Kind ist der Tag als „Schultag" gegeben. Ihr sollt eurem Kind helfen, damit es im Erwachsenenalter froh, glücklich und von seelischen Belastungen – die sich im Körper auswirken – weitgehend frei wird.

Erkennt bitte eure Aufgabe – und damit auch eure Verantwortung Gott gegenüber. Denn euer Kind, das Geistwesen, ist von Gott geschaut, geschaffen und gegeben, und es kehrt wieder zu Gott zurück – wie auch ihr.

Liebe Eltern, viele von euch wissen, daß keine Energie verlorengeht – auch nicht die heruntertransformierte göttliche Energie, die zur gegensätzlichen Energie wurde, da viele Menschen nicht gottgewollt gelebt haben und leben.

Trotz alledem schenkt sich Gott den Seinen. Er bemüht sich, daß Seele und Mensch die heruntertransformierten Energien wieder umwandeln in positive Kräfte der Liebe, der Harmonie und des Friedens.

Die heruntertransformierten Energien bleiben so lange wirksam, bis ihr Verursacher, die Seele und der Mensch, sich selbst erkennen und dem Negativen – dem Niederen, dem Ichbezogenen – selbstlose Liebe, Harmonie und Frieden entgegensetzen und sich dem inneren Licht, Christus, ihrem Erlöser, hingeben. Christus wandelt sodann das Negative in positive, also höherschwingende Energien um.

Das Licht des Tages trägt jedem Menschen die Ursachen zu, die er heute bereinigen sollte – das, was eben jetzt und heute ansteht.

Das Licht des Tages bringt jedoch ebenso die positiven Energien zur Erbauung und zur Freude für Seele und Mensch.

Jeder Mensch empfängt jeden Tag, was für seine Seele gut ist.

Jeder Mensch zieht auf diese Weise Tag für Tag das Pensum gegensätzlicher Tagesenergie an, die er – in den Vorexistenzen und in diesem Erdenleben – durch negative Empfindungen, Gedanken, Worte und Handlungen geschaffen und in die Seele oder Atmosphäre eingespeichert hat.

Das geschieht so lange, bis der Mensch sich selbst erkennt, seine Fehler bereut und sie dem Christuslicht, dem inneren Licht der Erlösung, übergibt. Der Christusgeist in jeder Seele wandelt die negativen Energien in positive um, wenn der Mensch bereit ist, das Erkannte und Bereute in Christus zu belassen. Wer also das erkannte Menschliche dem Christuslicht übergibt, es in Ihm beläßt und fortan unterläßt, der empfängt vermehrt positive Kraft.

Zusätzlich zu der Tagesenergie bringt am frühen Morgen, wenn sich der Erdteil allmählich wieder der Sonne zuwendet, auch die Seele von ihrer nächtlichen Seelenwanderung das Energiepotential mit in ihr Erdenkleid, das sie und der Mensch heute, also an diesem neuen Tag, nicht erst morgen, zu bewältigen hat. Auf ihrer Wanderschaft weg vom schlafenden Körper und wieder zurück zu ihm wird ein Teil der in ihr liegenden Belastungen angeregt. Diese sollen am neuen Tag vom Menschen erkannt, wieder gutgemacht und Gott übergeben werden. Auch das Ober- und Unterbewußtsein spiegelt in den neuen Tag hinein und zeigt dem Menschen über seine Empfindungs- und Gedankenwelt, was er heute und jetzt zu bewältigen hat.

Infolgedessen ist es möglich, daß an einem Tag drei Energiequellen auf den Menschen einwirken: der Tag, die Seele sowie das Ober- und Unterbewußtsein. Alle drei Energiequellen werden vom Gesetz von Saat und Ernte aufeinander abgestimmt, so daß für den Menschen nur so viel zu bewältigen ist, wie er heute zu bewältigen vermag. Die Seele bringt jedoch von ihrer nächtlichen Reise auch Freude, Harmonie und viel Liebe mit in den neuen Tag – so viel, wie ihrem Aufenthaltsort in der Nacht und ihrer Reise entspricht.

Wenn ein noch unruhiger, belasteter Mensch des Nachts schläft, dann hält sich die Seele meist in der Nähe des Körpers auf. Ist der Mensch in der Nacht tätig, so muß die Seele in ihrem menschlichen Körper bleiben. In beiden Fällen kann die Seele über ihre aktiven Entsprechungen, das heißt Belastungen, nur einen Teil aus der Tagesenergie anziehen.

Der Mensch wird oft schon beim Erwachen von seiner Tagesenergie gleichsam überfallen: Es bedrängen ihn Empfindungen und Gedanken.

Ist der Mensch geistig ausgerichtet, dann wird er diesen Tagesenergien erst dann Zeit einräumen, wenn er sich mit der höchsten Energie, mit Gott, verbunden hat.

Ist es ihm möglich, das Gegensätzliche aus seiner persönlichen Tagesenergie, die menschlichen Empfindungen und Gedanken, das, was am Morgen schon in ihm aufsteigt, zu ordnen und Gott, der Urenergie, zu übergeben mit der Bitte um Führung am neuen Tag, dann wird der Tag unter den positiven Kräften Gottes stehen.

Dann wird der gottbewußte Mensch von den göttlichen Energien so geführt, daß ihm seine Tagesenergie, trotz eventueller Schwierigkeiten, ein positives Ergebnis bringt – denn er erkannte im Gegensätzlichen das Positive und verlieh diesem Raum, so daß es wirken konnte.

Ein Mensch, dessen Seele weitgehend licht ist und dessen Ober- und Unterbewußtsein klar sind, der wird Tag für Tag von der ihm innewohnenden göttlichen Kraft so geführt, daß er rechtzeitig die noch vorhandenen Mängel und Schwierigkeiten erkennt und sie mit der göttlichen Kraft löst und bereinigt. Dann werden die Tage weitgehend harmonisch und ausgewogen verlaufen. So manche Schwierigkeit wird sich im positiven Sinne lösen, weil in der Seele des Menschen Gleiches oder Ähnliches kaum mehr schwingt oder nicht mehr vorliegt.

Schwierigkeiten, die der Tag dem einzelnen bringt, können auch die Schwierigkeiten einer Gruppe sein.

Das bedeutet: Eine Gruppe von Menschen hat sich mit gleichen oder ähnlichen Empfindungen, Gedanken und Handlungen belastet und diese Energien in die Atmosphäre projiziert. Werden diese Energien wirksam, dann kann der einzelne damit in Berührung kommen, eventuell gemeinsam mit anderen Menschen.

Liebe Eltern, bitte beachtet diesen Abschnitt über die Tagesenergie. Damit erlangt ihr auch für euer Kind Verständnis, das ebenfalls täglich sein Tagespotential an positiver und negativer Energie anzieht.

Sagt jedoch nicht sogleich entschuldigend: „Das war die Tagesenergie des Kindes", wenn es z.B. heute schmollt und gar nicht zugänglich ist, wenn es viel weint und mürrisch ist oder gar streitsüchtig und zerstörerisch. Sondern stellt euch selbst die Frage, ob nicht ihr, liebe Eltern, an den Vortagen zänkisch und mürrisch gewesen seid, ob nicht ihr miteinander gestritten oder über Menschen, Dinge und Angelegenheiten gesprochen habt, die euer Kind nicht verarbeiten und verstehen konnte. Dieser noch schwingende und ausschwingende Energiekomplex ist dann im Ober- und Unterbewußtsein eures Kindes wirksam und bestimmt seinen Tag.

Liebe Eltern, zwingt eurem Kinde nicht euren Willen auf. Führt es so, wie ihr geführt werden wollt: nicht in der Zwangsjacke menschlicher Vorstellungen, nicht im Panzer von Traditionen und vererbtem Gedankengut, wie z.B.: „Weil es unsere Vorfahren so gehalten haben, deshalb müssen es unsere Kinder auch so halten."

Denkt daran: Jeder Mensch hat sein Eigenleben, geprägt von seinem Gedankengut.

Den Eltern obliegt die Aufgabe – und die Pflicht! –, ihre Kinder zu behüten, zu beschützen und sie im selbständigen, gerechten Denken, Reden und Handeln zu erziehen, so daß sie geistig wache und rege Erwachsene werden, die ihr Leben meistern und in Harmonie mit ihren Mitmenschen sind.

Wache, geistige Menschen sehen die Dinge und Geschehnisse in der Welt so, wie sie sind, nicht, wie sie durch die Brille der Weltmenschen gesehen werden, die von Kindheit an die enge Zwangsjacke und den Panzer von Vorstellungen und Traditionen der Vorfahren und Eltern tragen.

Erzieht eure Kinder zu freien Menschen! Seid ein lebendiges Vorbild, so daß sie eure guten Ratschläge bejahen, annehmen und eventuell umsetzen, wenn sie ihrem Lebensrhythmus entsprechen.

Sind eure Kinder nicht gewillt, eure Erkenntnisse und Ratschläge anzunehmen, dann belaßt sie in ihrem Gedankengut und bei ihren Wünschen. Bleibt ihnen jedoch liebevoll und gütig gewogen.

Sprecht bitte nicht so lange auf eure Kinder ein, bis sie resignieren und daraufhin „ja" sagen und tun, was ihr wollt. Damit habt ihr nur scheinbar etwas erreicht. Früher oder später werden sie verstockt und lehnen euch beide oder einen Elternteil ab.

Liebe Eltern, euer Leben ist nicht das Leben eures Kindes.

Euer Kind hat ein Recht, sich frei zu entfalten und von seinen Eltern behütet, beschützt und richtig, das heißt souverän, geführt zu werden.

Sind Eltern und Familie in Harmonie, bestehen unter ihnen Vertrauen und selbstlose Liebe, dann werden die Eltern auch ihr Kind verständnisvoll anleiten und durch die Kinderjahre geleiten.

Liebe Eltern, so wie ihr denkt und lebt, so werdet ihr auf eure Kinder einwirken und auf sie zugehen.

Seid ihr Eltern oder einer von euch bestimmend, also autoritär, dann können sich eure Kinder nicht frei entfalten, und die negativen Erbanlagen, die ihr dem Erdenkörper, eurem Kind, als Erbgut übertragen habt, beginnen, sich rascher zu entfalten, und vergrößern ihre Intensität. Sie zeigen sich sodann verstärkt im Kind und überlagern die positiven Seiten, die inneren Werte eures Kindes.

Die aktiven gegensätzlichen Erbanlagen können auf Belastungen der Seele einwirken, sich verstärken und das Tagesgeschehen eures heranwachsenden Kindes trüb und schmerzvoll gestalten. Sie prägen unter Umständen den Jugendlichen und den Erwachsenen, der sodann Nachahmer seiner Eltern wird, der keine eigene Empfindungs- und Gedankenwelt hat, sondern eine Marionette seiner Eltern ist als Folge der autoritären Erziehung.

Bitte, liebe Eltern, erzieht eure Kinder nicht autoritär, sondern seid Autoritäten, positive Vorbilder!

Der Autoritäre ist der Ungelenke, der Besserwisser.

Die Autorität ist Vorbild, hat Verständnis, ist tolerant, wohlwollend, nachsichtig und gütig.

Menschen, die von ihren Eltern geprägt sind, die kaum sich selbst erfahren, müssen unter Umständen viel leiden, weil sie ihre persönliche Tagesenergie, das, was der Tag für sie selbst bringt, nicht erkennen, einordnen und bewältigen können. Sie werden von den Vorfahren und Eltern gelebt, das heißt, ihnen wurde das Weltbild der Vorfahren und Eltern aufoktroyiert, das Gedankengut, die Tradition und vieles mehr.

Dadurch wird ihre Entfaltung gehemmt, und sie tun sich oftmals sehr schwer, aus der Zwangsjacke und dem Panzer der Vorstellungen und Meinungen anderer wieder herauszufinden, da ihr ganzes bisheriges Denken und Leben davon geprägt wurde. Solche Menschen wurden und werden von den Tagesenergien anderer gelebt. Sie sind nicht sie selbst. Sie sind das Ergebnis der Wünsche und Vorstellungen, des Gedankenguts der Vorfahren und Eltern.

Solche Menschen leben an ihrem eigenen Leben vorbei. Sie nehmen die Chance ihrer Inkarnation nicht richtig wahr und nützen sie nicht, sondern bauen vielmehr mit ihren Eltern ein Gemeinschaftskarma auf, das sie entweder in diesem oder in einem der nächsten Leben wieder gemeinsam abtragen müssen.

Die Eltern haben sich dabei stärker belastet, weil sie ihrem Kind ihre Vorstellungswelt aufgezwungen haben und das Kind nicht zur Eigenentfaltung führten.

In der Folge belastet sich der Jugendliche oder spätere Erwachsene durch falsches Denken und Handeln, das auch auf die falsche Erziehung zurückgeführt werden kann. Hinzu kommt noch die eigene seelische Belastung, die er nicht erkennen konnte, weil er in der Zwangsjacke und dem Panzer des menschlichen Denkens und Wollens seiner Eltern verharrte.

Die richtige Lebenseinstellung sowohl von Eltern als auch Kindern wäre: Einer ist dem anderen Spiegel; einer erkennt sich im anderen, und jeder hilft, die Last des Nächsten mitzutragen.

Das macht frei und führt zur selbstlosen Liebe, nicht zu einem autoritären Verhalten, sondern zu einem echten Vorbild. Das ist wahres christliches Zusammenleben.

Die echte Lebensgemeinschaft bedeutet: Steht euch untereinander bei, und erfüllt die Gesetze des Ewigen.

Der erwachsene Mensch wird vom Gesetz Gottes selbst berührt und geführt. Das Kind wird, in vielen Fällen über seine Eltern, von Gott geführt. Deshalb haben die Eltern eine große und hohe Aufgabe für ihre Kinder übernommen.

Gott versucht, Sein Menschenkind immer wieder so zu führen, daß es die alten Gewohnheiten ablegen, die Zwangsjacke ausziehen und den Panzer menschlichen Ichs, die Vorstellungen und Traditionen, sprengen kann.

Wer jeden Tag nach den Gesetzen Gottes richtig zu nützen weiß, der begibt sich allmählich auf den Inneren Weg. Dieser führt zur Befreiung vom menschlichen Ich und in die Einheit mit Gott, der Sein Kind, das Geistwesen, frei geschaffen hat und der ihm immer wieder die Möglichkeit gibt, in Ihm zu leben und den Tag als Seinen Tag mit Ihm zu begehen.

Das Kind von sechs bis neun Jahren

Liebes Kind, das du meine Schwester oder mein Bruder bist! Ich bin Liobani, ein göttliches Wesen, das dich auf deinem weiteren Lebensweg beraten möchte.

Du hast richtig gehört, ich möchte dich ausschließlich beraten und nicht etwas anordnen oder dir gar *ver*ordnen, das du nicht anerkennen und auch nicht tun möchtest.

Wisse, liebes Kind, ich bin ein freies Wesen der Himmel und deshalb an keine menschlichen Wünsche und Ansichten gebunden.

Licht und Schatten in Seele und Mensch

Auch du wirst wieder ein freies himmlisches Wesen werden, weil Gott dir die Kraft gab, deine menschlichen Sinne, deinen Seh-, Gehör-, Geruchs-, Geschmacks- und Tastsinn so zu verfeinern, daß deine Seele die Heimat wieder schauen kann, Gott und die Wesen der Liebe wieder hören, die himmlischen Düfte riechen, die feinen ätherischen Substanzen in naturgerechter Nahrung wieder schmecken kann und du auch die Lebensformen bewußt, das heißt in der Erkenntnis, daß alles Leben ist, betasten kannst.

Sicher stellst du nun deinen Eltern die Frage, was die Sinne sind und wie sie wirken. Ich möchte dir das gerne erläutern:

Über dein Empfinden, Denken, Sprechen und Handeln zeigt deine Sinneswelt deine Licht- und Schattenseiten in deinem Leben.

Licht und Schatten sind sowohl in deiner Seele als auch in deinem irdischen Körper. Sie bilden jetzt dein Bewußtsein.

Deine Gehirnzellen nehmen auf, was du gestern empfunden und gedacht hast, was du heute und jetzt empfindest und denkst; sie spiegeln diese Empfindungen und Gedanken in die Seele. Von dort wirken Licht und Schatten in deine Sinnesorgane ein und weiter wiederum auf dein Empfinden, Denken, Sprechen und Handeln.

Du mußt erkennen, eines wirkt auf das andere ein: Deine Empfindungen und Gedanken wirken auf die Sinne ein, und deine Sinne regen wieder deine Empfindungen und Gedanken an. Licht und Schatten, deine Sinne, dein Empfinden, Denken, Sprechen und Handeln, steuern deine Augen; sie wirken auf den Gehör-, den Geruchs-, Geschmacks- und den Tastsinn ein. Was du z.B. an Nahrung, an Düften und Gerüchen möchtest, steuert die Riechmembranen in deiner Nase; sie wirken sich auch in deinem Gaumen aus, denn Riech- und Geschmacksorgane liegen nahe beisammen.

Alles, was du bisher empfunden, gedacht, gesagt und getan hast, wirkt in deiner Seele und in deinem Gehirn als Licht oder Schatten. Ebenso regt umgekehrt alles, was in der Seele und im Gehirn gespeichert ist – auch das Unbewußte, das, was du scheinbar schon vergessen hast –, wiederum deine Sinne, Empfindungen und Gedanken an.

Solange deine Empfindungen und Gedanken nicht selbstlos, das heißt liebevoll, hilfsbereit und wohlwollend sind, wirst du von den Schatten deiner Seele gesteuert. Sind die Schatten deiner Seele, also die Belastungen deiner Seele, sehr groß, dann wirst du gleichsam getrieben. Dann bist du in vielen Fällen nicht mehr Herr deiner Sinne. Die Schatten deiner Seele äußern sich z.B. in Angst, Haß, Neid, Zorn.

Dagegen will das Licht in deiner Seele und in deinen Gehirnzellen dich führen und bemüht sich, daß du aus der Abhängigkeit von deinen Sinnen und deinen negativen Empfindungen, Gedanken, Worten und Handlungen, von deinen Schatten also, frei wirst, um dann im Lichte zu leben.

Sind deine Gefühle und Gedanken liebevoll, dann schaut allmählich durch deine irdischen Augen dein wahres Wesen, das Geistwesen, das du im Himmel gewesen bist und das auf der Erde, im Erdenkörper, jetzt als Seele lebt, um wieder engelgleich, also frei und rein, zu werden.

Ist deine Seele licht und hell, dann werden deine Sinne nicht mehr von den vielen menschlichen Wünschen, von Neid, Haß und streitsüchtigen Gedanken getrieben, sondern deine fünf Sinne reagieren auf feinere Strahlsphären.

Zum Beispiel fällt die Neugierde von dir ab; du wirst mit Kindern zusammentreffen, welche eine gleiche oder ähnliche Strahlsphäre haben wie du, die ebenfalls, wie du, mit den Spielkameraden, den Schulkameraden und den Geschwistern friedlich leben, spielen oder Schularbeiten machen, die mit ihren Geschwistern liebevoll sind.

Die unsichtbaren Gedankenwesen

Die Sinne können auch mit kleinen Antennen oder Fühlern verglichen werden. Ich erinnere dich an eine Schnecke. Wenn die Schnecke fühlt, daß Gefahr droht, dann zieht sie ihre Fühler, die ihre Antennen sind, ein. Die Schnecke spürt mit ihren Fühlern voraus und nimmt damit ihre Umgebung wahr.

Ähnlich ist es beim Menschen.

Ist in der Seele eines Menschen viel Licht und sind seine Gedanken liebevoll, dann wird er lichte und reine Gedanken und Gefühle auf sich lenken, und ebenso werden seine Sinne lichte Menschen anziehen.

Gefühle, Empfindungen und Gedanken können mit kleinen Wesen verglichen werden, wir nennen sie die unsichtbaren Gedankenwesen. Sie schwingen in der Atmosphäre der Erde und auf der Erde und werden von den Sinnen jenes Menschen angezogen, der entsprechende, z.B. lichte, liebevolle Gedanken und Worte aussendet und dessen Handlungen gut sind.

Das gleiche gilt, wenn der Mensch lieblos, gehässig und zornig ist. Dann zieht er mit seinen Sinnen kleine, unsichtbare lieblose, gehässige, zornige Gedankenwesen an. Sowohl die lichten als auch die dunklen Gedankenwesen werden von den Antennen, den Sinnen eines Menschen, aufgenommen entsprechend der Beschaffenheit der Seele des Menschen.

So wirken unsichtbare Gedankenwesen auf den Körper und auf die Seele der Menschen ein, ob sie nun im Licht oder im Schatten stehen, ob sie Licht oder Schatten in ihrer Seele haben: Lichte Gedankenwesen wirken auf lichte Menschen und lichte Seelen ein, dunkle Gedankenwesen auf lichtarme, schattenreiche Seelen und düster denkende Menschen. Deshalb heißt es: Was der Mensch denkt und spricht, das ist er.

Wie alle Tiere ist die Schnecke nicht verschattet. Entsprechend ihrer Lebensform empfindet sie lichtvoll; das heißt, ihre zarten Empfindungen sind reine, schöpferische Liebe.

Schöpferische Liebe, Liebeempfindungen, sind Einheitsempfindungen. Die Schnecke und alle Tiere sind in der Einheit mit der Natur.

Die Schnecke, die in Harmonie mit der Schöpfung ist, zieht jedoch sofort ihre Fühler ein, wenn sie disharmonische Schwingungen registriert. Für sie bedeutet das Gefahr. Auf diese Weise schützt sie sich vor Gefahren. Ein lichter Mensch, der liebevoll empfindet und denkt, wird sich ähnlich verhalten wie die Schnecke: Wird Unschönes und Liebloses gesprochen, werden z.B. Mitmenschen abgewertet oder wird gar über sie bösartig gesprochen, dann verschließt der lichtvolle Mensch die Sinne vor diesen negativen, disharmonischen Schwingungen. Er läßt also diese dunklen Gedankenwesen, diese negativen Kräfte, nicht in seine lichte Seele und in seine auf das Gute eingestimmten Gehirnzellen. Er schützt sich davor, indem er seine Sinnesantennen auf die Liebe des Vaters ausgerichtet hält, auf die Kraft, die in seiner Seele, in jeder Zelle seines Leibes, aber auch im Baum, im Blatt, in jeder Blume, im Strauch und in jedem Tier wirkt. Diese eine Lebenskraft wirkt in jedem Menschen, in jedem Himmelskörper, in der ganzen Unendlichkeit.

Die Inkarnationen der Seele

Liebes Kind, wenn ich von dem Leben spreche, meine ich nicht nur dein jetziges irdisches Leben, sondern alle deine irdischen Leben, weil eine Seele im Wechsel von Geburt und Tod immer wieder einen neuen menschlichen Körper aufsucht, sich also immer wieder in einen neuen irdischen Leib einverleibt.

Deine Seele, die in deinem irdischen Körper wohnt, geht nach dem Tod dieses Körpers in andere Strahlsphären.

Ist sie sehr belastet, sind die Schatten also sehr dicht, dann kommt sie wieder zur Erde und begibt sich wieder in einen Körper. Das kann mehrmals geschehen, so lange, bis Seele und Mensch die dichten Schatten durchlichtet haben, bis die Seele also heller geworden ist.

Bei der Geburt des Kindes schlüpft die Seele, der geistige Leib, in den irdischen Körper, in den Säugling. Der Mensch kann diese Vorgänge nicht sehen, weil die Seele mit den menschlichen Augen nicht wahrzunehmen ist.

Stirbt der irdische Körper, der Mensch, dann verläßt die Seele den toten Körper. Sie ist in den Geist unseres ewigen Vaters eingebettet, der das Leben der Seele und des Leibes ist. Die Seele geht, wie ich schon erwähnt habe, in andere Strahlsphären, dorthin, wo andere Seelen, ihrem Seelenzustand entsprechend, leben, entweder in lichte oder in dunkle Seelenreiche.

Eine verschattete Seele geht also dorthin, wo Seelen leben, die gleich oder ähnlich verschattet sind wie die ankommende Seele, die soeben ihren toten Körper verlassen hat. Lichte Seelen gehen zu ebenfalls lichten Seelen. Nach dem Gesetz der Anziehung heißt es: Dunkle Seelen zu dunklen Seelen und lichte Seelen zu lichten Seelen.

Seelen mit großen Belastungen, mit dichten Schatten, drängen oftmals wieder zur Einverleibung in einen Erdenkörper. Viele dieser dicht verschatteten Seelen sehnen sich wieder nach einem menschlichen Körper, weil sie glauben, die Erde und ein menschlicher Leib wären ihr wahres Zuhause.

Das Erdenleben ist die geistige Schule der Seelen. Wer in der geistigen Schule freundlich, liebevoll und verständnisvoll ist, durchlichtet seine Schatten, und seine Seele wird lichter und heller werden. Dies geschieht, wenn der Mensch seine Zornesausbrüche und seine Bosheiten als einen Teil von sich selbst erkennt und solche unschönen menschlichen Gedankenwesen dem himmlischen Vater übergibt mit der Bitte, ihm beizustehen, nicht mehr zornig und boshaft zu sein. Kann der Mensch sein Ich überwinden, dann wird er freundlicher, liebevoller und verständnisvoller empfinden, denken, sprechen und handeln. Sofern es gut für die schon helle Seele ist, wird sie nach dem irdischen Tod nicht mehr auf die Erde in einen menschlichen Körper zurückkehren, sondern sich in lichten Strahlsphären weiter bemühen, immer selbstloser und liebevoller zu werden, bis sie wieder engelgleich ist.

Ist die Seele vollkommen licht und hell, liegt kein Schatten mehr auf ihr, dann ist sie wieder ein Engel, so rein, wie die Engel im Himmel sind und auch ich, die ich ein Engel der Himmel bin.

Nur durchlichtete Seelen
nehmen die höchsten Strahlsphären wahr

Sicher interessiert es dich, warum du mich nicht sehen und auch nicht hören kannst.

Ich will dir antworten: Siehe, liebes Kind, ich lebe in feinen, himmlischen, lichten Strahlsphären. Diese Strahlsphären können mit den menschlichen Augen nicht gesehen werden. Somit kannst auch du mich nicht sehen.

Und hören kannst du mich erst, wenn du dem engelgleichen Bewußtsein wieder nahe bist; denn Gleiches verbindet sich nur mit Gleichem.

Du hast von den fünf Sinnen gehört, die wie Antennen sind. Wenn die Empfindungen und Gedanken der Menschen licht sind, die Sinne verfeinert und auf die höchsten Strahlsphären ausgerichtet, dann empfindet und denkt der Mensch freundlich, gut und liebevoll. Seine Worte sind verbindend, nicht trennend.

Ist das Empfinden und Denken des Menschen licht, freundlich und liebevoll, dann sind auch seine Handlungen gut, das heißt selbstlos. Ein solcher Mensch erwartet für sein Tun weder Dank noch Anerkennung. Das zeigt, daß seine Sinne fein und auf die höchsten Strahlsphären ausgerichtet sind. Einem solchen Menschen ist es möglich, in seiner lichten Seele Gott, unseren Vater, zu erfahren und auch die lichten Wesen, die in den himmlischen Strahlsphären leben.

Damit du jedoch meine Botschaft mit deinen menschlichen Sinnen empfangen kannst, bediene ich mich der Sprache eines Menschen, der die Botschafterin Gottes und Prophetin Christi genannt wird. Es ist deine Schwester, auf Erden „Gabriele" genannt.

Die Strahlsphären, von denen du gehört hast, sind ganz feine Liebeschwingungen oder Liebeströme, die von menschlichen

Augen nicht gesehen und von menschlichen Ohren nicht wahrgenommen werden können.

Unsere Schwester Gabriele jedoch kann mich in sich, in ihrer lichten Seele, vernehmen, weil sie mit ihren feinen Sinnen auf die höchsten Strahlsphären, die feinen Liebeschwingungen, ausgerichtet ist. Sie sah mich auch schon im Reich des Inneren, in einer feinen Strahlsphäre. Von dort aus übermittelte ich ihr die Körperübungen für Erwachsene und Jugendliche. Sie bemühte sich, die von mir gezeigten Körperübungen nachzumachen, um sie ihren Menschengeschwistern weiterzugeben. Auf diese Weise kamen die Körperübungen in die materiellen Strahlsphären, also auf diese Erde, in diese Welt.

Materielle Strahlsphären gibt es also auch. Sie bestehen aus unzähligen Schwingungen. Sie bilden das Menschheitsbewußtsein.

Das gesamte irdische Strahlennetz wird zusammengefaßt „die materielle Strahlsphäre" genannt. Jeder Mensch hat einen anderen Bewußtseinsstand, und jeder strahlt entsprechend seinem Empfinden, Denken, Sprechen und Handeln aus.

Jeder hat einen anderen Bewußtseinsstand

Du stellst sicher die Frage, was Bewußtsein oder Bewußtseinsstand ist.

Ich, Liobani, möchte dir das erklären:

Das geistige Bewußtsein ist in der Seele. Es ist das, was die Seele und der Mensch schon verwirklicht haben.

Verwirklichung heißt, das Unschöne und Lieblose in Gutes und Reines umzusetzen. Das bedeutet, daß der Mensch die unschönen Gedanken der Angst, des Neides, der Wut, des Zornes und die unschönen Worte immer wieder dem Christusgeist im Innersten seiner Seele übergibt. Der Christusgeist in dir wandelt sodann das Menschliche wie Neid, Wut, Haß, Habgier, Zorn und alles, was du Ihm übergibst und bei Ihm beläßt, in feine Schwingungen um. Dann wirst du tolerant und warmherzig, liebevoll und verständnisvoll. Das ist sodann Verwirklichung: Die groben, düsteren Schwingungen wie Neid, Haß, Wut sind umgewandelt in feine Schwingungen des Wohlwollens, der Güte und der selbstlosen Liebe; dann bist du gütig und liebevoll geworden.

Ein Beispiel:

In dir steigt plötzlich Zorn gegen deinen Bruder auf. Du erkennst, daß du nur deshalb zornig bist, weil dein Bruder ein Spielauto besitzt, das du auch gerne möchtest, jedoch nicht bekommen kannst. Wenn du dann innehältst und zu dir selbst sagst: „Nein, ich darf nicht neidisch und zornig sein. Es gehört meinem Bruder, und ich gönne es ihm von Herzen", so bereust du den Zornesausbruch. Am Abend übergibst du dann den Zorn im Gebet deinem himmlischen Vater mit der Bitte: „Vater, mach Du alles wieder gut." Und wenn du am nächsten Tag zu deinem Bruder sagst: „Gestern wollte ich dein Spielzeug. Ich hatte einen heftigen Zorn auf dich, weil du es hattest und ich es nicht bekam", dann hast du es bereut. Und was bereut ist, wird in feine Schwingungen umgewandelt!

Du kannst dann noch zu deinem Bruder sagen: „Heute freue ich mich, daß du dieses Spielauto besitzt und ich es dir so sagen kann. Ich hab dich lieb, bitte vergib mir, daß ich nicht gut war."

Wenn dann alles wieder gut ist und die Zorneswolken verraucht sind, weil der himmlische Vater sie in Licht- und Liebeschwingungen umgewandelt hat, dann wird es in deiner Seele heller. Das heißt, dein Bewußtsein wird größer, also die Seele lichter.

Der Bewußtseinsstand ist der Stand des einzelnen Menschen. Das Wort „Stand" sagt folgendes aus: Du stehst im Geiste dort,

wo du dich selbst hingestellt hast: entweder bei Kindern, die zornig, neidisch, lieblos und zänkisch sind – so wie du auch –, oder bei Kindern, die sich bemühen, zu ihren Geschwistern und Spielkameraden gut zu sein, die sich bemühen, gemeinsam zu spielen und zueinander freundlich zu sein – so wie du auch.

Jeder Mensch wird von den Menschen angezogen, die ähnlich oder gleich empfinden und denken, und jeder Mensch zieht wiederum Menschen an, die so empfinden, denken, sprechen und handeln wie er. Das geistige Gesetz der Anziehung bewirkt nämlich, daß Gleiches wieder Gleiches anzieht.

Dein Bewußtseinsstand entspricht also deinem Empfinden und Denken, deinen Worten und Werken, deiner Warmherzigkeit oder Lieblosigkeit.

Bist du mit Kindern zusammen, die Gleiches oder Ähnliches denken, entweder warmherzig oder zornig sind, so ist das dein und deren Bewußtseinsstand.

Wie der Mensch denkt, spricht und handelt, so ist seine Wesensart – das gilt auch bei dir. Das ist dein und sein Bewußtseinsstand.

Du wirst im Laufe deines Wachstums und deiner Reifejahre erkennen, daß jeder Mensch anders denkt und spricht und daß kein Mensch dem anderen aufs Haar gleicht. So ist es auch mit dem Bewußtsein, mit der Wesensart deines Nächsten. Jeder hat seinen eigenen Bewußtseinsstand und somit eine andere Wesensart.

Liebe Geschwister, weil jeder Mensch seinen eigenen Bewußtseinsstand hat und deshalb auch jeder meine Worte, das von mir Offenbarte, wieder anders auffaßt und versteht und weil jeder von Gott den freien Willen zur Entscheidung mitbekommen hat – und daher wählen kann, ob er das Dargereichte nun glauben und annehmen mag oder nicht –, deshalb werde ich eure Eltern und euch nur beraten. Ich werde ihnen und dir die ewigen

Gesetze unseres himmlischen Vaters erläutern. Ob deine Eltern und du diese befolgen, das überlasse ich deinen Eltern und auch dir.

Du weißt nun: Alle Geistwesen, Seelen und auch Menschen haben von Gott den freien Willen erhalten. Der freie Wille ist ein Teil des absoluten, universellen Gesetzes. Er ist unantastbar. Das heißt, weder Geistwesen noch Seelen und Menschen können daran etwas ändern.

Deine Eltern und auch du entscheiden, ob ihr die Gesetze des ewigen Vaters annehmen und im täglichen Leben verwirklichen möchtet oder nicht.

Ich berate nur.

Der freie Wille ist nach der göttlichen Liebe das höchste Gut.

Er führt den Menschen zur inneren geistigen Freiheit, läßt den zu Gott Strebenden die Wahrheit erkennen und führt Seele und Mensch zur göttlichen Weisheit.

Die göttliche Liebe ist die Erhalterin des freien Willens und der Weisheit.

Wer seinen Nächsten selbstlos liebt, ohne von ihm etwas zu erwarten, und wer seine Mitmenschen nicht gängelt, der schaut tiefer in das göttliche Geschehen. Er wird ein wissender und weiser Mensch, der alle Wesen – Menschen und alle Lebensformen wie Pflanzen, Tiere, Steine und Gestirne – selbstlos liebt, weil er Gottes Liebe und Sein Walten in allem erkennt.

Du wirst mich sicher fragen, was es heißt, in das göttliche Geschehen zu schauen.

Du mußt wissen, daß sich Gott jeden Augenblick offenbart. Meistens bemerkst du das nicht, weil deine Sinne unkontrolliert umherschweifen. Wenn du jedoch weißt, dir also bewußt wurde, daß jede Blume, jeder Grashalm, jedes Blatt, das Tier, der Stein und jeder Sonnenstrahl ein Ausdruck der göttlichen Kraft ist, dann wirst du allmählich mit den geistigen Sinnen das göttliche Walten empfinden, es anerkennen und staunend die Vielfalt aus Gott bewundern – und dann Gott, unseren Vater, lieben lernen, der uns die Essenz der Unendlichkeit geschenkt hat.

Wenn sich z.B. ein Blatt im Wind bewegt, so ist auch das ein göttliches Geschehen, ein Vorgang, der vom Geist deines himmlischen Vaters ausgelöst wurde. Im Blatt und im Wind ist des Vaters Gegenwart, Sein Odem, Sein Geist. Betrachtest du die Gestirne, dann sollst du wissen, daß auch sie göttliche Kräfte, Werke Gottes, sind.

Der Geist des Vaters ist Licht und Kraft; es ist des Vaters Liebe, die sich in dieser Welt vielfältig zeigt und offenbart.

Nichts, was Gott geschaffen hat, ist starr. Alles ist Bewegung, weil die göttliche Kraft immer tätig ist.

Alles, was lebt, hat in sich den Geist Gottes, das Leben.

Wer das Reine und Schöne in Gott, unserem Vater, erkennt als Seine Kraft, der schaut immer tiefer in das Walten Gottes, unseres geliebten himmlischen Vaters.

Die geistige und die irdische Schule

Liebes Kind, es gäbe noch viel zu berichten, doch ich möchte nun allmählich zu meiner Aufgabe kommen, deine Eltern und dich zu beraten. – Nimmst du an?

Zu den Darlegungen der göttlichen Gesetze werde ich dir jedoch immer wieder aus dem Leben in der ewigen Heimat berichten, das unser wahres Zuhause ist.

Liebes Kind, du bist auf Erden, um deine seelische Belastung, die Schatten deines geistigen Körpers, der in deinem menschlichen Leib lebt, immer mehr zu durchlichten. Du sollst die Schatten mit lichten Empfindungen, Gedanken, Worten und einem regen geistigen, selbstlosen Tun auflösen.

Dann wird anstelle der Schatten helles, strahlendes Gotteslicht leuchten. Dann hast du dein Bewußtsein erweitert, und du bist dadurch auch näher bei Gott, unserem himmlischen Vater.

Du gehst auf der Erde in eine geistige Schule.

In deinem Erdenleben, auf dem Weg ins himmlische Vaterhaus, lernst du, wie der Mensch göttlich denken, sprechen und handeln, das heißt leben soll. Das ist die geistige Schule für alle Menschen. Jeden Tag bekommst du von Gott, deinem Vater, kleinere und größere Aufgaben. Sie werden dir von Gott und deinem Schutzengel entsprechend deinem irdischen Lebensalter gestellt. Der Geist unseres himmlischen Vaters und dein Schutzengel helfen dir, das Erkannte zu verwirklichen und zu erfüllen.

Wenn du z.B. wütend bist, dann sagt dein Gewissen: „Das ist nicht gut, wie du jetzt denkst und sprichst. Du bist wütend, weil du dies oder jenes nicht bekommst. Das ist nicht gut." Oder du bist wütend, weil dir dein Geschwister auf deine Frage eine Antwort gab, die du nicht hören wolltest. Dein Gewissen fragt dich: „Warum wolltest du diese Antwort nicht hören?" Oder du möchtest noch nicht schlafen gehen, oder du wurdest gar geschlagen, dann frage dich: „Warum ist das geschehen?" Wenn du wütend reagierst, so hat das immer einen oder mehrere Gründe. Hast du sie gefunden, dann weißt du, was in dir vorgeht. Das Gewissen ist entweder der Geist deines Vaters in dir – denn du bist das Haus, der Tempel, in dem der Geist unseres himmlischen Vaters wohnt –, oder es ist dein unsichtbarer Begleiter, der Schutzengel, der dich ermahnt.

Liebes Kind, du hast gehört, daß Gleiches immer wieder Gleiches anzieht. Deshalb gibt es keine Zufälle im Leben.

Treffen zwei gleich schwingende unschöne und häßliche Gedankenwesen zusammen, dann wirkt sich das wie bei einer Explosion aus: Der Mensch ist wütend; er explodiert und spricht unschöne Worte oder schlägt um sich.

Wenn du also wütend bist, dann sendest du unschöne und lieblose Gedankenwesen aus und setzt mit Worten weitere gegensätzliche Energien frei.

Dieser Wutausbruch kam unter Umständen deshalb zustande, weil die Schatten deiner Seele das angezogen haben, was dein Nächster ausgesandt hat.

Den Wutausbruch hat also nicht nur dein Freund ausgelöst. Durch sein Verhalten berührte er den Schatten deiner Seele. Dieser begann, verstärkter zu schwingen, und brach als Wut aus dir heraus.

Vor dieser Ausbruchsphase, während und nach der Wut, bemühten und bemühen sich der Geist deines himmlischen Vaters und dein Schutzgeist, dich mit folgenden Liebeempfindungen aufzuklären:

„Liebes Kind, sieh erst einmal bei dir selbst nach, bevor du in der Wut deinem Freund oder scheinbaren Feind die Schuld gibst. Sieh bei dir nach, ob du nicht etwas von ihm erwartest – oder ob du wütend bist, weil er dir nicht die Antwort gab, die du gerne gehört hättest. Vielleicht wolltest du eine Schmeichelei hören?"

Oder wenn dich dein Freund oder dein scheinbarer Feind geschlagen hat, frage dich, wie du dich selbst verhalten hast, welche Gedanken du gegenüber deinem Nächsten, deinem Freund oder scheinbaren Feind, hattest. Waren deine Gedanken liebevoll oder gehässig? Suche also zuerst den Schatten bei dir und nicht bei deinem Freund oder scheinbaren Feind.

Siehe, liebes Geschwisterchen, das ist die Lebensschule des himmlischen Vaters für Seine Erdenkinder. Der Geist unseres

Vaters und der Schutzgeist ermahnen, helfen und schützen je nach dem Verhalten des Kindes. Die Lebensanweisungen unseres himmlischen Vaters und deines Schutzengels sind sehr umfangreich.

Es ist möglich, daß in deiner Seele mehrere Schatten sind, die der Geist deines himmlischen Vaters und dein Schutzengel gemeinsam mit dir durchlichten möchten, so daß deine Seele immer lichter und heller wird. Wenn du also auf dein Gewissen achtest und die guten und liebevollen Empfindungen und Gedanken befolgst – oder die liebevollen Worte und Ermahnungen deiner Eltern beachtest, die ja ebenfalls von Gott für dich erwählt sind, dich zu schützen, zu betreuen, dir zu helfen und dich zu führen auf dem Weg ins Jugend- und Erwachsenenalter – wenn du also gehorsam bist – das heißt nicht unterwürfig – und deine Eltern dich nach den Gesetzen der selbstlosen Liebe beschützen, betreuen und führen, dann bist du in der besten Obhut.

Denn Gott, dein Schutzgeist und deine Eltern sorgen für dich.

So bekommst du viel Hilfe in der geistigen Lebensschule. Auch deine Großeltern und Verwandten können dir so manchen guten Rat geben.

Neben all dieser selbstlosen Fürsorge wirst du auch die irdische Schule besuchen, in der du deine geistigen und menschlichen Fähigkeiten entwickeln kannst.

Nach dem Gesetz Gottes gilt für jeden Menschen folgender Merksatz: „Lebe, um zu lernen" – und nicht: „Lerne, um zu leben".

Laß dir diese Aussage von deinem Vater erklären. Er weiß sicher, was sie zu bedeuten hat.

Liebes Schulkind, du machst nun den ersten Schritt in die Welt: Du kommst in die Schule.

Wenn das Kind ein bestimmtes Alter hat, dann ist es nach dem Gesetz eures Landes Pflicht, daß das Kind eine irdische Schule besuchen muß.

Warum muß das sechs- bis siebenjährige Kind in die irdische Schule gehen? Zum einen, weil der Mensch seine geistigen Fähigkeiten im irdischen Leben gebrauchen soll. Und zum anderen soll der Mensch das Gesetz „Bete und arbeite" in rechter Weise erlernen und in die Tat umsetzen.

Obwohl du in der geistigen Schule bist, ist auch die irdische Schule nötig, denn als Menschenkind brauchst du auch das materielle Brot und die materiellen Dinge.

Was der Mensch benötigt, das erarbeitet er sich – wiederum mit der Kraft Gottes. Denn was der Mensch vollbringt, vermag er nur durch die inwendige Kraft, den Geist des Vaters in der Seele des Menschen.

Du darfst also den Eintritt in die irdische Schule nicht verweigern. Du kannst wohl sagen: „Dieser Lehrstoff gefällt mir nicht, ich möchte was anderes lernen"; doch wenn der Lehrstoff vorgeschrieben ist, wirst du dich eben fügen müssen.

Der Lehrstoff ist für die jeweilige Schulklasse gegeben, und der Lehrer muß die Schüler diesen Unterrichtsstoff lehren und sich bemühen, daß der Schüler den jeweiligen Unterrichtsstoff auch versteht.

Du kannst also für den Lehrstoff nicht den Lehrer verantwortlich machen. Du solltest dich nun in die Situation hineinfinden.

Wie kannst du dich am schnellsten hineinfinden?

Wenn du alles bisher in der geistigen Schule Gelernte in rechter Weise in den Unterrichtsstunden anwendest, dann fällt es dir viel leichter, beim Unterricht mitzumachen und auch den Lehrer oder die Lehrerin zu verstehen. Sie sind im Geiste dein Bruder oder deine Schwester. Sie bemühen sich, dir den Lehrstoff zu erklären, damit du dich in dieser Welt richtig auszudrücken lernst und verstehen kannst, was für das irdische Leben notwendig ist.

Der erste Schultag bringt dir sicher große Freude.

Vielleicht bekamst du ein neues Kleid oder einen neuen Pullover, eine neue Jacke oder einen neuen Mantel. Auch deine Schultasche ist entweder neu, oder sie ist frisch hergerichtet, wenn du sie von einem deiner Geschwister übernommen hast. Am ersten Schultag werden dich wohl Vater oder Mutter oder beide begleiten.

Deine Eltern, die selbst erfolgreich in der geistigen Schule lernen und verwirklichen, um wieder engelgleich zu werden, werden dich nach den göttlichen Gesetzen unterweisen und dir sagen, wie du dich deinen Schulkameraden gegenüber verhalten sollst, um mit ihnen in Frieden zu leben. Sie werden dir auch raten, dich deinem Lehrer anzuvertrauen, wenn du Schwierigkeiten hast. Und sie werden dir erklären, warum du deinen Lehrer achten sollst. Er bemüht sich, dir die ersten schulischen Kenntnisse und Aufgaben zu vermitteln.

Du wirst gewiß fragen, warum du in die irdische Schule mußt, wenn es doch die geistige gibt.

Liebes Schulkind, unterscheide die beiden Begriffe „geistige Schule" und „irdische Schule":

In der geistigen Schule lernst du, wie du deine Seele von ihren Schatten befreien kannst.

In der irdischen Schule lernst du malen, lesen und schreiben und rechnen. Du lernst Heimatkunde, Naturkunde und Erdkunde, und in der Gemeinschaftskunde lernst du, nach welchen Regeln und Gesetzen ein Bürger des irdischen Staates leben soll. Im weiteren schulischen Verlauf lernst du Geschichte und Kunstgeschichte. In der irdischen Schule werden auch deine praktischen Fähigkeiten und Talente geweckt.

Die Unterrichtsstunden werden dir nicht allzu schwer fallen, wenn du dich bemühst, alles, was du bisher in der geistigen Schule gelernt hast, richtig anzuwenden, denn die göttlichen Gesetze unseres himmlischen Vaters sollten auch in der Welt, in der irdischen Schule, beachtet und angewendet werden.

Ein tüchtiger und brauchbarer Mensch werden

Der menschliche Körper hat viele, viele Zellen. Und jede Zelle deines Körpers ist in beständiger Vibration, immer in Aktion und Reaktion. Deine Körperzellen brauchen jeden Tag gesunde und aufbauende Nahrung. Deine Gehirnzellen benötigen Nahrung und Schulung.

Es ist richtig, wenn dich die Lehrer unterweisen und dir das Lernen beibringen, damit du im Jugend- und Erwachsenenalter ein tüchtiger und brauchbarer Mensch bist. Nun, das ist zu bejahen, was die Lehrer und Lehrerinnen sagen.

Doch „tüchtig" und „brauchbar" sind dehnbare Begriffe. Damit du verstehen kannst, was der Ausdruck „dehnbarer Begriff" bedeutet, erinnere ich dich an ein Gummiband. Du kannst von einem Gummiband sagen: „Es ist zu kurz." Ziehst du das Gummiband auseinander, dann sagst du: „Es ist lang."

Liebes Schulkind, so ist auch die Aussage der Pädagogen „Du sollst ein tüchtiger und brauchbarer Mensch werden" ein dehnbarer Begriff. Denke an den Vergleich mit dem Gummiband!

Ein Mensch ist nur dann ein guter und gütiger Mensch und ein echter Weiser, wenn er die irdischen Gesetze in Übereinstimmung mit den göttlichen Gesetzen bringt.

Denken die Pädagogen jedoch nur an die Schulbildung des Menschen, dann ist ihr Blick kurz. Sie sind für die übergeordnete Wahrheit, für die göttlichen Gesetze, kurzsichtig, weil sie glauben, der Mensch sei nur dann tüchtig und in der Welt brauchbar, wenn er seine Gehirnzellen mit vielem menschlichen Wissen, mit Ansichten und Theorien vollstopft, damit er in der Welt richtig und gut arbeiten und leben kann und ein brauchbarer Mensch ist.

Menschen, die das irdische Leben als ihr wahres Leben sehen und nur die Erde als ihre wahre Heimat anerkennen, sind aber begrenzte Menschen.

Begrenzt heißt, sie sind kurzsichtig. Ihr Blick ist eingeengt. Sie haben ein sogenanntes „Schmalspurdenken". Schmalspurdenken heißt: Sie verfolgen nur ein Ziel, von dem sie glauben, daß es für sie selbst gut wäre und für die Menschen, die so wie sie denken und leben. Solche Menschen glauben nur das, was sie hören und sehen können, und weisen das von sich, was nicht auf den ersten Blick zu erkennen und zu durchschauen ist.

Die göttliche Wahrheit ist dem Menschen so lange verborgen und von den Schatten, den Belastungen der Seele, abgedeckt, bis der Mensch den Sinn seines Erdendaseins erkennt und höhere Ideale und Werte anstrebt. Diese sind zunächst nur in ihm selbst zu finden.

Die Kurzsichtigkeit, die nicht über irdische Erkenntnisse und Dinge hinausblickt, macht viele Menschen arrogant und ichbezogen. Auf lange Sicht gesehen werden solche Menschen neidisch, zänkisch und streitsüchtig, weil sie nur darauf bedacht sind, ihre Meinung und ihr kleines, menschliches Ich, ihren Schmalspurglauben, den menschlichen Glauben, zu verteidigen. Sie wollen unbedingt recht bekommen und bekämpfen daher mit allen Mitteln und Methoden, die ihnen zu Gebote stehen, jene Menschen, die ihre Ansichten nicht teilen. Sie kämpfen mit Gedanken des Hasses und des Neides – und machen unter Umständen sogar falsche Aussagen, um sich selbst, ihr Ich, aufzuwerten.

Durch ein solches falsches Verhalten kam und kommt Streit und Haß in diese Welt. Daraus entstanden und entstehen immer wieder Feindschaft und Neid.

Der Mensch muß sich ändern, damit Friede, Hoffnung und Zuversicht in die Welt kommen.

Der Mensch soll ver-bindlich sein, nicht andere binden durch Haß, Neid, Streit und Rechthaberei.

Wer seinen Nächsten mit diesen Menschlichkeiten an sich bindet und ihn zwingt, das zu denken und zu tun, was er für richtig hält, der sät Unfrieden.

Der Unfriede bewirkt wieder Unfreundlichkeit und Lieblosigkeit, also Trennendes, das Dein und Mein.

Wer auf sich bezogen ist, grenzt sich ab gegenüber allen anderen, anstatt sich mit ihnen zu verbinden. Das ist nicht selbstlose Liebe zum Nächsten.

Wisse, lieber heranwachsender junger Mensch, allein schon unfreundliche und lieblose Blicke auf andere Menschen können viel Unheil anrichten!

Oftmals will der eine, was der andere besitzt, und wenn er es nicht haben kann, gleich aus welchen Gründen, so wird er neidisch und intolerant.

Wer intolerant ist, der spricht seinem Nächsten viel ab, sich selbst aber viel zu, er wertet sich also auf: Er redet z.B. über seinen Nächsten in der Erregung und beschuldigt ihn etwa der Dummheit, der Faulheit oder der Unehrlichkeit. Er weiß ja alles besser und ist klüger als seine Mitmenschen.

Ein solcher Mensch zeigt mit seiner Erregung und durch seine Rede, was er denkt. Und was der Mensch denkt, das ist er! Nicht allein der andere, dem er dies alles zuspricht, ist so, sondern auch er, der ihm in der Erregung Unschönes, Gehässiges sagt. Das ist lieblos und intolerant, niemals edel und geistig.

Menschen, die ihrem Wesen nach kurzsichtig sind und andere abwerten, haben große Probleme und Sorgen, weil sie in ihrem Leben entweder das nicht erreichen, was sie wollen – oder weil ihr Nächster anders denkt und handelt, als sie es wollen.

Dadurch beschäftigt sich der Mensch in seinen Gedanken zu viel mit seinem Nächsten anstatt mit dem Tagesgeschehen; er ist also „abwesend" oder grübelt sogar noch über seine eigenen Sorgen und Probleme.

Dabei übertönt er sein Gewissen und übersieht möglicherweise eine Gefahr, die auf ihn lauert, weil er unkontrolliert und unkonzentriert ist.

Aus solchen Verhaltensweisen ergeben sich Unfälle und Schicksalsschläge. Krankheiten und mitunter schwere Leiden können die Folge sein.

Du hast gehört:

Wenn die Schatten in der Seele, die Belastungen, stärker ausstrahlen oder wenn sie von außen durch irgendwelche Ereignisse, durch Worte, Bilder oder anderes angestoßen werden, dann kommen Teile dieser Seelenschatten in Schwingung, und der Mensch zieht das an, was in ihm gleichschwingt. Wenn z.B. zwei Menschen heftig miteinander streiten, dann schwingen die Schatten der Seele nicht nur in einem der Streitenden, sondern in beiden. Gleichartige Seelenschatten, auch Schwingungen genannt, treffen aufeinander; dabei werden Heftigkeit und Streit ausgelöst, und eine explosionsartige Auseinandersetzung entsteht.

Du siehst also: Was in der Seele liegt, das zeigt sich im Äußeren!

Wenn der Seelenschatten stärker in den Körper eindringt, so wirkt er dort als Krankheit, das heißt, der Mensch wird krank. Du weißt: Alle diese Schatten wurden durch das Fehlverhalten des Menschen – entweder in früheren Leben oder in diesem Dasein – dem inneren Körper, dem Geistkörper, der Seele, auferlegt.

Du hast schon erfahren: Die Seele im Menschen ist auf Erden, um wieder göttlich zu werden – um ihre Schatten abzulegen in einem gesetzmäßigen, selbstlosen Leben der Liebe nach dem Willen Gottes.

Du bist nun ein Schüler. Wenn ein Schüler nur einseitig Wissen sammelt und bestrebt ist, in der Welt groß zu werden und Ansehen zu erlangen, dann ist er in Wirklichkeit klein, denn er hat das geistige Leben nicht in sein Denken und Leben einbezogen! Er ist einseitig orientiert, und da er alle Dinge und Geschehnisse von seinem Standpunkt aus betrachtet, nämlich von der Welt, der Materie aus, wird er rechthaberisch. Deshalb bleibt sein geistiges Bewußtsein klein; er lebt an der Wahrheit vorbei und kann daher auch das Göttliche nicht in sein Denken und Handeln einbeziehen.

Menschen, die nur weltlich orientiert sind, denken selten an ihre Seelenschatten, an ihre seelischen Belastungen, die entweder schon heute oder morgen oder erst in Jahren oder in einem anderen Erdenleben aufbrechen können und dann oft alles zunichte machen, was sich der Mensch, z.B. aufgrund seiner Habgier, mühsam erworben hat. Ein Schicksalsschlag kann plötzlich, unerwartet, einen angesehenen Menschen auf das Krankenlager bannen, oder er verliert, durch irgendwelche Umstände, sein Hab und Gut oder seinen guten Arbeitsplatz.

Die Erde ist der Aufenthaltsort für Bettler und Könige, für Reiche und Arme. Die Schicksale in der Welt sind vielseitig und verschieden, und für die meisten Menschen, so kann zu Recht gesagt werden, ist die Erde ein Jammertal.

Bettler und Könige, Reiche und Arme sind auf der Erde, um das zu bereinigen und zu bewältigen, was sie verursacht haben und wieder gutmachen wollen, oder auch um ihren Nächsten zu dienen und zu helfen.

Lieber heranwachsender, junger Mensch, vieles müßte in der Welt nicht sein!

Würden die Menschen die geistige Lebensschule beachten und ihr Leben Gott anvertrauen, würden sie die göttlichen Gesetze befolgen und ihr irdisches Leben und ihre irdische Arbeit mit den göttlichen Gesetzen in Übereinstimmung bringen, dann gäbe es unter den Menschen immer weniger Neid, Haß, Streit, Feindschaft, Kriege oder Probleme, Nöte und Krankheiten. Die Menschen wären freundlicher und liebevoller zueinander, und einer würde dem anderen beistehen.

Liebes Kind, du sollst ein tüchtiger Mensch werden, der auch in der Welt Erfolg hat durch seine Ehrlichkeit, Aufrichtigkeit und selbstlose Liebe, der jedoch seinen Erfolg nicht als sein Verdienst ansieht, sondern weiß, daß Gottes Liebe und Weisheit ihn zum Erfolg führte – vielleicht auch, um den kleinen Geschwistern, wie du noch eines bist, in Liebe und Verständnis beizustehen, damit sie im Geiste, in der selbstlosen Liebe, heranwachsen und gute, tüchtige Erwachsene werden, die nicht einseitig ausgerichtet, nicht auf sich bezogen sind, sondern für alle Menschen da sind, die das Gemeinwohl vor das Eigenwohl stellen.

Selbstlosigkeit dient dem Gemeinwohl, und Gemeinwohl führt zur Einheit mit Gott und allen Menschen.

Einheit mit Gott und allen Menschen wiederum bewirkt selbstlose Liebe, Freiheit, Größe und Wohlwollen allen Menschen gegenüber.

Möchtest du ein großer, geistiger Mensch werden, der weise ist, der das geistige, göttliche Gesetz, die Liebe unseres himmlischen Vaters, in das irdische Leben, in sein Denken, Sprechen und Handeln, miteinbezieht – dann nimm an und verwirkliche, was ich dir nun weiter erkläre.

Der Schutzengel, den dir dein himmlischer Vater zu deinem Schutz an deine Seite gestellt hat, hilft dir, deine Gedanken zu ordnen, sie auf das Gute, Edle und Feine einzustimmen.

Nach dem ewigen Gesetz steht er dir auch bei, wenn du in die Schule gehst und deine Schularbeiten machst. Er steht dir bei beim Spielen. In allen Lebenslagen hilft dir dein guter, unsichtbarer Freund, dein Begleiter, dein Schutzengel.

Damit er dich mit seinen liebenden und mahnenden Worten, die feine Schwingungen sind, erreicht, solltest du ihm eine Gedankenbrücke bauen: Die Gedankenbrücke besteht aus deinen selbstlosen Gedanken der Liebe, der Freundschaft und des rechten Verstehens gegenüber deinen Eltern, Großeltern, Verwandten, Lehrern, Schulkameraden, deinen leiblichen Geschwistern und allen Menschen – wer sie auch sind, wie sie aussehen oder was sie denken und sprechen.

Wer so empfindet, denkt und lebt, der hat die Hilfe von Gott und von seinem Schutzengel, der ist ganz eng mit seinem Schutzgeist, seinem unsichtbaren Freund, verbunden.

Was du deinem Nächsten zufügst, das fügst du dir selbst zu

Liebes Schulkind, du hast wieder einmal die Schulstunden hinter dir. Sie waren vielleicht anstrengend, denn du warst sehr aufmerksam dabei, hast dich konzentriert und auch gut mitgearbeitet. Du gehst nach Hause.

Auf dem Weg zum Elternhaus beginnt schon die Entspannung: Hüpfe, lache und freue dich. Spiel mit, wenn deine Schulkame-

raden irgendwelche Spiele machen, und seien es nur Grimassenspiele oder Kasperlspiele, indem ihr von einem Fuß auf den anderen hüpft und dabei von Herzen lacht oder die Backen hochschiebt und die Augen zusammenkneift, um die Welt ganz klein zu sehen.

Vergiß jedoch nicht, auf den Straßenverkehr zu achten oder auf die Passanten; es sind deine Mitmenschen. Stoße sie in deinem kleinen Übermut nicht an, und behindere sie auch nicht anderweitig. Du möchtest sicher auch nicht gestoßen oder gar auf deinem Schulweg durch Unachtsamkeit deiner Mitmenschen behindert werden.

Merke dir diesen Satz: „Was du nicht willst, das man dir tut, das füg auch keinem anderen zu."

Wer ist der andere?

Es ist dein Nächster. Es sind alle Menschen, die Großen und Kleinen, die Älteren und Jüngeren.

Wisse: Der Geistleib im Menschen ist immer jung, weil er ewiges Leben hat. Nur die Hülle, der Mensch, welkt in den irdischen Jahren.

Der geistige Leib besitzt ewiges Leben. Nur die Hülle vergeht, also der Mensch, das Fleisch und die Knochen. Die Seele wandert stufenweise – dem entsprechend, wie der Mensch denkt und lebt – wieder zu Gott zurück.

Wer ist dein Nächster?

Alle Menschen sind deine Nächsten: deine Eltern, deine Großeltern, Verwandten, Lehrer, deine leiblichen Geschwister und deine Schulkameraden; nicht nur dein Freund ist dein Nächster, sondern auch der gegen dich ist.

Die Liebe Gottes ist das ewige Gesetz. Es wirkt in jeder Seele und in jedem Menschen, in der ganzen Unendlichkeit.

Da in jedem Menschen die gleiche Liebe Gottes, das Gesetz, wirkt, deshalb ist dein Nächster auch ein Teil von dir. Alles Reine, die Liebe Gottes, die gleiche Liebekraft, ist in allem enthalten. Deshalb ist jedes Wesen ein Teil dieser Gottesliebe, dein Nächster ebenso wie du.

Wenn du nun deinen Nächsten haßt, mit ihm streitest oder über ihn unfreundlich, lieblos denkst und sprichst, dann wirst du die Liebekraft des himmlischen Vaters in deinem Nächsten, über den du lieblos denkst und sprichst, nicht verkleinern oder dieses Liebelicht der Seele auspusten. O nein! Du verkleinerst in dir selbst, in deiner Seele, das Licht, die Liebekraft des himmlischen Vaters. Die Folge ist, daß die Schatten in deiner Seele dichter und größer werden.

Weil alles in allem enthalten ist, lautet das Liebegesetz: „Was du deinem Nächsten zufügst, das fügst du dir selbst zu."

Du verkleinerst also durch dein liebloses Verhalten das Gotteslicht, die Liebekraft, in dir, wodurch die Schatten in deiner Seele größer werden.

Also, liebes Kind, achte darauf.

Rechtzeitiges Erkennen der Fähigkeiten und Talente, der Schwierigkeiten und Probleme

Du kommst nun aus der Schule heim ins Elternhaus zu deinen Eltern. Du betrittst das Haus oder die Wohnung.

Wie verhält sich ein artiges, wohlerzogenes geistiges Kind, das sowohl in die geistige als auch in die irdische Schule geht?

Begrüße deine Eltern und leiblichen Geschwister freundlich und herzlich.

Sicherlich hat dir die Mutter eine Vesper gerichtet, oder du kommst gerade recht zum Mittagessen: Gewöhne dir an, für die Nahrung – ob es die Vesper oder das Mittagsmahl ist – Gott zu danken, für Seine Liebegabe.

Du hast von mir gehört, daß alles, was lebt, Gott, die Kraft, die Liebe, ist.

Du übst auf deinem Schulweg, die Menschen, die Pflanzen, die Tiere und Steine, alles als einen lebendigen Ausdruck Gottes zu sehen.

Auch die Nahrung birgt in sich das Leben aus Gott. Deshalb danke dem ewigen Vater, der dich liebt.

Gott zeigt den Menschen jeden Augenblick, daß Er sie liebt. Denn Er schenkt sich selbst durch Seinen Geist. Dieser ist Leben, also Energie, in der Nahrung ebenso wie im Wasser, in der Luft und im Feuer.

Danke also, und freue dich über die Nahrung und Getränke, über die Gaben aus Gott, die du nun zu dir nimmst.

Iß bewußt, das heißt: Sprich nicht, während du ißt. Trinke nicht, wenn dein Mund noch voll Speise ist. Iß nicht hastig, sondern ruhig, und freue dich, daß es gut schmeckt.

Hast du gegessen, dann danke dem Vater für die Liebegaben, die nun deinen Körper stärken. Danke, daß du wieder Kraft bekommen hast.

Du wirst nun eine geraume Zeit in deinem Zimmer ausruhen, spielen oder gleich die Schularbeiten machen. Die Wahl sei dir überlassen, womit du beginnen möchtest.

Liebe Eltern, ein guter Rat von Liobani:

Wenn euer Kind nach Hause kommt, dann überfallt es nicht mit Fragen, wie es in der Schule war und welche Aufgaben heute anstehen.

Bemüht euch, eurem Kind zu zeigen, daß ihr seinen Willen respektiert und es wie einen geistig reifen Menschen achtet. Das allein schon bewirkt im Kind Selbstsicherheit, Dynamik und Kraft.

Hat sich das Kind akklimatisiert, also umgestellt von der Schule auf die Familie, dann könnt ihr wohlbedacht die Frage an euer Kind richten, ob es sofort essen oder zuerst über den Schulunterricht berichten möchte.

Stellt die Frage so, daß das Kind spürt: euch, liebe Eltern, ist beides recht.

Auf diese Weise erzieht ihr euer Kind zur Offenheit, zur Sicherheit, zur inneren Freiheit und auch zur Entscheidungsfähigkeit und Entscheidungskraft.

Wenn euer Kind in die erste und zweite Schulklasse geht, dann ist es in vielen Fällen noch angebracht, auf seinen Stuhl oder Eßplatz die Katze, den Teddy oder die Puppe zu setzen – eben das Lieblingstier oder die Lieblingspuppe, mit dem das Kind am Morgen als erstes gesprochen hat.

Betritt das Kind nach der Schule das Elternhaus und kommt so in die gewohnte Atmosphäre, dann ist es möglich, daß der kleine Schüler der ersten und zweiten Schulklasse sofort auf das Lieblingstier oder die Lieblingspuppe zugeht, es in den Arm nimmt und dem Teddy oder der Puppe erzählt, wovon sein Herz voll ist.

Es ist auch möglich, daß sich das Kind beim Anblick seines Lieblings an das morgendliche Gespräch erinnert, das es z.B. mit dem Teddy geführt hat. Durch diese Erinnerung kann sich im Kind so manches lösen: Auch grüblerische und ängstliche Gedanken können z.B. durch den Anblick des Teddys aufgelöst werden. Kinder vergessen leicht. Durch die Anwesenheit des Teddys ziehen die dunklen Wolken am Horizont des Kindes vorbei. Es ist alles wieder gut; das Kind ist wieder lustig und froh.

Dieser kleine Liebedienst der Eltern, die Katze, die Puppe oder den Teddy an den Eßplatz zu setzen, bewirkt auch mit der Zeit, daß die Eltern rechtzeitig aus dem, was ihr Kind seinem Liebling erzählt, erfahren, mit welchen Schwierigkeiten und Problemen ihr Kind zu tun hat, um sie dann behutsam mit ihm zu lösen.

Angeregt durch den Liebling, durch den Teddy, die Puppe oder die Katze, können auch Fähigkeiten und Talente in der Seele und im Unterbewußten aufbrechen, die von den Eltern dann erkannt werden. Sie können von den Eltern und den Pädagogen sodann gefördert werden. Solche Erkenntnisse und Hilfen sind besonders für die weiteren Lebensjahre wichtig, eventuell für die Einstufung in eine höhere Schule oder für die Wahl eines Berufs, zu dem der junge Mensch Freude haben soll.

Das Kind kann so ohne größere Schwierigkeiten und Probleme in das Jugend- und Erwachsenenalter hineinreifen, sich selbst erkennen lernen, seine eigenen Erfahrungen machen und nach seinen Fähigkeiten und Talenten den Beruf wählen, der ihm liegt und Freude bereitet.

Der Mensch ist vergeßlich. Deshalb, liebe Eltern, wäre es gut, wenn ihr das Verhalten eures Kindes in seinem Lebensbuch notieren würdet. Macht auch Notizen über die Reaktionen und Antworten, wenn es unmittelbar nach der Schule die Wohnung betritt. All das gibt Aufschlüsse über das Innenleben des Kindes und ist für die Zukunft des Kindes von großer Bedeutung.

Erziehung zum positiven Denken

Liebe Eltern, bemüht euch, euer Kind ernstzunehmen, daß es spürt, es wird akzeptiert und in der Familie für voll genommen.

Sagt zu eurem Kind nicht: „Du verstehst dies und jenes nicht", wenn es sich an einem Gespräch beteiligen möchte, und schiebt es nicht ab mit der Begründung: „Das ist ein Gespräch für Erwachsene, das versteht die kleine Antje oder der kleine Albert nicht." Durch solche Bemerkungen bereitet ihr den Boden für Minderwertigkeitskomplexe, die sich oft erst in späterer Zeit bemerkbar machen; dann, wenn der Erwachsene auf eigenen Füßen stehen und sich im Beruf bewähren soll.

Meidet vor eurem Kind Gespräche über eure Mitmenschen, Gespräche über Arbeitskollegen, Nachbarn, Verwandte und Bekannte. Sowohl positive als auch negative Gespräche, insbesondere über die unmittelbaren Nächsten, prägen sich intensiv in das wache und aktive Reaktionsvermögen des Kindes ein. In späteren Jahren stellt es dann über andere Menschen Vergleiche an und glaubt, so wie die Eltern Verwandte, Freunde und Bekannte schilderten, so müßten nun auch jene sein, die dem nun jugendlichen oder erwachsenen Menschen gut, weniger gut oder gar gegensätzlich gesonnen sind. Menschen, die im Kindheitsalter viel Negatives über ihre Mitmenschen gehört haben, sind dadurch negativ programmiert.

Die Materie ist von Gegensätzlichkeiten durchdrungen. Jeder Mensch ruft sowohl positive als auch negative Kräfte ab, ganz nach seiner Programmierung und seinem aus den Vorleben mitgebrachten Reisegepäck. Es ist eine große Hilfe für den Menschen, wenn die Eltern dem Kind immer wieder das Positive nahebringen, ihm auch das Positive in den Menschen zeigen, die den Eltern und ihren Kindern nicht wohlgesonnen sind. Wer das vermag, schafft sowohl in sich selbst als auch in seinen Kindern Raum für Verständnis, Wohlwollen und Toleranz. Der Mensch wird positiv; das Negative, das die Seele aus den Vorleben mitgebracht hat, schwindet allmählich unbemerkt.

Negativ geprägte Menschen werden oftmals große Pessimisten, die alles abwerten, was nicht ihrem anerzogenen Denkmuster und ihrem Schema entspricht.

Liebe Eltern, das ist ein Hinweis, der, sofern er beachtet wird, dem Kind viel ersparen und helfen kann. Und auch ihr werdet das Negative mit den Augen eines verstehenden, toleranten Menschen betrachten, der die Situation überschaut.

Wenn Eltern streiten

Gibt es unter euch Streit, so tragt den Zwist und die Streitereien nicht vor eurem Kind oder vor euren Kindern aus. Das Registriervermögen eurer Kinder nimmt, wie schon offenbart, die feinsten Nuancen der Streitgespräche wahr. Es fühlt sich sodann nicht mehr daheim und nicht mehr euch zugehörig. Es ist verunsichert und weiß nicht, welchem Elternteil es recht geben soll, denn es liebt beide Eltern. Es kann so weit kommen, daß das Kind zuletzt nicht mehr weiß, zu welchem Elternteil es gehen soll, wenn es Fragen hat oder wenn es sich zu seinen Eltern hingezogen fühlt und sich hinkuscheln möchte, um die heimatliche Nestwärme zu fühlen, die Geborgenheit, die das Kind so notwendig braucht.

In den Kleinen ist noch viel Gerechtigkeitssinn. Sie möchten keinen Elternteil bevorzugen oder benachteiligen. Die Folge ist, daß sich das Kind auf sich selbst zurückzieht und verstockt wird.

Kinder, denen die Nestwärme fehlt, werden, je nach ihren seelischen Belastungen, entweder verstockt, verängstigt, oder sie schmollen bei jeder Situation, die sie an die häusliche Atmosphäre erinnert. Die weiteren Folgen können Aggressionen sein, weil sich das Kind ausgestoßen fühlt.

Liebe Eltern, ist zwischen euch eine Distanz, gleich, welche Ursachen sie auch hat, dann klärt euer Kind auf, jedoch nicht, ohne auch das Positive, das Hoffnungsvolle anzusprechen. Laßt in dem Kind nicht die Sorge aufkommen, es könne unter Umständen zwischen euch nicht mehr gut werden.

Gerade zwischen dem sechsten und zwölften Lebensjahr rufen elterliche Schwierigkeiten sehr große innere Widerstände im Kind hervor. Leben Kinder in einem solchen Milieu, dann lehnen sie sich in späteren Jahren unter Umständen gegen die Eltern, die Gesellschaft und gegen alle Menschen auf, die ähnlich denken und leben wie ihre Eltern.

Ich wiederhole, weil es für die heranwachsenden Jugendlichen sehr wichtig ist:

Wenn euer Kind eure Streitigkeiten erlebt oder davon auch nur einen Teil mitbekommen hat, dann klärt es über den Inhalt eures Streitgespräches auf; sagt ihm, warum es Auseinandersetzungen gab.

Wichtig ist dabei, daß ihr das Positive heraushebt, denn in jedem Streit kann auch das Positive wirksam werden, das Klärende für die Eltern, sofern sie guten Willens sind. Wenn nun die Eltern ihrem Kind die im Streit gemachten Fehler sagen und ihre Erkenntnis daraus für den gemeinsamen weiteren Lebensweg erklären, dann fühlt sich das Kind aufgenommen und spürt, trotz allem, die Nestwärme und die Liebe der Eltern.

Wenn ein Kind in dieser Welt in alle Geschehnisse der Familie einbezogen wird, so bewirkt dies im Kind Festigkeit und das Gefühl der Zugehörigkeit. Dann kann es ein gefestigter und freier Mensch werden und auch seinen Mitmenschen offen und frei begegnen.

Freie, dynamische Menschen können in rechter Weise auf ihre Nächsten zugehen und im Gespräch auf sie eingehen, weil sie nicht mit sich selbst beschäftigt und ohne Minderwertigkeitskomplexe sind. Deshalb können sie sich auch entsprechend konzentrieren. Das sind dann freudige Menschen. Freudige, freie, positiv eingestimmte Menschen sind oftmals geniale Denker, weil sowohl ihr geistiges Bewußtsein als auch ihr Ober- und Unterbewußtsein nicht mit unwesentlichen und ichbezogenen Gedanken und Wünschen vollgestopft ist.

Liebe Eltern, erkennt bitte eure Verantwortung euren Kindern gegenüber. Seid da nicht gleichgültig.

Was ihr an eurem Kind versäumt, weil ihr euch selbst nicht zurücknehmen wollt und nur euer eigenes Leben euch wichtig ist und weil ihr euer Kind eventuell nur als Anhängsel behandelt – dafür werdet ihr nach dem Gesetz von Saat und Ernte zur Verantwortung gezogen werden.

Sowohl der Mann, der das Kind gezeugt hat, als auch die Frau, die es unter ihrem Herzen trug, sind von der ersten Stunde an, in der sie beide wissen, daß ein Embryo im Leib der Mutter heranwächst, für das Leben des Embryos ebenso verantwortlich wie nach der Geburt für das Leben des Kindes.

Liebe Eltern, die materielle Hülle eures Kindes ist ein Teil von euch. Der ihr innewohnende geistige Leib ist von Gott geschaffen und gegeben. Helft eurem Kind, soweit es in euren Kräften steht, damit es ein tüchtiger Mensch wird; doch überfordert es nicht. Eltern, welche die göttlichen Gesetze verwirklichen, spüren genau, was das Kind an Hilfen und entsprechenden Worten zum Geleit in den verschiedenen Situationen seines Lebens benötigt.

Liebe Eltern, helft eurem Kind auch bei den Schulaufgaben, besonders in den ersten Schuljahren.

Lieblingstier und Lieblingspuppe

Ist das Kind mit seinen Schulaufgaben beschäftigt, dann sollte nicht nur ein Elternteil anwesend sein, sondern auch das Lieblingstier oder die Lieblingspuppe. Das Tier oder die Puppe, dem am Morgen das Kind schon vieles mitgeteilt hat, erinnert es an manche Aussage, die im Augenblick der Schularbeiten wesentlich sein kann.

Wie ich schon erwähnte, schafft das Kind um das Lieblingstier oder die Lieblingspuppe eine Aura, einen Energiekokon. Er besteht aus den Liebe-, Wunsch- und Sehnsuchtsgedanken des Kindes, aus Gedanken der Hoffnung und Zuversicht; auch gute Einfälle bilden den Energiekokon mit. Jedoch sind auch Gedanken und Worte der Sorge, der Ängste und der Verzweiflung in den Kokon mit einbezogen.

Diese gedachten oder gesprochenen Energien kreisen um die Puppe, das Lieblingstier oder einen anderen Gegenstand, den das Kind liebt. Dadurch wird die Puppe, das Tier oder der Gegenstand für das Kind lebendig, da es unbewußt mit diesen von ihm ausgesandten Energien kommuniziert. Für das Kind ist somit der Teddy oder die Puppe lebendig. Steigen im Kind ähnliche Empfindungen oder Gedanken hoch wie am Morgen oder nach der Schule, als das Kind zu Hause Teddy oder Puppe auf seinen Stuhl setzen durfte, dann beginnen diese aufgestiegenen Empfindungen und Gedanken mit dem Energiefeld – Aura oder Kokon der Puppe genannt – zu kommunizieren. Das regt die Lebendigkeit des Bewußtseins an. Es ist möglich, daß das Kind wieder zu Teddy oder Puppe spricht oder die Gedanken dem Elternteil mitteilt, der bei den Schulaufgaben zugegen ist.

Daraus ersehen sodann die Eltern, womit sich das Kind gedanklich beschäftigt und können eventuell auftretende Schwierigkeiten rechtzeitig erkennen und Abhilfe schaffen.

Bei diesen Begegnungen und Kommunikationen mit dem Lieblingstier oder der Lieblingspuppe öffnet sich das Kind, wodurch tiefe Einblicke in sein Innenleben möglich sind.

Der wache, liebevolle Beobachter erkennt die inneren Vorgänge im Kind, seine Freuden und Leiden, seine Sorgen und Nöte. Jedoch werden ebenso die schlummernden Fähigkeiten und Talente erkennbar. Sie können sodann in entsprechenden Schulen oder Lehrstätten mehr und mehr geweckt, gefördert und aufgebaut werden.

Es ist ratsam, die besonderen Reaktionen des Kindes im Lebensbuch festzuhalten. Auch Unpäßlichkeiten und Krankheiten sollten im Lebensbuch des Kindes aufgezeichnet werden.

Dieses wird zu einem kostbaren Nachschlagewerk und hilft später dem erwachsenen Menschen, Klarheit über manche seiner Verhaltensweisen zu bekommen, die eventuell erst im Erwachsenenalter auftreten.

Lieber heranwachsender junger Mensch, du hast gehört: Wer nicht mit unwesentlichen, lieblosen Gedanken umwölkt, also umgeben ist, dem kann der Schutzengel helfen – auch dann, wenn es um die Bewältigung der Schulaufgaben geht. Denn der himmlische Vater möchte, daß du ein tüchtiger Mensch wirst, der die geistigen Qualitäten, Fähigkeiten und Talente mit den irdischen verbindet, um so zum Wohle vieler Menschen beizutragen.

Bevor du nun mit deinen Schulaufgaben beginnst, konzentriere dich nach innen, wo der Geist unseres Vaters wirkt, und bete, denn du hast gehört, daß jeder Mensch der Tempel – oder das Haus – des Heiligen Geistes ist. Bitte Gott, unseren Vater, daß Er dir beisteht und daß Er dir auch über deinen Schutzgeist Hilfe für die Bewältigung der Schulaufgaben zuteil werden läßt. Bitte also um Konzentration und Fröhlichkeit. Wer von Herzen frohgemut ist, der lernt leichter.

Sicher haben dir Teddy, Katze oder Puppe auch einiges zu sagen, oder du hast ihnen etwas mitzuteilen.

Was haben sie dir zu sagen?

Was möchtest du ihnen erzählen?

Ist alles ausgesprochen?

Auch das, was dir vielleicht am Herzen liegt und was du Vater und Mutter berichten möchtest?

Hast du dein Herz noch nicht geöffnet, dann tue es gleich!

Dadurch wirst du innerlich frei, und du kannst dich besser auf deine Schulaufgaben konzentrieren.

Nun erledigst du mit Hilfe deiner Mutter oder deines Vaters und mit Teddy, Katze oder Puppe deine Schularbeiten.

Du bekommst dabei auch Hilfe von deinem himmlischen Vater und deinem Schutzengel.

Sind die Schularbeiten gemacht, dann hast du die weiteren Stunden zu deiner Verfügung.

Sicher hast du dir schon überlegt, wie du den Rest des Tages verbringen wirst, mit Schulkameraden oder -kameradinnen, mit Freunden oder allein.

Wenn ich sage „allein", so meine ich dich als Menschen im Sichtbaren. Du weißt ja aus dem Buch „Ich erzähle – hörst Du zu?", daß der Mensch nie allein ist.

Wenn der Mensch liebevoll und freundlich ist und mit allen Mitmenschen in Frieden und Freundschaft lebt, dann strahlt er auch tiefen Frieden aus. Wer tiefen Frieden ausstrahlt, der strahlt auch selbstlose Liebe aus. Selbstlose Liebe und tiefer Friede, die vom Menschen ausgehen, ziehen wiederum Kräfte der Liebe und des Friedens an und lichte, unsichtbare Wesen und Menschen, die ebenfalls selbstlos lieben und tiefen Frieden haben.

Friedvolle, selbstlos liebende Kinder ziehen z.B. Naturwesen an. Wir wollen diese kleinen Helfer der Natur, die Natur- und Elementarwesen, nicht vergessen. Sie werden von den Menschen Wichtel, Zwerge, Gnomen, Elfen, Feen und Nixen genannt. Du, liebes Kind, bist, wie alle guten Menschen, von ihnen umgeben.

Wenn dir danach ist, von ihnen zu hören, dann will ich, Liobani, dir über unsere Schwester Gabriele erzählen, was sie so alles machen und warum sie in der Natur, in der Luft und im Wasser leben und wirken und auch unter den Kindern und Erwachsenen sind, die lichte, helle Gedanken haben, die selbstlos lieben und Frieden ausstrahlen, die sich freuen und lachen. Auch die Naturwesen freuen sich, wenn die Kinder hüpfen und spielen, wenn sie sich bewegen, ein Ringelreihenspiel machen oder andere lustige, harmonische Spiele.

Die Naturwesen spielen gern mit den Kindern, die Frieden halten.

Sie sprechen auch zu ihnen. Hörst du sie?

Wenn nicht, dann will ich dir von ihnen erzählen.

Erzählung von Liobani

Die unsichtbaren Helfer, die Naturwesen und Elementargeister – ihr Evolutionsweg, ihr Aussehen und Wirken

Du hast gehört, jeder Mensch hat drei Bewußtseinsbereiche: ein geistiges Bewußtsein – das Bewußtsein der Seele – und das Unter- und das Oberbewußtsein des Körpers.

Alle drei Bewußtseinsbereiche sind aktiv. Entsprechend der Entwicklung des geistigen Bewußtseins ist der Bewußtseinsstand des einzelnen Menschen.

Liebe Geschwister, sowohl in den göttlichen Welten, im reinen Sein, wie in der ganzen Unendlichkeit und auch auf der Erde sind alle Lebensformen in beständiger Evolution, das heißt in der Entwicklung und Entfaltung ihres geistigen Bewußtseins.

Alles, was lebt, ist Bewußtsein, auch Steine, Mineralien, Pflanzen und Tiere.

Alle geistigen Lebensformen entwickeln sich aus einem geistigen Atom, das in sich das absolute, göttliche Bewußtsein birgt und damit die ganze Schöpfung.

Wenn sich aus einem geistigen Atom eine geistige Form herauszukristallisieren beginnt, dann wird von dem allumfassenden Bewußtsein nur das Teilchen manifestiert – das heißt, es wird Form –, das für das niederste Bewußtsein, das eines Steines, vorgesehen ist. Die einfachen Steine haben also die kleinsten Bewußtseinskörper. Sie sind Ein-Partikel-Bewußtsein.

Die universelle Energie, Gott, bringt in einem mächtigen Lichtrhythmus das kleinste Einpartikelbewußtsein in Evolution. Das

Einpartikelbewußtsein ist nur *ein* geistiges Partikelchen. Infolge der Einstrahlung der Urenergie werden dann aus einem geistigen Partikel immer mehr, bis schließlich ein geistiger vollkommener Lichtkörper entstanden ist: das Geistwesen.

Ein Vergleich:

Ähnlich ist es mit der Eizelle im Körper der Frau. Wird die Eizelle in einem von der Natur vorgegebenen Rhythmus befruchtet, dann wächst allmählich im Leib der Frau und Mutter ein Kind heran.

Die geistigen Formen gehen also aus einem geistigen Atom hervor, das ein Partikel wird – das Kind dieser Welt, der Mensch, aus einer Eizelle.

Alle Geistkörper besitzen eine Partikelstruktur; man könnte sie mit kleinen Bienenwaben vergleichen.

Die materiellen Formen, der Mensch, die irdischen Tiere und Pflanzen, bestehen aus vielen, vielen Zellen.

Da also auch im Geiste alles Evolution, das heißt Entwicklung ist, erweitert sich auch das geistige Bewußtsein: Das geistige Bewußtsein des einfachen, schlichten Steines wird zum Mineralbewußtsein, zur nächsthöheren Form.

Sowohl die Steine als auch die Mineralien, die Pflanzen und die Tiere, die Naturwesen und Geistkinder, stehen also in der Evolution, in der Entwicklung:

Aus dem ausgereiften geistigen Stein- und Mineralbewußtsein entsteht die geistige Pflanzenwelt.

Aus der geistigen Pflanzenwelt die Tierwelt.

Und aus den ausgereiften Tierformen die Naturwesen.

Aus den ausgereiften Naturwesen die Geistkinder. Die Geistkinder werden zu voll ausgereiften Geistwesen.

Die vollkommenen Geistwesen sind ausgereift, nehmen jedoch durch die beständige Evolution immer weiter an Licht und Kraft zu.

Der einfache Stein birgt also in sich ein großes Entwicklungspotential.

Das ist die Evolution im göttlichen Reich.

So wie beim Embryo im Leibe der Mutter immer mehr Zellen entstehen, entstehen im Laufe der Entwicklung immer mehr geistige Partikel. Daraus ergeben sich die Geistformen und in ihrer ausgereiften Form die Geistwesen.

Nun gehe ich wieder zum Menschen zurück.

Der Mensch entsteht aus einer Eizelle. Aus ihr bilden sich immer mehr Zellen, bis es ein menschlicher Körper ist.

Du siehst also, daß sich auch der menschliche Körper allmählich entwickelt, ähnlich wie die geistigen Formen.

Ich wiederhole: Hat sich im geistigen Reich das Steinbewußtsein als Form ganz aufgebaut, dann geht dieses Steinbewußtsein, die Form, über in das Mineralbewußtsein. Dort baut es sich wieder auf. Dann geht es weiter in das Pflanzenbewußtsein. Die Form der Mineralien wird zur Pflanze.

Auch innerhalb des Pflanzenbewußtseins – auch Pflanzenkollektiv genannt – werden die verschiedenen Pflanzenarten in Form von geistigen Partikeln entwickelt. Somit nimmt die Energie Form an und ist dann formgewordene Energie.

Die Bewußtseinserweiterung erstreckt sich also über sämtliche Stein-, Mineralien- und Pflanzenarten, dann weiter über die

Tierarten, bis hin zu den Arten der Naturwesen. Auch die Naturwesen haben unterschiedliche Bewußtseinsgrade. Deshalb haben sie auch unterschiedliche Formen und sehen ihrem Bewußtseinsstand entsprechend aus. Auch das Bewußtsein der Naturwesen wächst weiter durch den vorgegebenen ewigen Lichtrhythmus.

So gibt es unter den Naturwesen die sogenannten Gnomen, die Schollenwesen – auch Schollenmännlein genannt –, die Waldwesen – von Menschenkindern die Waldwichtel genannt – und die Elfen, welche die weiblichen Prinzipien sind.

Du wirst nun fragen, was Prinzipien sind.

Siehe, liebes Geschwisterchen, im göttlichen Reich gibt es nicht die zwei Geschlechter wie auf der Erde. Im göttlichen Reich gibt es Prinzipien: Das männliche Prinzip, also den Mann, und das weibliche Prinzip, die Frau.

Die Geschlechter gibt es bei den Menschen, weil der irdische Leib wieder einen irdischen Leib für die sich einverleibende Seele zeugen muß, also einen Menschen, in den sich eine Seele inkarnieren kann.

Im göttlichen Reich wird kein Geistkörper gezeugt – sondern er baut sich auf über ein geistiges Atom, über Steine, Mineralien, Pflanzen, Tiere, Geistkinder und Geistwesen.

Du erkennst also den Unterschied: Im geistigen Reich gibt es die Prinzipien, unter den Menschen die Geschlechter.

Liebes Kind, auf der Erde ist das Geistige vom Materiellen umhüllt, deshalb bedarf es auch der geistigen Pfleger, die vorwiegend die geistigen Substanzen, also die geistigen Formen oder Strahlen, in den materiellen Formen pflegen.

Daher gibt es die unsichtbaren Pflanzen- und Tierpfleger: die Naturwesen. Im kosmischen Geschehen wirkt jedes Naturwesen entsprechend seinem Bewußtseinsstand.

Diese unsichtbaren Helfer in der Natur sind also die Naturwesen. Da du aus dem geistigen Reich kommst, sollst du wissen, daß die ganze Schöpfung – die reingeistige, für dich unsichtbare Schöpfung und die sichtbare – auf drei Verbindungskräften aufgebaut ist. Diese Verbindungskräfte werden auch Kommunikationskräfte genannt. Es sind dies die Polarität, die Mentalität und Dualität. In allen Formen – auch schon im einfachsten Bewußtsein – ist auch schon das männliche oder das weibliche Prinzip angedeutet.

Nach den geistigen, ewigen, kosmischen Gesetzen ziehen einander gleiche Kräfte, gleiche Bewußtseinsschwingungen, an.

Sind sich z.B. zwei Wesen oder Menschen in ihrem Bewußtsein sehr ähnlich, dann haben sie gleiche oder ähnliche Eigenschaften, Anlagen und Ziele.

Diese übereinstimmenden Eigenschaften, Anlagen und Ziele sind Energien: Jede Energie kommuniziert mit gleich oder ähnlich schwingender Energie.

Im göttlichen Reich bewirken die gemeinsamen Eigenschaften und Anlagen den Gleichklang der Kräfte, das heißt Harmonie und Übereinstimmung.

Das gleiche ist auch unter den Menschen möglich, wenn zwei oder mehrere Menschen ihre Eigenschaften, Anlagen und Ziele in den selbstlosen Dienst stellen und ihre Arbeit und Tätigkeit gemeinsam und freudig erfüllen.

Unter den Naturwesen finden ebenfalls die gleichschwingenden Kräfte zusammen, also Naturwesen mit gleichem oder ähnlich entwickeltem Bewußtsein.

Auch männliche und weibliche Naturwesen, also Wichtel und Elfen, verbinden sich. Sie bilden eine Mentalitätsschwingung und wirken im großen kosmischen Geschehen.

Der jeweilige Bewußtseinsstand des geistigen Lebens, das sich in der Evolution befindet, zeigt sich in seiner geistigen Form. Sowohl Steine und Mineralien als auch Pflanzen und Tiere zeigen ihren Bewußtseinsstand in ihrer Form.

Der geistig Weise erkennt auch an der materiellen Lebensform den geistigen Bewußtseinsstand.

Auch die Naturwesen, die das menschliche Auge nicht wahrnehmen kann – da es geistige Körper sind –, zeigen ihren Bewußtseinsstand in ihrer Form. Diese Formen der Natur können Elementargeister oder Wesen der Natur genannt werden. Ich will hier keinen großen Unterschied zwischen den Formierungen der einzelnen Bewußtseinsstufen machen, weil jedes geistige Element im anderen enthalten ist. Solange die Bewußtseinsformen noch nicht den Ausdruck eines vollentwickelten Geistwesens erlangt haben, sind es Entwicklungsformen, die ich entweder Elementargeister, Elementarwesen oder Naturwesen nenne.

Auch der Bewußtseinsstand des Menschen zeigt sich im materiellen Körper, seine Licht- und Schattenseiten.

Die Denk- und Handlungsweise des Menschen wirkt sich also im und am menschlichen Körper aus. Wenn du einige Jahre älter bist, wirst du dies besser verstehen.

Ich will dir das geistige und materielle Geschehen allumfassender, also ausführlicher erklären, wenn du es richtig zu verstehen vermagst.

Die geistigen Formen, wie z.B. die Naturwesen, können sich nicht belasten, das heißt, sie können ihren geistigen Leib nicht verschatten.

Naturwesen wirken meist zusammen. So sind gleiche oder ähnliche Bewußtseinsschwingungen z.B. für die Pflege der geistigen Substanzen der Steine und Mineralien tätig oder für die geistigen Substanzen der Tiere, für die Teilseelen der Tiere.

Das Bewußtsein der Gnomen ist noch nicht so weit entwickelt wie das der Naturwesen, die z.B. als Natur- und Tierpfleger wirken. Das hat jedoch nichts mit Schatten oder Belastungen des werdenden Geistkörpers zu tun. Wie ich dir schon erklärte, können sich die unsichtbaren Wesen der Natur nicht belasten, weil sie noch nicht das Bewußtsein eines Geistwesens haben.

Nur ein Geistwesen kann sich in einen Menschenkörper einverleiben und belasten.

Liebes Kind, es ist für dich noch etwas schwer, die geistige Entwicklung, die Evolution, zu begreifen. Ich bringe dir einen Vergleich, damit du mich besser verstehen kannst:

Wenn z.B. die Liebegefühle des Mannes in der Frau wirksam werden und beide sich ein Kind wünschen, dann wächst erst das Kind unter dem Herzen der Mutter.

Ein reifes Ei im Körper der Frau wird von den Liebeempfindungen des Mannes befruchtet. Es wird belebt. Es beginnt, sich zu teilen. Und daraus ergeben sich immer mehr Zellen, die sich zusammenfügen und allmählich den irdischen Körper für die Seele bilden.

Ist die Zeit gekommen und das Kind ist so weit gereift, daß es ein selbständiger Erdenkörper ist, dann wird es von der Mutter entbunden.

Auch bei den Tieren kannst du das erleben und beobachten: Auch das Tierkind wird nicht in den Schoß des weiblichen Tieres gelegt, sondern die Eizelle im weiblichen Tierkörper wird zuerst von den sogenannten Spermien – es sind männliche Kräfte – berührt und zur Zellteilung angeregt.

Die belebte Eizelle ist ein Einzeller. Sie hat noch ein Zellbewußtsein. Die befruchtete Eizelle beginnt, sich zu teilen. Immer wieder erfolgt die Teilung der Zellen, bis das Kind im Leibe der Mutter – oder beim Tier, im Leibe der Tiermutter – so weit gereift ist, daß es sich von der unmittelbaren Ernährung durch den Mutterleib trennt und ein Einzelkörper wird.

Die Form und Gestalt des Kindes ist wohl noch klein. Doch in und am Körper sind sämtliche Körperteile und Funktionen vorhanden. Der kleine Mensch oder das kleine Tier baut sich weiter auf und wächst und erhält seine Energie aus Nahrung, Luft und Sonne.

Siehe, liebes Kind, Ähnliches vollzieht sich im geistigen Reich, in den Himmeln. Wir nennen das geistige Wachstum Evolution. Evolution heißt Entwicklung.

Im geistigen Reich nimmt die strömende Kraft dann Form an, wenn vorbestimmte geistige Atomarten in dem Maße aktiv werden, daß der erste geistige Partikel entsteht, der die Form eines Steines hat.

Aus dem ersten geistigen Partikel kommen immer mehr geistige Partikel heraus und fügen sich zu einer geistigen Form.

Bei Gott, unserem himmlischen Vater – also im ewigen Licht – vollzieht sich die geistige Evolution, das Wachstum, aus einem geistigen Partikel. Der erste Evolutionsprozeß ist die Formierung zum Stein, dann zu Mineralien, dann zu den Pflanzenarten, dann zu den Tierarten, dann zum Naturwesen, bis hin zum Geistwesen. Auch innerhalb der Gattungsformen gibt es noch einmal die Evolution.

Somit ist z.B. der Gnom erst am Beginn des Daseins eines Naturwesens. Er betreut die noch nicht weit entwickelten Pflanzenarten und Tiergattungen, insbesondere die Tiere, die tief unten im Erdreich leben und die nur dann das Tageslicht sehen, wenn ein mächtiger Bagger die Erde umschichtet. Die in der Erde lebenden Tiere können nicht auf der Erde leben. Daher leiden sie große Pein, wenn sie ans Tageslicht gebracht werden. Die Gnomen, die in ihrem äußeren Aussehen einer Erdscholle gleichen, helfen diesen Erdtieren. Sie stehen ihnen mit den Kräften bei, die sie aus dem Kosmos anziehen. Ähnlich wie beim geistigen Heilen übertragen sie diese den Tierformen und helfen und dienen ihnen auf diese Weise.

Die Talente und Fähigkeiten der Gnomen liegen eben darin, diesen Tierformen zu dienen und zu helfen, da sie mit ihrem entwickelten Bewußtsein, mit ihrer Ausstrahlung, diesen Lebensformen in ihrer Schwingung am nächsten sind.

Du hast doch gehört: Gleiches zieht Gleiches oder Ähnliches an. Dieses geistige Gesetz gilt im ganzen Universum.

Obwohl das Bewußtsein der Gnomen schon einige Lichtenergien weiter entwickelt ist als das Bewußtsein der Pflanzen- und Tierarten, so ist doch noch eine Ähnlichkeit zur Pflanzen- und Tierwelt vorhanden. Dadurch sind sie noch stark mit diesen Entwicklungsformen verbunden. Da sich Gleiches oder Ähnliches anzieht, so dienen die Gnomen allen jenen Lebensformen, die ein oder mehrere Lichtkräfte unter ihrem Entwicklungsstand stehen. Das größere Bewußtsein dient immer dem noch darunterliegenden. Deshalb sind Naturwesen, die ihre Kräfte für höher entwickelte Pflanzen und Tiere einsetzen, schon weiterentwickelt. Auch sie arbeiten mit den kosmischen Kräften, helfen der geknechteten Natur und den hilfsbedürftigen Tieren.

Die unsichtbaren Helfer der Natur stehen z.B. auch den am Wegrand halb vertrockneten Blumen bei. Denn auch Blumen haben Bewußtsein und empfinden.

Liebes Kind, die ganze Natur und die Tiere empfinden, auch die guten und weniger guten Menschen. Sie empfinden ihre ausstrahlende Energie.

So empfindet jede unscheinbare Blume deine Ausstrahlung.

Deine Ausstrahlung ist das, was du empfindest, denkst und sprichst.

Empfindungen, Gedanken, Worte und Handlungen sind Energien, also ausstrahlende Kräfte.

So, wie das Licht strahlt – du kannst es besonders in der Nacht sehen, wenn ein Licht brennt und seinen Schein verbreitet –, ähnlich ist es mit deinem Körper. Auch dein Körper strahlt dein Empfinden und deine Gedanken aus, auch was du sprichst und tust.

Deine Ausstrahlung hat viele Farben, und jede Nuance deutet auf deine Empfindungs- und Gedankenwelt hin.

Auch deine Worte und Handlungen, alle Bewegungen sind Strahlung und Farbe. Das ist sodann deine ausstrahlende Energie. Du willst z.B. eine Blume abbrechen oder abreißen und gehst mit diesem Vorsatz – mit deinen Gedanken also, die ausstrahlen – auf die Blume zu, dann nimmt das Bewußtsein der Blume deine ausstrahlenden Gedanken auf. Die Blume empfindet also dein Vorhaben.

Daraufhin sendet sie feine Schwingungen aus, die sagen: Bitte, quäle mich nicht; ich möchte hier im Blumenbeet oder in der Blumenwiese oder am Wegrand weiterblühen, bis ich welke. Denn das ist mein Leben – so wie du das deine hast.

Liebes Geschwisterchen, möchtest du, daß ein Mensch kommt, der dir das Bein oder die Hand abschlägt? Möchtest du, daß er dich tötet? Du sagst, das ist dein Leben, und kein Mensch darf in dein Leben eingreifen. Das ist richtig. Das gleiche gilt jedoch auch für Pflanzen und Tierreiche. Kein Mensch darf mutwillig in die Pflanzen- und Tierwelt eingreifen. Der Mensch macht es jedoch sehr oft – ohne zu ahnen, daß auch Pflanzen und Tiere ihn spüren und empfinden.

Die Übernächsten sind die untergeordneten Lebensformen.

Untergeordnet heißt, sie sind noch nicht vollkommen entwickelt wie die Geistwesen.

Die Übernächsten sind die Tiere, Pflanzen und auch die Steine. Jede Lebensform empfindet, weil der ewige Geist, die strömende Urenergie, die jeweilige Bewußtseinsform durchströmt. Somit empfindet jeder Stein, weil er zum Steinbewußtsein gehört.

Bewußtseinsformen sind gebündelte Energien. Jede geistige Form ist Leben und empfindet.

Du selbst kennst das Empfinden. Du empfindest Freude und Schmerz, Leid, Not, Hoffnung und Zuversicht, das alles und weit mehr empfindest du.

Deine Übernächsten, die Tiere, die Pflanzen und Steine, empfinden ähnlich wie du.

Wenn du z.B. mutwillig eine Blume abreißt oder abknickst, dann hast du sie frühzeitig von ihrer Lebenskraft getrennt. Von dem Menschen um ihr Leben gebracht, welkt sie schmerzlich dahin. Sie empfindet, daß sie ihr Blumenleben nicht voll hat leben dürfen, weil der Mensch in ihr Leben eingegriffen hat.

Wenn es dich treibt, einfach Blumen bewußt zu knicken oder abzubrechen, dann denke daran, daß alles Leben empfindet.

Erkenne: Was du nicht willst, das man dir tut, das füge auch keinem anderen zu.

Wenn eine Blume oder mehrere Blumen, auch Gräser, Sträucher und Bäume von Menschen mißhandelt wurden und werden, dann sendet ihr geistiger Leib zarte Hilfeempfindungen aus.

Ich will dir kurz das Wort „mißhandelt" erklären:

Wenn ein Mensch etwas mißhandelt, dann tut er es bewußt. Er will zerstören.

Wird es unbewußt getan, das heißt wenn der Mensch über Wiesen oder durch Wälder geht und da und dort dabei mit dem Fuß

Blumen und Gräser knickt oder auf Tiere tritt, dann geschieht dies nicht absichtlich. Die Lebensformen empfinden das, und ihr Schmerz wandelt sich in Verständnis für den Wanderer.

Du mußt wissen, das geistige Bewußtsein besteht aus feinen Liebeströmen. Diese sind zu einem Liebestrom gefaßt, da jede Lebensform verschieden zusammengesetzt und wirksam ist, entsprechend dem Bewußtseinsstand der Lebensform.

Die feinen geistigen Ströme, die Hilfeimpulse, die aus den mutwillig geknickten oder abgerissenen Blumen, Pflanzen, Halmen und Sträuchern entströmen, wenden sich an die zuständigen Naturwesen. Die feinen geistigen Empfindungen der leidenden Übernächsten bitten um Hilfe.

Siehe, im ewigen göttlichen Gesetz hat alles seine Ordnung.

So sind auch die Naturwesen, entsprechend ihrem Bewußtseinsstand, ihren Talenten und Fähigkeiten, in Reservate eingeteilt. Reservate sind vorgegebene große Bereiche, in denen sie helfen und Sorge tragen, daß die Blumenkinder, die Pflanzen, die Gräser, die Sträucher und Bäume geistige Pflege erhalten.

Naturwesen, die für ein bestimmtes Naturgebiet vorgesehen sind, registrieren die feinen Hilferufe der Übernächsten. Sie kommen dann und helfen z.B. der abgeknickten oder am Wegrand lieblos zurückgelassenen Blume.

Aus den Geistkörpern der Naturwesen strömen kosmische Kräfte, die das Leben z.B. in der abgerissenen oder geknickten Blume stützen und langsam aus dem äußeren Körper, aus der materiellen Hülle, entbinden. Diese helfenden und heilenden Ströme sind die Liebeströme des himmlischen Vaters. Seinen Geist beten die Übernächsten an.

Die heilenden und helfenden Kräfte, die über die Naturwesen ausströmen, stehen dem frühzeitig welkenden Blumenkind bei und entbinden seine Lebenskraft.

In jeder Blume, Pflanze, in jedem Gras, Strauch oder Baum und ebenso in jedem Tier wirken die göttlichen Lebenskräfte.

In vielen Tieren, die schon ein weiterentwickeltes Bewußtsein haben, sind Teilseelen einverleibt, das heißt: viele zusammengefaßte geistige Partikel, die einen sich entwickelnden geistigen Leib bilden.

Das Leben der hinscheidenden Übernächsten bildet sich langsam – unter den strahlenden Händen der Naturgeister – zurück.

Die Lebensstrahlen der Pflanzen, Steine und der Tiere, die noch keine Teilseele haben, gehen, gestützt von der Kraft aus den Naturwesen, in die Erdseele zurück.

Die Teilseelchen der Tiere gehen entweder in die geistigen Entwicklungsbereiche der Himmel zurück, wenn sie von dort zur Weiterentwicklung angezogen werden. Wenn sie hierfür noch nicht reif sind, dann schlüpfen sie auf der Erde wieder in einen Tierkörper, welcher der Schwingung des Teilseelchens entspricht.

Das Leben ist ein beständiger Rhythmus nach ewigem Gesetz. Das ewige Gesetz wird auch rhythmisches Leben genannt.

Nach vorgegebenen Gesetzen, nach dem ewigen Rhythmus, läuft das Kommen und Gehen ab, das Geborenwerden und das Sterben. Auch die Naturreiche sind in diesen Rhythmus einbezogen.

Wird das rhythmische Leben durch das Fehlverhalten der Menschen gestört, weil viele Menschen das Leben ihrer Mitmenschen, ihrer Nächsten und auch der Übernächsten – der Pflanzen und der Tiere – selten achten, ist Hilfe auf mannigfache Art und Weise notwendig. Deshalb gibt es die sichtbaren und unsichtbaren Helfer. Die unsichtbaren Helfer sind die Schutzengel und die Naturwesen.

Die sichtbaren Helfer sind die gott- und naturverbundenen Menschen, die ein feines Empfinden für hilfsbedürftige Menschen haben und ebenso ein feines Gespür für die Pflanzen und Tiere.

In vielen Fällen arbeiten die naturliebenden Menschen, die nichts von den Helfern der Natur wissen, mit den Naturgeistern zusammen. Ich will dir erzählen, wie dies vor sich geht:

Ein Naturfreund geht über die Felder oder wandert durch die Wälder. Er blickt freundlich zu den Blumen, zu den Sträuchern und Bäumen. Er spürt in ihnen das Leben und fühlt sich mit ihnen verbunden. Unmerklich empfindet er die feinen Schwingungen, die von den Blumen, den Sträuchern und den Bäumen ausgehen, die ihn einhüllen und ihm damit sagen wollen: „Du bist ein guter Mensch, du verstehst uns. Du bist eins mit uns. Wir freuen uns, daß du durch die Wiesen, Felder und Wälder gehst."

Das Blümchen z.B. sendet Empfindungen, die etwa ausdrükken: „Dein schwerer Körper, dein Fuß knickt wohl meinen Stengel; doch ich durfte dazu beitragen, daß ein guter, gott- und naturverbundener Mensch von den vielen Pflanzen und der Erde liebevoll aufgenommen und getragen werden kann."

Gute, gottverbundene Menschen werden von den Blumen und Gräsern liebevoll aufgenommen und getragen, auch dann, wenn der Fuß die kleinen Naturkörper knickt. Es war ihre Aufgabe zu tragen. Auf diese Weise dienen die Pflanzen dem Menschen.

Sie dienen auch den Tieren, die Gräser, Blumen und Pflanzen abreißen und verzehren. Bestimmte Blumen- und Pflanzenarten sind dazu da, sich dem höhergeordneten Leben zu opfern, z.B. den Tieren, die nun mal Blumen, Gräser, viele Pflanzenarten zum Leben benötigen.

Liebes Kind, erkenne: Auch auf diese Weise opfert sich die Liebe Gottes in den Formen der Pflanzen, der Blumen und Gräser und auch der Tierlein, die entweder getreten, zertreten oder von größeren Tieren verzehrt werden.

Die größeren Tiere, wie z.B. die Kühe oder die Pferde, sehen diese vielen kleinen Tiere nicht; sie nehmen sie mit den Blumen und Gräsern auf – und doch leiden diese kleinsten Tiere so wenig darunter wie die Pflanzen. Warum? Weil sie dafür vorgesehen sind, sich jetzt den übergeordneten Lebensformen, die nun Gras – oder im Winter Heu – benötigen, unterzuordnen und zu schenken.

Die Lebensformen der Pflanzenreiche bilden auch den Teppich für viele Menschen, die durch Wiesen und Wälder ziehen, meist ohne zu überlegen, daß sie auf unzählige Blumen, Gräser, Pflanzen und Tiere treten.

Alle diese Lebensformen sind in ihrer Reifezeit dafür gegeben, sich dem höheren Bewußtsein freudig zu opfern.

Kommt jedoch ein Naturfreund, der hierfür Verständnis hat und der mit der Natur verbunden ist, dann ist ein ganz feiner und zarter Jubel in diesen vielen Lebensformen. Sie freuen sich, daß sie einem lichten, zu Gott strebenden Menschen, der die Natur und die Tiere liebt, dienen dürfen.

Wie ich dir schon zu Beginn geschildert habe, ist nicht jede Blumen- und Pflanzenart gerade in diesem Jahr oder in diesem Augenblick zum Opfer vorgesehen. Und schon gar nicht ist vorgesehen, daß der Mensch eine Pflanze, eine Blume, ein Gras oder einen Strauch mutwillig abreißt und dann gar am Wegesrand oder auf der Straße liegenläßt, wo Traktoren oder Autos darüberfahren und sie immer wieder quälen.

Was bewirken die Naturgeister?

Ich habe dir schon erklärt, daß die Naturgeister auch diesen geknickten oder auf dem Weg liegenden Blumen helfen. Sie schließen ihre geistigen Händchen um die gequälten Lebensformen und behauchen sie mit ihrem Atem, mit der Lebenskraft, die sie durchströmt, damit sie langsam und vom Licht behütet dahinwelken. Dadurch kann sich der Lebensstrahl mühelos zurückbilden.

Der Lebensstrahl wird vom Naturgesetz wieder dorthin geleitet, wo sich wieder Leben bildet, zu weiteren keimenden Pflanzen oder Blumen.

Unzählige Naturwesen sind also ständig bemüht, den Pflanzen und den Tieren beizustehen.

Wenn ein Naturfreund, der durch den Wald geht und ein leidendes Tier findet, das von einem Naturschänder, einem sogenannten Wilddieb, angeschossen oder anderweitig gequält wurde, dann helfen Naturwesen, damit er das leidende Tier findet: Das Naturwesen, unsichtbar für den Menschen, macht sich auf irgendeine Weise bei dem Naturfreund bemerkbar. Der Naturgeist bittet z.B. den Luftgeist, er möge stärker in den Strauch oder in das Gebüsch blasen. Der Luftgeist hilft und bläst, so daß der Strauch oder das Gebüsch, in dem das leidende Tier liegt, auffällig rauscht. Die Augen des Naturfreundes wandern zum Gebüsch, in dem ein Rauschen zu hören ist. Und siehe da – im Gebüsch sieht der Naturfreund das leidende Tier liegen! Der Naturfreund und das unsichtbare Naturwesen helfen dem leidenden Tier:

Das Naturwesen pflegt die kleine Teilseele des Tieres, indem es beruhigende Strahlen in Seele und Leib einströmen läßt. Außerdem legt es seine geistigen Hände, aus denen Kraft und Liebe strömen, auf das Tier.

Der naturverbundene Mensch hilft dem Tierlein auf seine Weise. Vielleicht muß er es mit nach Hause nehmen, um seinen Körper zu pflegen.

Nimmt er das Tier zur Pflege mit nach Hause, dann begleitet der Naturgeist den Menschen und das Tier nur bis an die Grenze des Reservats, in dem das Naturwesen wirkt und tätig ist.

Die Kraft der Liebe, die Hilfe der Elfe oder des Wichtels bleibt jedoch weiter bei dem leidenden Tier, dem auch der Naturfreund hilft. Die Kräfte der Liebe sind auch heilende Kräfte, die im Teilseelchen des Tieres und in seinem Körper weiterwirken.

Liebes Geschwisterchen, du hast eben vom Luftgeist gehört. Du mußt wissen, daß es im Leben der Natur auch die Feuer-, Luft- und Wassergeister gibt. Sie werden auch Elementargeister genannt.

Die vier Naturhelfer, das Feuer, die Luft, das Wasser und die Erdkräfte, wirken zusammen mit den Naturgeistern als kosmische Einheit für das Leben in der Natur:

Der Feuergeist bemüht sich, damit es so wenig wie möglich in der Natur brennt, das heißt, daß die Menschen z.B. rechtzeitig erkennen, daß ein Waldbrand auszubrechen droht.

Bricht trotz seiner Bemühungen ein Brand aus, dann retten, helfen und trösten auch die Feuergeister; oder sie rufen die Naturgeister, und diese – wiederum im Zusammenwirken mit den Feuergeistern – rufen Menschen, die eventuell über die Schwingungen ihrer Empfindung erreichbar sind.

Liebes Kind, du weißt, das Feuer ist heiß.

Vielleicht hast du es selbst schon gespürt, wenn du deine Hände zu nahe an eine brennende Kerze gebracht oder deine Hände auf eine heiße Herdplatte gelegt hast.

Du würdest sehr erschrecken, weinen und schreien, wenn plötzlich dein Kleid brennt oder wenn du im Haus bist und Feuer ausbricht.

Siehe, ähnlich ergeht es den vielen Pflanzen, den größeren Tieren, wie z.B. den Rehen, Füchsen, Hasen und all den Klein- und Kleinsttieren, die im Wald und in den Feldern leben. Wenn es brennt und sie nicht rechtzeitig der Gefahr entrinnen können, leiden sie große, große Not.

Die Feuergeister, die den Brand nicht löschen konnten, weil die Umstände es nicht zuließen, retten, retten, retten und versuchen, eventuell auch gemeinsam mit den Naturgeistern, Menschen zu rufen, die das Feuer löschen und das weiter schwelende Feuer mit Stöcken oder mit ihren Füßen niedertreten und ersticken.

Konnten z.B. die Feuer- und Naturgeister einen Waldbrand nicht verhindern, dann bemühen sie sich, einen Naturfreund, der eventuell unterwegs ist, so zu führen, daß er den Brand sieht oder riecht. Die Feuergeister z.B. stürmen auf den Naturfreund zu, umringen ihn und nehmen ganz sanft auf seine Sinne Einfluß, z.B. auf den Geruchssinn.

Der Naturfreund spürt auf einmal den Brandgeruch: „Es riecht nach Brand. Wo jedoch brennt es?"

Dann wirken die Feuergeister auf die Augen, auf das Sehorgan des Naturfreundes ein. Er hebt seinen Blick und sieht Rauch.

Die Feuer- und Naturgeister wirken dann weiter auf seine Sinneswelt ein. Er eilt auf den Brandherd zu, um das Feuer zu löschen.

Siehe, liebes Kind, auf solche und ähnliche Weise wirken die Elementargeister, um der Natur zu helfen, die Tiere zu schützen und auch Menschen zu rufen. Damit können sie manche Gefahren rechtzeitig erkennen und bannen.

Wie schon offenbart ist, gehören zu den Elementargeistern auch die Wassergeister. Auch sie sind Helfer der Natur. Sie dienen dem Leben in den Gewässern. Sie helfen den Wassertieren und auch den Wasserpflanzen, die unter anderem die Versorgungsquellen für diese Tiere sind.

Von den Erdgeistern, den Naturwesen, hast du schon einiges gehört.

Es gibt jedoch auch die Geister der Luft.

Die Elementarwesen – die Feuer-, Wasser- und Luftgeister, auch die Erdgeister – sind, wie ich dir schon erklärt habe, Helfer der Natur.

Du kannst diese vier auch Naturkräfte nennen, es sind formgewordene Energien.

Die Feuer-, Wasser- und Luftgeister können sich auflösen – im Gegensatz zu den Lebensformen, die aus zusammengefügten, in sich formaktiven Partikeln bestehen, wie Steine, Mineralien, Pflanzen, Tiere und die geistwesenähnlichen Naturwesen, die Gnomen, Wichtel und Elfen.

Die Naturgeister, die Elfen und Wichtel, sind auf dem Weg der Evolution die am weitesten entwickelten Naturformen. Sie haben einen aufrechten Wuchs und gleichen in der Größe den vier- bis sechsjährigen Menschenkindern. Doch ihre Gestalt, ihr Gesichtsausdruck ist noch ungeschlacht, bizarr.

Ihre Gesichtszüge und ihre Gestalten sind im Ausdruck gröber als beim Menschenkind – eben noch mehr der Pflanzen- und Tierwelt nahe.

Liebes Kind, die Naturwesen, z.B. die Elfen und Wichtel, sind, wie ich offenbart habe, also am weitesten entwickelt. Diese Entwicklungsstufe ist die Vorstufe zum Geistkind. Ein ausgereiftes Naturwesen, eine Elfe oder ein Wichtel, das in sich sämtliche Elementarstufen entwickelt hat, wird nach dem Gesetz der Himmel von geistigen Eltern, von Geistwesen, angezogen, aufgenommen und durch deren Liebestrahlen zu ihrem geistigen Kind umgestaltet und erhoben; es ist dann ein Kind unseres himmlischen Vaters. Wie sich das vollzieht, darüber werde ich dir noch berichten.

Liebes Kind, wie du schon weißt, hat im großen Schöpfungsplan Gottes alles seine Ordnung.

Die gesamte Schöpfung ist auf den sieben Grundkräften Gottes aufgebaut: auf Seiner Ordnung, Seinem Willen, Seiner Weisheit, Seinem Ernst, Seiner Geduld, Liebe und Barmherzigkeit. Diese sieben Grundkräfte sind das Gesetz der Unendlichkeit.

Alle reinen, vollkommenen Geistwesen und alle Entwicklungsformen wie die Feuer-, Wasser-, Luft- und Erdgeister, welche Elementar-, auch Naturkräfte genannt werden, leben und wirken nach den ewig vorgegebenen Gesetzen Gottes.

Alles hat seine Ordnung. So sind auch den Feuer-, Wasser-, Erd- und Luftgeistern ordnungsgemäß – entsprechend ihrem Bewußtseinsstand, also ihrer Evolutionsstufe – Reservate, das heißt Gebiete oder Bereiche zugeteilt, die sie betreuen. Soweit es ihnen möglich ist und es das ewige Gesetz zuläßt, schützen und dienen sie dort dem Leben, das sich in materiellen Körpern befindet.

Du hast dich sicher schon gefragt, wie diese Geistformen, auch Naturformen genannt, aussehen, wo und wie sie leben. Ich möchte mich bemühen, dir das – soweit es mit menschlichen Worten möglich ist – zu schildern:

Du hast gehört, daß alles Entwicklung, also Evolution ist.

Die geistigen Formen der Himmel gehen aus einem Lichtstrahl des ewigen Vaters hervor, aus einem geistigen Atom, und werden zuerst eine winzige Form, ein Krümel, das nur einen geistigen Partikel als Substanz hat.

So, wie aus einer befruchteten Eizelle im Leibe der Mutter ein Kind heranwächst, so ähnlich geschieht es im göttlichen Reich, in den reingeistigen Entwicklungsebenen der Himmel.

Dort komprimiert sich ein Strahl des ewigen Vaters zu einem geistigen Partikel, in den das ewige Licht immer wieder einstrahlt, ihn belebt, so daß sich daraus weitere geistige Partikel entwickeln.

Aus einem geistigen Partikel entsteht zuerst eine krümelähnliche Form, die sich weiter entwickelt und allmählich zu einem Stein aufbaut.

Die Entwicklung geht dann weiter zu einem lichtvollen Mineral, dann zu Pflanze, Tier, Naturwesen – zu den Naturwesen gehören die Elementarwesen –, dann zum Geistkind und im weiteren Verlauf zum vollkommenen Geistwesen.

Du weißt also nun: Durch die Lichtstrahlen, die ständig vom ewigen Vater ausgehen, entwickeln sich aus dem einen geistigen Partikel immer mehr geistige Partikel. Sie bilden sodann die Form und das Bewußtsein all dessen, was im Lebensrad der Entwicklung, der Evolution, vorgegeben ist.

Die Evolution habe ich dir schon erklärt. Doch es ist gut, wenn ich das mächtige Evolutionsgeschehen noch einmal wiederhole. Es prägt sich dann besser in dein Bewußtsein ein. Ich werde das Offenbarte also aus einer anderen Perspektive und für dich erfaßbar beleuchten:

Ist die Lebensform, der Stein, vollständig und hat diese Form ihre geistigen Partikel, das Steinbewußtsein, dann baut sich die Form Stein weiter auf. Immer wieder aus den Partikeln, aus dem bestehenden Bewußtsein heraus, formt sich die nächste Lebensform, auch Wesenheit genannt.

Das Steinbewußtsein, also der Stein, wird zur höheren Form, zu einem Mineral.

Bis das Mineralbewußtsein aufgebaut ist, bis sämtliche kosmischen Strahlen der Mineralien in der Lebensform aktiv sind, bedarf es mehrerer Evolutionsvorgänge. Aus dem vollentwickelten Steinbewußtsein wird also eine höhere Form, die der Mineralien.

Die weiteren Lebensformen sind dann die unzähligen Arten von Gräsern, Pflanzen, Bäumen und Sträuchern; das heißt, diese weiteren Lebensformen gehen aus dem vollentwickelten Bewußtsein der Mineralien hervor. Immer baut eine Strahlungsform auf die schon vorhandene Strahlungsform auf.

Ist in der weiteren Folge dann das Bewußtsein der Pflanzenreiche voll entwickelt, ist z.B. das ehemalige Stein- oder Mineralbewußtsein nun ein mächtiger Baum, der alle Lebensformen wie Gräser, Pflanzen, Blumen und Sträucher durchlaufen hat, dann geht diese Lebensform allmählich in die nächsthöhere, nämlich in die niederste Tierform über. Dort geht die Evolution wieder weiter, bis zur *ausgereiften* Lebensform der Teilseele eines Tieres, das nun die Kraft besitzt und die Strahlung trägt, sich aufzurichten und allmählich ein Wesen zu werden, das in der Weiterentwicklung einem Kind gleicht.

Der Übergang vom Mineral zur Pflanze, von der Pflanze zum Tier, vom Tier zur Elementarform – der Naturform – vollzieht sich nach und nach.

Es geschieht schrittweise, wenn eine vollkommen ausgereifte Pflanzenform zum Tier erhoben wird.

Wir könnten die erste Evolutionsphase von der Pflanze zur nächsthöheren Form auch als „Pflanzentier" bezeichnen, da sie beides enthält: die noch bestehende Pflanzenart, aber auch schon die Gestalt des Tieres.

Auf ähnliche Weise geschieht es, wenn ausgereifte Tierformen kleine Wesenheiten werden. Wir nennen die kleinen Wesenheiten im Sammelbegriff Naturwesen: Die ersten kleinen Wesenheiten sind noch Tierwesen. Der kleine aufgerichtete Körper, der nun schon auf zwei Füße gestellt ist, hat noch Züge des Tieres und zugleich schon Ansätze zum aufrechtgehenden Naturwesen. In der Weiterentwicklung gleicht es einem geistigen Kind, doch es erinnert in seinem Aussehen immer noch an Tiere.

Die ersten kleinen, jedoch noch sehr ungestalten Wesenheiten, die sich zu einer Form verdichten und sich auch wieder in strömende Energie auflösen können, sind die Feuer-, Luft- und Wassergeister.

Keines dieser geistigen Wesen kann mit den menschlichen Augen gesehen werden.

Die in der Entwicklung befindlichen Geistkörper, die Elementarwesen, das heißt die Naturwesen wie Gnomen, Wichtel und Elfen, und die ausgereiften herrlichen Geistwesen – so wie auch du im Himmel – können nur mit den geistigen Augen geschaut werden. Und das nur von Menschen, die ihre Seelen licht und rein halten oder sie wieder vollkommen werden lassen durch Veredelung ihrer Gedanken und Sinne.

Nur das geistige Auge, das Auge der Seele, kann also die inneren Vorgänge, das Geistige, schauen.

Überträgt nun die Seele das, was sie im Geistigen geschaut hat, in die dreidimensionale Welt, so kann der Mensch die Luft-, Feuer- und Wassergeister nur als Wesen der dreidimensionalen Welt darstellen, in der ihr, liebe Menschengeschwister, lebt.

Diese in höheren Dimensionen lebenden Kräfte, das heißt die geistigen Formen, können in der dreidimensionalen Welt nur so, wie ich sie geschildert habe, vom Menschen erfaßt werden. Ich, Liobani, bemühe mich, die geistigen Formen unserer Schwester so zu vermitteln, daß sie eine andere Schwester in der Vorstellung der dreidimensionalen Welt zeichnen kann, so daß du eine kleine Ahnung bekommst, wie die Lebensformen ungefähr aussehen.

Auch die Naturwesen, die einfachen Gnomen und die schon weiterentwickelten Elfen und Zwerge, die auch Wichtel genannt werden, sind von der Seele eines lichten Menschen geschaut und werden mit Hilfe einer anderen Schwester, die gut malen kann, in die Welt der Sinne, in deine, derzeit dreidimensionale Welt übertragen.

Die geistigen Körper dieser Wesen sind jedoch in ihrem Aussehen nicht ganz so, wie sie der Mensch darstellt. Der Mensch erklärt oder zeichnet sie so, wie es für diese Welt erfaßbar ist.

Auch ich, Liobani, werde dir die göttliche, ewige Heimat und die ewigen Gesetze so erklären, wie du sie in dieser Welt verstehen kannst, wie du es mit deinem Bewußtsein zu erfassen vermagst.

Die Formen der Feuer-, Luft- und Wassergeister und auch der Naturwesen beschreibe ich so, damit du dir ein Bild machen und dich allmählich in das Geistige hineinempfinden kannst.

Wenn du dir nun ein Bild von diesen Lebensformen machst – oder wenn sie gezeichnet sind –, dann sollst du wissen, daß diese Bilder nur für dein menschliches Vorstellungsvermögen gegeben sind, für das Leben der dreidimensionalen Welt. Was die dreidimensionale Welt ist, das erklären dir sicher deine Eltern.

Die Luft-, Feuer- und Wassergeister und auch die Naturwesen sind viel herrlicher und schöner, als du sie dir auszumalen vermagst.

Damit du die Begriffe lernst, wie die Entwicklungsstufen auch noch genannt werden, wiederhole ich:

Luft-, Feuer-, Wasser- und Erdgeister werden Elementarwesen oder Natur*geister* genannt.

Die Luft-, Feuer- und Wassergeister sind, sofern sie Form annehmen, Gestalten, die Tieren und Naturwesen gleichen. Wir könnten sie auch so beschreiben, daß sie halb Tier und halb Naturwesen sind.

Die Naturwesen, das Erdwesen, sind dir sicher nicht fremd: Du hast von deinen Eltern oder Großeltern gehört, daß es sogenannte Zwerge geben soll. Die Menschen malen sie oder formen Figuren von ihnen. Auch diese Figuren und Bilder, die die geistigen Formen wiedergeben sollen, sind zwei- oder dreidimensional. Das geistige Auge, das die geistigen Wesen schaut, überträgt das Geschaute in die materielle Welt des Raumes. Die Wiedergaben sind dann den himmlischen Formen nur ähnlich; trotzdem sind sie Abbilder der Realität. In Wirklichkeit sind die geschauten geistigen Wesen viel schöner, lieblicher und harmonischer.

Die Luft-, Feuer- und Wassergeister sind, wie du nun gehört hast, Halbwesenheiten. Ihre Arme und Hände, Beine und Füße sind nur angedeutet. Ich möchte dir ein Elementarwesen schildern, und zwar so, daß du es auf Erden als Mensch nachempfinden kannst:

Die Luftgeister

Stell dir den Luftgeist mit wirren, zerzausten Haaren vor; ähnlich, als wenn dir der Sturm in dein langes Haar hineinfegt und es nach allen Richtungen bläst, so daß dein Haar ganz zerzaust ist. Du kannst dir ein weiteres Bild vom Luftgeist machen: Er hat z.B. ganz buntes, dünnes Flaumhaar. Sein Haar erinnert uns an feine Federn, die im Sonnenlicht in vielen Farben schimmern. Der Kopf ist – wie bei jedem sich zur Geistform bildenden Wesen – zuerst wesentlich größer als die sich nur andeutende Gestalt. Zu deinem besseren Verständnis: Der Kopf eines werdenden Wesens ist größer als die noch ungeformte, nur angedeutete geistige Gestalt, als der geistige Körper also.

Warum? Weil vom Kopf aus die übrige Form, der Körper, gebildet wird. Denn in das Haupt fließen die Kräfte und formen allmählich den geistigen Körper.

Das Gesicht eines Luftgeistes ist, wie der ganze Körper, noch ungeformt.

Der gesamte Körper eines Luftgeistes ist mit einem Wolkengebilde zu vergleichen.

Die Farbe eines Luftgeistes ist etwa wie die Farbe der Wolken, welche die Sonne bescheint. Der Körper ist zwar schon formwerdende fließende Energie, jedoch noch nicht vollkommen ausgebildet. Deshalb sind Arme, Hände, Beine und Füße erst andeutungsweise zu sehen. Ich möchte dich wieder an ein Wolkengebilde erinnern: Es sieht ähnlich aus wie der Luftgeist.

Liebes Kind, schaue hin und wieder zu den Wolken, betrachte ihre Formen und ihre Bewegungen, dann wirst du dich wieder an die Luftgeister erinnern. Sie sind die Helfer für die Tiere in der Luft.

Die Luftgeister wirken auch mit den Feuer-, Wasser- und Erdgeistern zusammen. Sie sind ebenfalls Diener in der Natur und im Tierreich.

Wir wollen unsere Schwester bitten, die so schön zeichnen kann, sie möge Luft-, Feuer-, Wasser- und Erdgeister zeichnen. Und unsere Schwester, die meine reinen Empfindungen in deine Sprache, in deine Worte, übersetzt, wird ihr sagen, wie Menschen sich solche Elementarwesen vorstellen können.

Liebes Kind, alle Elementargeister sind mit den strömenden Energien der Natur, mit dem Feuer, dem Wasser, der Erde und der Luft, in absoluter Harmonie. Die Elementarkräfte wirken auf das engste zusammen, da kein Element ohne das andere bestehen kann:

Das Feuer kann ohne Luft nicht brennen und die Erde nicht leben ohne das Feuer (Sonne), das Wasser und die Luft.

Die Elementarwesen, die Luft-, Feuer-, Wasser- und Erdgeister, sind Helfer aller Lebensformen, sowohl der Tiere in der Luft, auf und im Wasser und auf und in der Erde; sie sind auch Diener und Helfer aller Pflanzenarten.

Auf wunderbare Weise sorgt also unser himmlischer Vater für alle Lebensformen.

Immer dienen die weiterentwickelten Wesenheiten den noch weniger entwickelten Formen. Die weniger entwickelten, die in der Evolution stehen, nehmen gerne an, weil sie wissen, daß die nächsthöhere Evolutionsstufe den noch niederen Entwicklungsformen dient. Die niederen Formen geben wiederum von dem, was sie empfangen, da sich in der ganzen Unendlichkeit alles auf Geben und Empfangen aufbaut.

Geben und Dienen, das ist selbstlose Liebe.

Aus den Prinzipien des Gebens und Empfangens erwachsen die Mentalität, die Polarität und die Dualität, die tiefe Liebe zueinander.

Das selbstlose Dienen birgt in sich die selbstlose Liebe, und die selbstlose Liebe birgt in sich wieder das Dienen.

Auf diese Weise ist die Unendlichkeit mit Leben und Kraft erfüllt.

Liebes Kind, sämtliche Elementarwesen haben mehrere Aufgaben. Eine Aufgabe des Luftgeistes ist z.B. diese: Wenn ein großer Wirbelsturm beginnt, über die Erde zu jagen, dann werden die Luftgeister aktiv. Sie senden feine Schwingungen aus, Töne, die auch Melodien sind, hin zu den Naturgeistern und auch zu den Feuergeistern, um die Menschen zu warnen, die unterwegs sind oder ein Feuer angezündet haben.

Die feinen Signale der Luftgeister bewirken unter anderem auch, daß die einen Tiere Schutz suchen und andere von den Erdgeistern in Sicherheit gebracht werden können. Es sind Tiere, die sich von den Luft- und Erdgeistern ansprechen lassen und diese feinen Signale hören.

Die Luftgeister mahnen gleichzeitig auch die vielen Vögel, sich in Sicherheit zu bringen. Der Wind, der vom Luftgeist gelenkt wird, leitet oder treibt sie dorthin, wo sie vor dem Sturm einigermaßen geschützt sind.

Die feinen Signale, die durch die Luft ziehen, nehmen viele Tiere intuitiv auf und verkriechen sich, entweder unter dichte Bäume, in die Rinden der Bäume, ins Gestrüpp, unter große Blätter oder gar ins Erdreich.

Die Luftgeister geben auch Signale an die Wassergeister, wenn Gefahr droht, daß Meere und Seen aufgewirbelt werden.

Die Luft-, Feuer-, Wasser- und Erdgeister mahnen auch die Menschen, rechtzeitig ihre Wohnungen und Häuser aufzusuchen oder andere schutzbietende Unterstände.

Du wirst nun fragen: Auf welche Weise macht sich z.B. ein Luftgeist dem Menschen bemerkbar, um ihn auf die drohende Gefahr aufmerksam zu machen?

Er verstärkt z.B. eine Windbö, die durch die Haare des Menschen fährt und sie zerzaust. Der Mensch stutzt, blickt zum Himmel empor und fragt sich: Kommt ein Gewitter oder ein Sturm? Er sieht, wie sich dunkle Wolken zusammenballen. „Ah", so sagt er, „jetzt muß ich mich beeilen, um nach Hause zu kommen." Er läuft und gelangt gerade noch in Sicherheit, bevor der Wirbelsturm durch die Straßen, über Städte, Dörfer und Landstriche fegt und ein schweres Gewitter hereinbricht.

Ein anderes Beispiel: Ein Mensch hält sich im dichten Wald auf. Es ist ein Wanderer oder ein Waldarbeiter, der zwischen den Baumkronen nur noch wenig Himmel sieht. Der Waldwichtel kann mit seinen feinen Schwingungen, die den Menschen warnen wollen, nichts ausrichten, weil der Mensch entweder mit sich selbst so sehr beschäftigt ist oder ganz in seine Arbeit vertieft ist. Deshalb ruft der Erdgeist, der die drohende Gefahr erkennt, den Luftgeist. Er sendet feine, zarte Schwingungen, die wie Melodien sind, nun zu den Luftgeistern und bittet sie, eine Windbö zu einem Strauch oder Baum zu lenken, der in der Nähe des Wanderers oder Waldarbeiters steht. Daraufhin verstärkt der Luftgeist eine Windbö, die nun kräftig den Strauch oder den Baum schüttelt. Natur- und gottverbundene Menschen registrieren mit ihren feinen Sinnen die feinen Schwingungen der unsichtbaren Helfer. Der Wanderer oder Waldarbeiter bemerkt die Bewegung des Strauches oder des Baumes. Der Wanderer oder Waldarbeiter geht aus dem dichten Wald heraus, um nach dem Himmel zu sehen und festzustellen, ob eventuell ein Gewitter oder ein Sturm im Anzug ist. „Ah", so denkt er, „es bahnt sich ein Gewitter an." Der Wanderer sagt: „Ich werde mich beeilen müssen, um eine sichere Unterkunft zu finden." Und der Waldarbeiter denkt: „Ich werde meine Arbeit abbrechen und schleunigst nach Hause fahren oder mich unterwegs unterstellen."

Liebe Geschwister, so wird Menschen und Tieren Hilfe zuteil.

Auch die Pflanzen, die Blumen, Sträucher und Bäume werden von den Naturgeistern, den Erdgeistern, so weit geschützt, wie es den unsichtbaren Helfern möglich ist.

Die Erdgeister, welche, geistig gesehen, die Elementarkraft Erde verkörpern und in ihren Reservaten die Pflege der Pflanzen, der Blumen, Sträucher und Bäume übernommen haben, senden ebenfalls feine Schwingungen zu den Naturkindern, den Pflanzen, die in ihrem Reservat blühen und leben, und mahnen sie besonders dann, wenn Gefahr droht. Einige Blumenarten schließen sodann ihre Blüten oder Blütenkelche, andere wieder senden Schutzschwingungen aus, also auch feine Töne, die zum Beispiel den Sturm so weit abhalten, wie es notwendig ist, damit er nicht mit der ganzen Intensität und Kraft über sie hinwegfährt und sie abknickt oder abbricht.

Werden zum Beispiel Blumen abgeknickt oder gar Bäume und Sträucher entwurzelt, dann ist damit oft ihre Entwicklung als Baum oder Strauch beendet.

Es ist jedoch auch möglich, daß durch die Umweltverschmutzung, welche die Menschen verursacht haben, die Pflanzen, Sträucher und Bäume geschwächt sind und nicht mehr die Widerstandskraft besitzen, sich zu schützen. Solche Kinder der Natur werden dann vom Sturm abgeknickt, abgebrochen oder gar entwurzelt – je nachdem, wie stark die Lebenskraft noch in ihnen ist oder welche Krankheit sie befallen hat.

In den meisten Fällen wurden und werden die Krankheiten in den Naturreichen durch das falsche Verhalten der Menschen ausgelöst.

Viele Menschen denken nur an sich selbst und haben zu ihren Nächsten und Übernächsten, den Tieren und Pflanzen, kaum eine oder gar keine Beziehung. Diese Menschen denken falsch – und handeln auch entsprechend. Deshalb müssen aber nicht allein die Tiere und Pflanzen leiden, sondern auch die Menschen; denn sie schaffen Ursachen, da sie nur an sich denken und den Nächsten und Übernächsten nicht achten.

Vielleicht stellst auch du nun die Frage: Warum mahnt der Schutzgeist nicht den Menschen, wenn er in Gefahr ist?

Wenn ein Mensch ihn nicht hören kann, weil seine fünf Sinne nur auf die äußeren Geräusche, auf die Welt, eingestimmt sind und auf sein eigenes Ich oder weil er nicht auf sein Gewissen achtet, dann versuchen die Naturgeister, die Diener und Helfer der Natur, ihn zu warnen. Das gelingt jedoch auch nur dann, wenn der Mensch nicht allzusehr in seine Gedanken versponnen ist. Wenn ein Mensch nur sich selbst liebt und nicht weiß, daß andere Lebensformen auch empfinden und leiden können, dann wird er hartherzig und ichbezogen. Er denkt dann nur an sich und nimmt daher die feinen Schwingungen des Schutzgeistes selten oder gar nicht wahr.

Du mußt wissen, daß viele Menschen nur das glauben, was sie sehen; nur das ist für sie wirklich – und alles andere, was sie mit den physischen Augen nicht zu sehen vermögen, existiert nach ihrer Meinung nicht. Einige Menschen achten wenigstens noch das Leben der Tiere, weil sie aus der Erfahrung mit Haustieren wissen, daß diese auch empfinden. Doch wenn es um das Empfinden und Leben der Pflanzen geht, schütteln viele ihr Haupt und können nicht begreifen, daß auch Gräser, Blumen, Sträucher, Bäume empfinden. Ja sogar die Steine haben ein Empfindungsvermögen. Solche Menschen sind in ihrem Gemütsleben stumpf – und ihrer eigenen Vorstellungswelt verhaftet. Da jedoch Gott alle Seine Kinder liebt, läßt Er auf vielerlei Weisen Seinen Menschenkindern Hilfe zukommen. Er hilft über die Schutzengel, Er hilft über gute Menschen – und über die Elementarwesen, die Naturwesen.

Es ist also wichtig, daß der Mensch seine Sinne verfeinert und sie sowohl auf die Unendlichkeit als auch auf das vielfältige Leben der Tiere, Pflanzen und Mineralien ausrichtet.

Verfeinert der Mensch seine Sinne durch ein gutes Leben, in dem er alle Lebensformen als beseelte Kräfte anerkennt und liebt – dann wird er erkennen, wo Gefahr droht oder wer ihm gut oder weniger gut gesonnen ist.

Wer auf diese Weise sich bemüht, alle Menschen, Tiere, Pflanzen und Steine zu lieben, der hält Freundschaft mit allen Naturreichen und den Elementarwesen. Er wird auch intuitiv Kontakt mit seinem Schutzgeist und der reinen göttlichen Welt haben.

Wer also die Unendlichkeit, das unsichtbare Leben, als Teil seines wahren Lebens erkennt und es liebt, dem dienen die Elemente Feuer, Wasser, Erde und Luft in allen Reichen der Natur.

Die Feuergeister

Liebes Kind, ich, Liobani, will dir die Elementargeister in deiner Sprache schildern, damit du mich, die ich die Sprache des Lichtes spreche, verstehen kannst. Ich werde mich deshalb immer wieder aufs neue bemühen, das, was im Unsichtbaren lebt und wirkt, mit menschlichen Worten auszudrücken.

Während ich erkläre, entstehen in dir Bilder und Vorstellungen. Wenn ich dich nun frage: „Wie könnte wohl ein Feuergeist in deinen Augen aussehen?" – dann entstehen in dir schon Bilder.

Wisse, mit den geistigen Augen gesehen, sind die Feuer-, Wasser- und Luftgeister noch keine vollkommen ausgeformten Wesenheiten. Ihr energetischer Leib kann sich sowohl in strömende Luft als auch in flammendes Feuer oder in Sonnenstrahlen auflösen. Das gleiche gilt für die Wassergeister; auch sie können sich in strömendes Wasser auflösen. Wie du schon weißt, gehören die Elementargeister zum Evolutionsgeschehen. Sie sind geistige Elementarkräfte. Im göttlichen Reich werden sie die vier Entwicklungskräfte genannt und in der Welt Feuer, Wasser, Erde und Luft.

Der Feuergeist hat, wie alle Elementargeister, im Vergleich zum Rumpf einen sehr großen Kopf.

Wie du schon gehört hast, haben die Körper der Elementargeister des Feuers, des Wassers und der Luft noch keine feste Gestalt. Das heißt, die Arme, Hände, Beine und Füße, ja der ganze Rumpf sind nicht fertig ausgebildet wie bei einem vollkommenen geistigen Körper.

Der Feuergeist strahlt die Elementarkraft Feuer aus. Stell dir den Feuergeist rot vor. Denke an ein loderndes Feuer, das sich im Wind lebhaft bewegt, wodurch die Flammen immer höher schlagen. Die züngelnden Flammen sehen hin und wieder wie noch nicht vollkommen modellierte Gestalten aus.

So ähnlich kannst du dir den Feuergeist vorstellen.

Auch in der Flamme einer brennenden Kerze kannst du den Feuergeist entdecken.

In jeder flackernden Flamme kannst du vielleicht eine kleine Gestalt erkennen – einen kleinen Feuergeist?

Liebes Kind, bitte deine Mutter oder deinen Vater, dir diese Wahrheiten über das ewige Evolutionsgeschehen und über die Hilfeleistungen der Elementargeister vorzulesen und mit dir darüber zu sprechen. Bitte sie auch, eine Kerze anzuzünden und mit dir die Flamme anzublasen. Vielleicht sieht auch deine Mutter oder dein Vater einen kleinen Feuergeist.

Und wenn du nun deine Augen ganz schmal machst, ziehe deine Wangen hoch und schaue durch den Schlitz deiner Augen: Die Farbe der Flammen und ihre Ausstrahlungen übermitteln dir wieder ein anderes Bild.

Auch in solchen Farben und Formen kann sich ein Feuergeist zeigen: Der Feuergeist kann, von dir aus gesehen, auch ganz dunkel sein, und zwar dann, wenn er durch eine Rauchwolke zieht.

Wir könnten sagen: Entsprechend seiner Tätigkeit, wo er sich gerade einsetzt für die Lebewesen, die ihm anvertraut sind, wechselt der Feuergeist seine Farben und Formen, doch die Grundfarbe bleibt Rot.

Damit du dir vom Feuergeist ein einprägsames Bild machen kannst, bitte ich unsere Schwester, die gut malen kann, daß sie zwei oder gar drei Feuergeister malt, einen in seiner Grundfarbe Rot, einen strahlend hellen, der so wie das Licht der Kerze ist, und einen dunklen Feuergeist, der durch den Rauch zieht.

Wir beide, du und ich, Liobani, danken unserer Schwester, die zwei oder drei oder gar mehrere Feuergeister gemalt hat.

Du möchtest sicher wissen, wie die Schwester heißt, die so schön malen kann. Schau auf die erste, zweite, vierte oder die letzte Seite dieses Buches, vielleicht entdeckst du dort ihren Namen.

Wer entdeckt ihn rascher, Mutter, Vater, Großeltern, deine Geschwister oder du?

Nun, das macht Spaß; wer hat ihn als erster entdeckt?

Möchtest du unserer Schwester, die die Bilder gemalt hat, einen lieben Brief schreiben?

Wie dir die Bilder gefallen haben, oder was du aus dem Inhalt dieses Buches „Liobani, Ich berate – nimmst Du an?" gelernt hast?

Ich überlasse es dir, ob du schreiben möchtest!

Zusammenwirken der Schutzengel und Naturwesen

Viele Tiere des Feldes und des Waldes erkranken durch das Fehlverhalten des Menschen. Auch sie nehmen Infekte auf und liegen fiebernd darnieder. Nicht immer ist ein guter Waldhüter zur Stelle. Dann bemühen sich die Naturgeister. Das geschieht so:

Die Erdgeister bitten den Feuergeist, die Strahlen der Sonne zu verstärken und halten ihre Hände auf. Der herbeigerufene Feuergeist verstärkt sodann die Kräfte der Sonne und strahlt sie in die Hände der Naturwesen. Dann leuchten in den kleinen Händchen die Kräfte der Sonne und der Planeten auf. Liebevoll übertragen die Erdgeister diese Kräfte – die auch Heilkräfte sind – dem kranken Tier. Auf diese Weise helfen und heilen die Elementarwesen.

Droht Gefahr, daß in Haus oder Wald ein Brand entsteht, dann wirken wieder die Elementargeister zusammen. Es gilt, Leben zu retten:

Der Schutzgeist eines Menschen, der sich am Ort der Gefahr befindet, ruft die Elementargeister an; er selbst hat eventuell mit seinem Schützling, dem Menschen, wenig Kontakt, da dieser seine Sinne auf andere Dinge lenkt und auch nicht mit den harmonischen Kräften der Natur in Übereinstimmung lebt. Die Elementarwesen vernehmen die feinen Empfindungswellen des Schutzgeistes und beginnen ihre Hilfsaktion.

Der Luftgeist z. B. bewirkt ein Geräusch im Zimmer eines Menschen, der anderen zu helfen vermag. Der Mensch vernimmt das Geräusch, schaut sich um und glaubt, ein Fenster sei offen und die Zugluft habe das Geräusch verursacht. Er steht auf und geht an das Fenster, sieht aber: Es ist verschlossen! Er denkt: „Sicher ist ein anderes Fenster geöffnet oder das eben kontrollierte war nicht gut geschlossen." Das Geräusch schwingt noch in den Ohren des Menschen nach – und er öffnet eine Zimmertür, um nachzusehen, ob vielleicht in einem anderen Raum ein Fenster offen ist. „Ah", denkt er, „es riecht, als würde es brennen." Er geht in das Zimmer, in dem sein Enkelkind Lieschen die Schularbeiten macht. Und siehe da, sie hat eine Kerze angezündet.

Was macht hier Lieschen? Sie spielt mit dem Feuer. Sie hält ein Stück Papier in die Flamme.

Großvater sagt: „Lieschen, was machst du da? Du spielst mit dem Feuer! Laß das bitte sein. Du bringst dich und alle Hausbewohner in Gefahr."

Liebes Kind, was ist also wirklich geschehen?

Der Feuergeist rief den Luftgeist. Der Luftgeist blies starken Wind vor den Fenstern des Zimmers, in welchem der Großvater war und gemahnt werden sollte. Der kurze Luftzug, den der Luftgeist durch einige Ritzen blies, bewirkte die Aufmerksamkeit des Großvaters, so daß er nachsah, woher denn die Luft kam.

Gleichzeitig jedoch ließ der Luftgeist im anderen Zimmer, in dem Lieschen spielte, die Luft intensiver zirkulieren, so daß die Flamme größer wurde. Der Feuergeist verstärkte sodann den Rauch des brennenden Papiers. Dann blies der Luftgeist die Luft durch die Türe, so daß der Großvater den Rauch riechen konnte. Das Sinnesorgan, der Geruchssinn des Großvaters nahm den Brandgeruch wahr. So wurde die Gefahr rechtzeitig erkannt und behoben! Diese Hilfsaktion der Elementargeister war erfolgreich.

Doch es kann auch anders gehen. Kann ein Mensch nicht gewarnt werden, weil er von dem Schutzgeist und den Elementargeistern nicht beeinflußt und geführt werden kann, dann entsteht ein kleiner Brand, der zu einer riesigen Feuersbrunst werden kann.

Ebenso wie im Haus, kann das auf ähnliche Weise auch auf dem Feld und im Wald geschehen. Die Aufgaben der Naturgeister sind sehr vielseitig.

Ist z.B. ein Waldbrand ausgebrochen, dann wirken die Elementargeister wieder auf das engste zusammen.

Die Luft- und Feuergeister steuern sodann die Windböen, so daß die Tiere die Gefahr mit ihrem feinen Instinkt wittern und andere Plätze aufsuchen, um sich in Sicherheit zu bringen.

Auch die Tiere der Luft werden vom Feuer- und Luftgeist gewarnt. Immer weniger Tiere jedoch nehmen die feinen Warnrufe der unsichtbaren Helfer war, weil ihr Instinkt oft nicht mehr fähig ist, diese Rufe zu registrieren.

Du wirst vielleicht fragen: Warum können immer weniger Tiere von den Elementarwesen geführt werden?

Weil ihre Wahrnehmungskraft, ihr Instinkt, infolge der Umwelteinflüsse sich immer mehr verringert oder gar weitgehend verkümmert.

Wenn sich Tiere z.B. lange Zeit in Städten oder Dörfern aufhalten, dann nehmen sie die Schwingungen der Auren der Menschen und ihrer Siedlungen auf. Dadurch verändert sich sodann ihr Naturinstinkt. Auch die disharmonischen Geräusche, die von Maschinen, Fahrzeugen und Flugzeugen ausgehen, reduzieren das Wahrnehmungsvermögen der Tiere. Also verkümmert ihr Instinkt oder richtet sich auf die Menschen und ihre Atmosphäre aus, in der die Tiere leben. Auch Tiere, die mit Menschen zusammen sind, haben viel von ihrem feinen Instinkt eingebüßt.

Die Verunreinigung der Luft, der Erde und der Gewässer wirkt ebenfalls auf das feine Wahrnehmungsvermögen der Tiere ein. Dadurch vermag nicht mehr jedes Tier die feinen Warnrufe der Elementargeister zu vernehmen. Deshalb müssen oft auch die Tiere große Schmerzen erdulden.

Sie sind jedoch nicht ihrem Schicksal überlassen. Die Erdgeister helfen, so gut sie können. Sie lindern und heilen mit ihren Lichthänden, mit denen sie die heilenden Strahlen aus der Sonne und den Planeten aufnehmen. Wenn es notwendig ist, werden auch die Feuer- und Luftgeister das ihre tun und helfen.

Im Zusammenwirken mit allen anderen Elementargeistern und den Schutzengeln bemühen sich auch die Erdgeister, Menschen, Tieren und Pflanzen zu helfen und die zu retten, die in Not sind. In manchen Situationen helfen und führen sie die Menschen über ihre eigenen Gedanken: Der Mensch hat plötzlich den Einfall, er müsse an diesen oder jenen Ort gehen. Dieser Gedanke drängt ihn, und er tut es. Später erfährt er, daß dort, wo er vorher war, ein Unglück geschah, dem er durch diese Eingebung des Gedankens entronnen ist.

Menschen, die viel Liebe zu Tieren, zu Pflanzen, ja zu der ganzen Natur haben, können von ihrem Schutzgeist und den Elementargeistern viel leichter geführt werden. Es bedarf dann nicht der vielen Umwege, bis der Mensch begreift, worum es geht. Der feinfühlige Mensch wird über seine feinen Sinne geführt, die, wie du gehört hast, seine Antennen sind.

Je feiner die Sinne, die Antennen des Menschen, sind, um so mehr registriert er mit den inneren Sinnen der Seele alle Dinge des Lebens, die er mit seinen irdischen Augen nicht wahrnimmt, die jedoch nach dem ewigen universellen Gesetz um ihn sind und ihn führen. Die feinen Sinne können auch mit Magneten verglichen werden: Sie ziehen das an, worauf sie eingestimmt sind. Viele Menschen werden auf solche und ähnliche Weise gelenkt. Sie wissen zwar nicht, weshalb sie plötzlich da- oder dorthin gehen, doch der Schutzgeist und die Elementargeister wissen es.

Siehe, liebes Kind, das ist wahre Hilfe; das ist echtes, selbstloses Zusammenwirken der positiven Kräfte.

Die Wassergeister

Sicher stellst du die Frage, wie die Wassergeister aussehen und welche Aufgaben sie wohl haben.

Was geschieht z.B., wenn ein Brand mit Wasser gelöscht werden soll?

Hier müssen die Wassergeister Sorge tragen, daß die vielen Lebewesen, die jeder Wassertropfen birgt, nicht in der Feuersbrunst umkommen oder leiden müssen.

Lange bevor es brennt, erkennen die Erdgeister die Gefahr und signalisieren an die Wassergeister, was geschehen kann und daß der Mensch Wasser zum Löschen des Feuers brauchen wird.

Die Wassergeister – der Mensch nennt sie auch die Wasserfeen oder Wassernymphen – werden nun die Kleintiere ihrer Reservate, aus denen Wasser zum Löschen genommen wird, aufmerksam machen. Die feinen Töne, die von den Wassergeistern ausgehen, sind Signale für die Kleinstlebewesen. In den unzähligen Wassertropfen hören die Kleinstlebewesen die feinen Signale der Wassergeister und schützen sich, indem sie sich an die Stellen der Wasserreservate zurückziehen, von denen kein Wasser zum Löschen verwendet wird. Gleichzeitig stellen Wasser- und Erdgeister den Kontakt zur Erdseele her. Sie erhält unter anderem die Lebensformen, die noch keine Teilseele besitzen. Der zuständige Bereich in der Erdseele, der die Kleinsttiere mit kosmischer Energie versorgt – wir nennen diesen Teil auch Kollektivbereich – nimmt sodann die Lebensenergien aus den Kleinstlebewesen zurück, die in der Gefahrenzone leben und die feinen Mahnrufe der Wassergeister nicht wahrnehmen. Infolge dieser Hilfsaktion der Elementarwesen ist im Wasser, das zum Löschen verwendet wird, kaum Leben mehr.

Alles, was ich hier mit euren Worten, liebe Geschwister, beschreibe, vollzieht sich im Geiste in wenigen Augenblicken.

Wenn aus irgendwelchen Gründen im Löschwasser doch noch Kleintiere leben, dann bemühen sich die Feuergeister, ihnen zu helfen, soweit es möglich ist.

Ähnliches geht vor sich, wenn in einer Küche, in Kantinen, in Gaststätten oder Fabriken Wasser kocht. Überall dort, wo Wasser erhitzt und zum Kochen gebracht wird, sind Luft-, Wasser-, Feuer- und Erdgeister am Werk, um den über- oder untergeordneten Lebensformen zu dienen.

Allgemein gesprochen: Es wäre besser für die Menschheit, das segensreiche Wasser nicht zu verunreinigen, damit es nicht behandelt oder abgekocht werden müßte! Würde das Wasser nur langsam erhitzt, aber nicht zum Kochen gebracht werden, dann würden die Kleinstlebewesen im Wassertropfen bleiben und auch nicht sterben müssen.

Denn auch die Kleinsttiere im Wassertropfen sind Helfer des Menschen, das heißt Gesundheitsbringer für das Blut und die Gedärme. Wird Wasser nur erhitzt und nicht gekocht, dann bleiben diese Kleinsttiere zum großen Teil auch am Leben.

Auch die Feuergeister dienen den Kleinsttieren, die leiden, weil ihre winzigen Körper durch kochendes Wasser oder eine Feuersbrunst verletzt sind. Die Feuergeister verstärken z.B. die Strahlen der Sonne, die auf die leidenden Tiere fallen. Sie bewirken damit, daß den winzigen Tierchen Linderung ihres Leidens oder Heilung zuteil wird.

Die Elementargeister sind auch kleine Hebammen. Sie helfen z.B. einem sterbenden Tierlein, damit sich der Lebensstrahl in ihm rascher in die Erdseele, die Erhalterin dieser Lebensstrahlen, zurückziehen kann, die ihn wieder in sich aufnimmt, also einzieht.

Wenn du, liebes Kind, das hörst, so wirst du sicher die Frage stellen: Warum zieht sich der Lebensstrahl nicht ohne Hilfe eines Elementarwesens zurück?

Die Kleinstlebewesen verkrampfen aus Angst ihre winzigen Körper. Der Lebensstrahl kann sich wegen der Verkrampfung nicht zurückziehen, sondern wird also gehalten. Die Feuergeister helfen nun den Kleinstlebewesen, sich zu entspannen: Sie wirken schützend und beruhigend auf sie ein, so daß sich der Lebensstrahl entweder in die Erdseele zurückziehen – oder das Tierlein sein irdisches Leben behalten kann.

Wie schaut nun der Wassergeist aus?

Jedes Elementarwesen hat innerhalb seines Entwicklungsbereiches mehrere Entwicklungsstufen, die Entwicklungsphasen oder Entwicklungsabschnitte genannt werden. Auch die Wassergeister geben sich unterschiedliche Formen, entsprechend ihrem Bewußtsein.

Zunächst kann der Wassergeist einer schön geformten Meereswelle ähnlich sehen, und sein Haupt gleicht einer mächtigen Schaumkrone. Augen, Nase, Mund, Arme, Hände, Beine und Füße ähneln großen, aneinandergereihten Wassertropfen, also kleineren und größeren Wassermengen. Die Wassertropfen kannst du mit den unzähligen Körperzellen vergleichen. Die Elementarform des Wassergeistes besteht also aus vielen Wassertropfen. Jeder Wassertropfen birgt viele Kleinsttiere.

Andere Wassergeister sehen wiederum anders aus, entsprechend dem Leben in den Wassertropfen. Wassergeister wirken ausschließlich im Wasser. Haupt und Rumpf gleichen hin und wieder den Erdgeistern, nur die Arme, Hände, Beine und Füße sind noch flossenartig, so ähnlich wie bei den Wassertieren. Auch diese Elementarform kann sich wieder in Wasser auflösen, das heißt verwandeln. Wir bitten unsere Malerin zu zeichnen, wie ihr euch einen Wassergeist vorstellen könnt.

Die Wassergeister, die, wie du gehört hast, auch Feen und Nymphen genannt werden, pflegen und betreuen die verschiedenartigen Wassertiere und die Wasserpflanzen.
Sie verstehen die Sprache der Fische, sie kennen die Laute der einzelnen Tiergattungen und verstehen deren Sprache, weil die Empfindungswelt der vielen Fisch- und Wasserpflanzenarten in ihnen aktiv ist.

Sowohl die reinen Geistwesen, die Kinder Gottes, als auch die Elementarwesen verherrlichen alle den Schöpfergott und dienen selbstlos. Die ganze Unendlichkeit ist auf selbstloses Dienen aufgebaut. Alle, die Kinder Gottes und die Elementarwesen, dienen entsprechend ihrem Bewußtsein.

Du hast gehört, daß die Elementarwesen ihre Reservate oder Bereiche haben, in denen sie selbstlos dienen.

Je mehr sich eine Lebensform den ausgereiften Naturwesen nähert, das heißt der Kindschaft Gottes, sich also zum vollkommenen Kind entwickelt, desto umfassender wird die Tätigkeit im ganzen Schöpfungsgeschehen: Wenn ein Naturwesen zum Geistkind erhoben wurde – da es alle sieben Grundkräfte des Vaters entwickelt und aktiviert hat –, kann es sich in der ganzen Unendlichkeit bewegen. Das heißt also, die Geistwesen sind ausgereift. Sie befinden sich nicht mehr auf dem Evolutionsweg. Deshalb können sie sich mit ihrem Bewußtsein in der ganzen Unendlichkeit bewegen.

Das gilt auch für dich, liebes Kind! Wenn du deine Seele reinigst, dann wird dein ewiges Bewußtsein klarer. Du deckst es auf, indem du das, was es verhüllt, enthüllst. Das bewirkt, daß für dich die Unendlichkeit offensteht und du dich einst wieder als reines Wesen der Himmel in der ganzen Unendlichkeit bewegen kannst. Dann sind dir die Himmelsebenen und die vielen geistigen Gestirne und Sonnen nicht mehr fremd. Du hast sie in dir wiederentdeckt durch ein selbstloses Leben. Dann kannst du mit deinem Bewußtsein überall sein, weil du allein den Willen des Vaters tust.

Die kosmische Beweglichkeit und Flexibilität sind also den Wesen eigen, die ihr Bewußtsein ganz erschlossen haben und bewußte Kinder Gottes sind, die in die Sohn- und Tochterschaft aufgenommen wurden.

Unser ewiger Vater birgt in sich das Vater- und Mutter-Prinzip. Der ewige Vater ist Vater und Mutter zugleich.

Diese geistigen Zusammenhänge werde ich dir später noch deutlicher erklären.

Vorab jedoch merke dir:

Die Elementarwesen sprechen nicht vom himmlischen Vater, weil sie noch nicht Kinder

der Unendlichkeit sind, sondern werdende Vollwesen, die erst dann zur Kindschaft erhoben werden, wenn sie alle Naturreiche erschlossen haben und von einem Dualpaar, das heißt von zwei Geistwesen, von einem geistigen Mann und einer geistigen Frau, in die Kindschaft aufgenommen wurden.

Über die geistige Geburt hast du ja schon in dem Buch „Ich erzähle – hörst Du zu?" gehört.

Die Elementarwesen, die zu Vollwesen heranreifen, sprechen vom Schöpfergott, dem Allgeist, der auch der Urgeist genannt wird. Ob du nun Schöpfergott, Allgeist oder Urgeist hörst oder liest, so sollst du immer wissen, daß es *ein* Geist ist, die allgegenwärtige Kraft unseres himmlischen Vaters, der die Unendlichkeit durchströmt.

Unser himmlischer Vater ist ein Wesen, Er hat also eine geistige Form, so wie alle anderen Geistwesen auch. Seine Strahlkraft ist jedoch stärker als die aller Wesen zusammen.

In meiner Erzählung und Aufklärung gehe ich nun wieder zu den Wassergeistern zurück:

Die Wassergeister pflegen also die Wassertiere und Wasserpflanzen. Sie können in die tiefsten Tiefen tauchen, in denen ebenfalls Leben ist. Dort gibt es Tiere und Pflanzen, die wieder ganz andere Lebensbedingungen haben als die Fische, die in den oberen Schichten der Seen und Meere schwimmen, oder als die Wasserpflanzen, die knapp unter dem Wasserspiegel leben oder auf der See- und Meeresoberfläche.

Die Wassergeister sind die lustigsten unter den Elementargeistern. Sie feiern gern kleinere und größere Feste. Dazu laden sie auch viele große und kleine Fische ein. Selten feiern die Wassergeister nur unter sich; öfter bitten sie die Luft- und Feuergeister zu ihren Festen.

Die Feste finden besonders dann statt, wenn sich ein Erdteil von der Sonne abwendet, du sagst, wenn die Sonne untergeht. Dann rufen die Wassergeister zum Fest der Harmonie auf. Bei den Festen am Abend bilden die Leuchtfische – solche gibt es! – die Laternen. Die kleinen und größeren Fische vollziehen seltene Spiele und schöne Wassertänze.

Wenn sich ein Erdteil von der Sonne abwendet, wenn also die Sonne sinkt, dann sendet sie rötliche Strahlen über Seen und Meere. Das gibt eine herrliche Farbensymphonie und Harmonie und einen ganz besonderen, schönen Klang. Denn ganz zart kräuselt ein Luftgeist die Wasseroberfläche, so daß kleine Wellen entstehen. Es ist der Luftgeist „Sanftwind", ein Name von vielen, der die Vorbereitungen zum Feste trifft und das Wasser in Bewegung hält, damit es sich dort, wo das Fest stattfindet, ganz besonders schön bewegt, also kräuselt und kleine Wellen erzeugt. Ein Feuergeist, z.B. mit Namen „Lichtschimmer" – so nennt sich einer der vielen – gleitet auf dem rötlichen Strahl der

Sonne über das gekräuselte Wasser, das der Luftgeist Sanftwind in Bewegung hält. Aus der Tiefe der Seen und Meere dringen Lieder zur Wasseroberfläche empor. Es sind die Feen und Nymphen, die sich für das Fest mit schönen Wasserpflanzen schmücken und mit Gesang langsam emporsteigen. Nach den Vorbereitungen zum Fest finden sich weitere Luft- und Feuergeister ein. Die singenden Feen und Nymphen, die aus der Tiefe der Seen und Meere emporgestiegen sind, reichen den Luft- und Feuergeistern die Hände und tanzen mit ihnen einen Reigen zur Ehre des Schöpfergottes.

Auf den gekräuselten Wellen bewegen sich Luft-, Feuer- und Wassergeister, um das Leben zu preisen, den Schöpfergott in allem Sein.

Die vielen kleinen und größeren Fische hüpfen und machen Spiele – eine Art Ringelreihen – und tanzen so um die sich harmonisch bewegenden Elementargeister.

Plötzlich, abseits von den Tanzenden, bewegt sich das Meer. Mit Getöse und Macht steigt einer der Könige der Meere, der Wassermann, empor. Er hebt seinen Dreizack, ein Schilfrohr, das so gewunden ist, daß es drei Zacken hat. Es ist von Wasserlilien umwunden. Er spricht: „Meine Freunde, ihr tanzenden Elementarwesen und ihr hüpfenden Fische, ihr seid zu laut!"

Du mußt wissen, daß die Elementarformen unterschiedlich entwickelt sind. Das ergibt sich aus den entsprechenden Schwingungsgraden der Atome, sowohl in der Luft als auch im Feuer und im Wasser. So ist z.B. die Form des Wassermanns höher entwickelt als die Formen der Nymphen und Wasserfeen.

Das bedeutet z.B., daß sich in den Wassertropfen, die die Form des Wassermanns bilden, höher entwickelte Lebensformen von Kleinsttieren befinden.

Als er jedoch in die leuchtenden Gesichter der verwunderten Elementarwesen blickt, erkennt der Wassermann „Umsicht", daß er sich getäuscht hatte.

Was hat sich ereignet, daß sich ein König der Meere, der Wassermann Umsicht, erregt und täuscht?

Beim Tanz der Elementarwesen kräuselte sich das Meer stärker, weil immer mehr Luftgeister das Wasser bewegten und gleichzeitig mit den Feen und Nymphen tanzten. Dadurch entstand eine größere Woge, die der Küste zurollte und an dem Felsen aufprallte, auf dem Wassermann Umsicht ruhte und die Abendsonne genoß, die seinen schuppenartigen Leib bestrahlte und erwärmte.

Als er jedoch die verwunderten Feuer- und Luftgeister sah, wurde sein Gesicht mild, und er selbst begann, sich mit im Kreise zu drehen. Die Nymphen und Feen, die Luft- und Feuergeister umtanzten König Umsicht, den Wassermann. Er fühlte sich geschmeichelt und hob den Dreizack.

Ein munterer Luftgeist fegte in den Dreizack, dieser platschte auf dem Wasser auf, wodurch es noch größere Wellen gab.

Der König des Meeres, der Wassermann, erhob wieder seinen Dreizack und rief: „Hört, hört, es meldet sich der Froschkönig!"

Von weit, weit her klang eine Melodie zu den singenden und tanzenden Elementarwesen. Es waren die Stimmen des Froschkönigs „Hüpfharmonisch" und seiner Frau „Feinsymphonie",

und der vielen Froschkinder und Froschgeschwister, die sich nun auch mit ihrem Gesang in den Tanz und die Gesänge der Elementarwesen einreihten. Es war ein großes Naturorchester, das bis weit ins All, im Universum, zu hören war.

Und der Mensch, der die Natur und alle Wesen liebt, vernimmt die herrlichen Weisen der Elementarwesen und all jener Schöpfungs- und Naturkinder, die Gott, den Schöpfer, loben und preisen.

Der Tag neigt sich; der Abend zieht immer mehr herauf, der Glanz der Sonne nimmt allmählich ab. Doch das Naturorchester schwillt an; die Elementarwesen und die Fische und die Frösche lassen ihre vollen Weisen erschallen als Dank an den ewigen Geist, der auch ihr Leben ist.

Der Erdteil hat sich ganz von der Sonne abgewendet; du würdest sagen: Die Sonne ist untergegangen.

Die Feuergeister ziehen sich allmählich in die Atmosphäre zurück; sie ruhen auf einer lichten Wolke oder auf einem warmen Sonnenenergiestrom aus, bis sie den neuen Tag in Empfang nehmen. Trotz alledem sind sie jederzeit einsatzbereit, wenn in der Nacht ihre Hilfe gebraucht wird.

Die Luftgeister entfachen noch einmal den Wind und ziehen sich sodann dorthin zurück, wo ganz feine Brisen sind. Dadurch kommt das Meer in raschere Bewegung, die Wellen und Wogen werden größer. Feuer-, Luft-, Wasser- und Erdgeister ruhen im Wechsel von Tag und Nacht, doch alle sind beständig auf der Hut, zu helfen und zu dienen, wenn Not ist.

Das Fest ist zu Ende.

König Umsicht, der Wassermann, wendet sich an die Feen und Nymphen und bittet sie, ihn in die tiefen Meeresgefilde zu begleiten, zu seinem großen Wasserpalast.

und den Kindern „Hüpfklein", „Moosweich", „Lieblichzart", um nur einige Namen der Kinder des Königs und seiner Frau Perle Lieblich zu nennen.

Die Familie des Wassermanns, die Frau und die Kinder, tragen größere und kleinere Kronen, entsprechend ihrer geistigen Entwicklung und dem Bewußtsein der Tierarten, die in den Wassertropfen sind, die sich zu ihrer Wasserform gebildet haben. Der Wassermann Umsicht setzt sich auf den Steinthron, und seine Frau reicht ihm seine Krone, die aus Wasserpflanzen geflochten ist. In die Krone sind schöne, glänzende Muscheln eingebunden.

Auch Frau Wassermann, Perle Lieblich, setzt ihre Krone auf und begrüßt die Feen und Nymphen.

Die Familie des Wassermanns möchte natürlich die Freunde ehren. Und so werden die Kinder beauftragt, den Feen und Nymphen kleine Kränze und kronenartige Gebilde zu bringen und ihnen aufs Haupt zu setzen. Die jungen Feen und Nymphen erhalten Kränze, die älteren Kronen.

Die „Kinder" der Familie Wassermann sind ebenfalls Gebilde aus Wasser, die sich der höheren formgewordenen energetischen Kraft angeschlossen

Nur die Frösche quaken noch weiter und singen ihre Lieder zur Ehre des Schöpfergottes, der sie geschaffen hat.

Der Wasserpalast ganz tief unter dem Meeresspiegel sieht wohl recht sonderbar aus, ist jedoch sehr schön. Er ist von vielen seltenen Wasserpflanzen umrankt, die nur in den Tiefen des Meeres zu finden sind.

Liebes Geschwisterchen, ich möchte dir den Wasserpalast des Wassermanns Umsicht und seiner Frau schildern:

Zwei schön geformte Felsen berühren sich mit ihren Spitzen. Darunter ist ein großer Raum. Über die beiden aneinandergeschmiegten Felsen wachsen herrliche und seltene Wasserpflanzen. Sie ranken auch in den Wasserpalast, in den großen Innenraum, hinein.

In diesem großen Raum sind seltene Steine, die von einer Pflanzendecke überzogen sind, ähnlich wie die mit Moos überzogenen Steine. Das sind die Sitzbänke oder kleinen Ruhebänke für die Wasserfamilie.

Der Wassermann lud die Feen und Nymphen zu sich in seinen Palast. Dort begegneten sie der Frau des Wassermanns, der „Perle Lieblich", haben. Das heißt: In den Formen der „Kinder" – die sich ebenfalls wieder auflösen können – befinden sich Kleinsttiere mit geringerem Bewußtsein als die in den Wasserformen der „Eltern".

Zwei der geschmückten Feen ergreifen einige Ranken, die von den Felsen in den Raum hängen, und spielen darauf Wasserlieder wie auf einer Harfe. Die anwesenden Elementargeister tanzen und bewegen sich harmonisch zu den Wasserweisen.

Der erste Tanz gilt selbstverständlich dem Wassermann Umsicht und seiner Frau Perle Lieblich. Sie eröffnen den Tanz, und alle Tanzwilligen drehen sich mit, um auch dadurch die Harmonie auszudrücken, die ihnen eigen ist.

Die Mitternacht ist vorbei, und bald fängt der Erdteil wieder die ersten Strahlen der Sonne auf.

Die Feen und Nymphen verabschieden sich und gehen in ihre Wasserreservate zurück, um sich auszuruhen, bis sie der neue Tag mit den Strahlen der Sonne erweckt, damit sie ihre Dienste als Elementargeister versehen.

Du wirst sicher fragen, ob die großen Meere und die großen Seen nur einen Wassermann haben, ob es nur einen König der Meere gibt?

O nein, der weiterentwickelte Wassergeist wird vom Menschen auch Neptun genannt.

Damit du dies besser verstehen kannst, nahm ich die Namen, die die Menschen für die weiterentwickelten Wassergeister gewählt haben: „Wassermann und Wasserfrau", denn auf allen Entwicklungsstufen gibt es die weiblichen und die männlichen Prinzipien. Der Wassermann, so wollen wir ihn nennen, hat mehrere Reservate unter sich. Er gleitet also in die verschiedenen Reservate, um dort die Lebensformen zu beaufsichtigen und auch zu helfen, wenn es notwendig ist.

Mehrere kleinere Seen zusammen unterstehen einem Wassermann. Die sehr großen Seen haben einen eigenen Wassermann, einen König des Sees. Das Leben in den kleinen Seen wird von Nymphen und Wasserfeen betreut, in deren Wassergestalt schon höher entwickelte Kleinsttiere leben. Doch auch für diese kleinen Seen ist ein Wassermann zuständig. Die geistige Strahlung der Kleinsttiere bildet das jeweilige Bewußtsein der Formen der Wassergeister.

Elternhaus und Schule

Tagesabschluß in der Familie

Die wahren Geschichten, die dir Mutter, Vater, Großeltern oder eines der älteren Geschwister vorgelesen haben, ließen dich sicher erkennen, daß in der ganzen Unendlichkeit Harmonie und der Gleichklang der Kräfte bestehen.

Auch du sollst dich bemühen, in dir selbst und dann in der Schule bei deinen Schulkameraden und -kameradinnen, in der Familie bei den Eltern und Geschwistern Harmonie und den Gleichklang der Kräfte zu erhalten.

Im Rhythmus von Tag und Nacht wirken die Kräfte des Alls unterschiedlich auf Seele und Mensch, je nach der Belastung der Seele. Das Licht des Tages wirkt auf die Seele und den Körper ein, damit der Mensch den Teil seiner Belastungen, die der Tag in ihm anregt, erkennt – und auch seinen Reifegrad. Die Strahlung der Nacht dient vorwiegend der Erholung der Seele: Wenn der Körper tief schläft, bewirkt sie, daß die Seele in die Bereiche geht, die sie erschlossen hat, das heißt, die sich ihr aufgetan haben durch Verwirklichung. Dabei erlebt die lichte Seele die Freiheit und die Bewußtheit, daß sie ein Wesen des Alls ist.

Auch für dich, liebes Kind, geht der Tag zur Neige.

Am Abend finden die Familienglieder zusammen, um gemeinsam den Tag zu beschließen und die Abendstunden in der häuslichen Atmosphäre zu verbringen. Wollen alle, daß in ihrer Familie Harmonie ist, dann sollte sich jeder bemühen, offen und ehrlich zu sein. Ein offenes Gespräch über das, was ansteht oder was jedes einzelne Familienglied bewegt, führt zu gegenseitigem Vertrauen.

Auch du, liebes Kind, sollst dich beteiligen und berichten, was dich freudig gestimmt hat oder worüber du traurig bist und nachdenkst. Wenn du noch sehr an deinen Lieblingstieren oder an deiner Puppe hängst, solltest du sie zum Familiengespräch mitnehmen.

Damit in der Familie die Harmonie und der Gleichklang der Kräfte bewahrt werden, sollte jeden Abend über das Tagesgeschehen gesprochen werden, also eine Art Rückblick gehalten werden. Wenn du deinen Teddy und die Puppe oder gar die Katze sehr liebhast, können auch sie noch etwas berichten.

Zur Erinnerung für die Eltern: Was das Kind an Teddy, Katze oder Puppe hinspricht, ist sein Gedankenleben. Es bildet um seine Lieblinge eine Art Aura, also ein Gedankenfeld. Wenn sodann das Kind wieder Gleiches oder Ähnliches denkt, was an den Lieblingstieren und an der Puppe haftet, dann kommt dieses Empfindungsfeld, die Energie, die an den Lieblingen haftet, verstärkt zum Schwingen und sendet kleine Gedankenwesen aus, also Gedankenenergien. Diese erinnern sodann das Kind, z.B.: „So hast du gedacht" oder „so denkst du noch" oder „das und jenes hat dir durch dein Denken Freude oder Schwierigkeiten bereitet".

Die Gedankenkräfte um Teddy, Puppe und Katze können im Kind vieles in Bewegung bringen, das sich sonst im Unterbewußten festgesetzt hätte und später in die Seele eingeflossen wäre.

Auf diese Weise können dem Kind viele Schwierigkeiten erspart bleiben. Es lernt, klar zu denken, und erlangt eine souveräne Haltung menschlichen Fehlern und Schwächen gegenüber; es lernt, über dem Menschlichen zu stehen.

Puppe, Katze oder Teddy können auf vielerlei Weise dem Kind nützlich sein. Diese Lieblinge sind in vielen Fällen seine besten Ansprech- und Gesprächspartner. Sie haben Zeit und sind geduldig, bis das Kind lernt, sich zu konzentrieren und den Tag gesetzmäßig zu planen; bis es gelernt hat, sich selbstlos, das heißt unpersönlich, zu verhalten.

Der erste Schritt zum unpersönlichen Leben heißt: Sei unparteiisch. Laß dich nicht von deinen Mitmenschen beeinflussen, gegen deine Überzeugung zu handeln. Denke nicht schlecht von deinem Nächsten, nur weil andere das tun, und handle nicht deshalb, weil andere es tun, gegen ihn. Wer sich zur Selbstlosigkeit erzieht, der wird seinen Nächsten auch nicht gängeln und ihm seinen Willen aufzwingen.

Ein Merksatz, um glücklich zu werden oder glücklich zu bleiben, lautet: Werde unparteiisch, dann wird dein Leben unpersönlich.

Liebes Kind, bevor du nach dem Familiengespräch schlafen gehst, halte es ähnlich wie die Elementarwesen:

Höre mit deinen leiblichen Geschwistern – falls du welche hast – noch schöne, harmonische Musik. Vielleicht kommen Vater und Mutter hinzu. Auch Teddy, Katze und Puppe sind selbstverständlich eingeladen und sollten nicht fehlen. Am besten nimmst du alle drei mit dazu, denn sie sind geduldige Zuhörer. Zu harmonischer Musik können auch harmonische Reigentänze den Körper ruhig stimmen und für einen gesunden Schlaf vorbereiten. Ruhige, harmonische Lieder wirken ebenso.

Harmonische Klänge und Bewegungen oder harmonische Farben, Formen und Düfte bewirken einen ausgewogenen Körperrhythmus und eine ausgeglichene Schwingung.

Wenn nämlich der Körper ruhig und harmonisch schläft, dann gelangt er in den nötigen Tiefschlaf, in dem sich dann die Seele weiter von ihrem Körper entfernen und in höhere, lichte Bereiche ziehen kann, wo sie Kraft und Frieden schöpft.

Wenn die Seele so des Nachts auf Reisen geht, dann ist sie durch ein sogenanntes „Silberband" mit ihrem schlafenden Körper verbunden. Das „Silberband" können wir auch Informationsband nennen. Denn sobald der schlafende Körper in einen leichteren Schlafzustand kommt oder wenn dem schlafenden Körper Gefahr droht, dann registriert das die wandernde Seele über dieses Silberband.

Das Silberband oder Informationsband ist eine feine, zarte Schwingung, die Seele und Körper verbindet. Du sollst es wissen: Wenn du tief schläfst, dann kann dein zweiter Körper, deine Seele, weit weg in die Unendlichkeit, zu lichteren, leuchtenden Ebenen gehen, um dort mit Wesen des Lichts in Verbindung zu treten. Dort fühlt sie sich frei, denn sie ist im Körper wie eingekerkert. Wenn du tief schläfst, darf sie die Freiheit der Unendlichkeit spüren.

Denke daran, wenn du nun in das Badezimmer gehst, um deinen Körper für die Nacht und den Schlaf vorzubereiten. Sicher hilft dir noch die Mutter dabei, wenn du badest, dich duschst oder wäschst und die Zähne putzt.

Ein Rat an die Eltern, insbesondere an die Mütter:

Wasser ist das reinigende und neutralisierende Element. Wenn es möglich ist, wäre es gut, wenn sich eure Kinder nach dem Tag, der so viel Verschiedenes brachte, Freuden, Leiden und Sorgen, baden oder duschen würden. Dazu rate ich auch der ganzen Familie und allen, die dieses Buch lesen.

Im Laufe eines Tages nimmt der Mensch sowohl harmonische als auch disharmonische Schwingungen auf. Sie haften nicht nur an seinen Kleidern, sondern auch in seiner Aura, in dem Fluidum, das den Menschen umgibt. Selbst die feinen Körperhaare sind Antennen, die viele Schwingungen aufnehmen und halten, die sodann wieder ausstrahlen. Denn was der Mensch empfindet, denkt, spricht und tut, das zieht er an, und das strahlt er auch aus.

Wenn negative Schwingungen aufgenommen werden, dann müssen diese Schwingungen nicht sofort von der Seele aufgenommen werden, auch dann nicht, wenn Gleiches oder Ähnliches in der Seele vorliegt. Vorerst bildet der Körper einen Schutz. Zunächst haften sowohl die harmonischen als auch die disharmonischen Schwingungen an der Kleidung, an den feinen Haaren des Körpers und auch an der magnetischen Aura, dem Schwingungsfeld, das den Menschen unsichtbar umgibt. Die magnetische Seele nimmt erst im Laufe von Stunden oder Tagen das auf, was bis dahin nicht neutralisiert wurde.

Verfehlungen können nicht mit Wasser bereinigt werden. Jedoch Schwingungen, die von Möbeln und den verschiedensten Gegenständen aufgenommen werden, lassen sich mit Wasser neutralisieren. Auch Probleme und Schwierigkeiten sind Schwingungen und alles das, was Menschen an ihre Mitmenschen hinsprechen. Macht sich derjenige, der die Probleme und Schwierigkeiten geduldig angehört hat, darüber Gedanken und bewegt die Probleme und Schwierigkeiten seines Nächsten zu lange, dann ist es möglich, daß diese Schwingungen in sein eigenes Unterbewußtsein eingehen und dort wirken, je nachdem, was er dachte. Solange das Unterbewußtsein solche Schwingungen noch nicht aufgenommen hat, können sie durch die Reinigung des Körpers mit Wasser rechtzeitig neutralisiert werden.

Bleiben negative Schwingungen jedoch längere Zeit in der Aura haften, dann gehen sie in das Unterbewußtsein ein. Von dort aus strahlen sie – entsprechend ihrer Intensität – auf Nerven, Organe, Drüsen, Hormone, auf den gesamten Organismus, ein – je nach der Schwingung und dem, was der Mensch, an den die Schwierigkeiten und Probleme hingesprochen wurden, dachte, sprach und handelte.

Das Wasser spült also vieles ab und neutralisiert es. Deshalb der Rat, am Abend zu baden oder zu duschen.

Auch Kleider, die tagsüber getragen wurden, sollten nicht im Schlafraum hängen; sie strahlen ebenfalls das ab, was der Tag gebracht hat. Diese Abstrahlung kann den Schlafenden beeinflussen. Es wäre gut, die Kleider entweder in einem anderen

Raum an das offene Fenster zu hängen oder an die frische Luft außerhalb des Raumes. Auch die Luft, der Wind, die Sonne und die Mondpartikel neutralisieren viele Schwingungen.

Liebe Eltern, bemüht euch, euren Kindern Einblick in euer Verhalten zu geben und ihnen euer Denken und Tun zu erklären.

Sagt bitte nicht zu euren Kindern: „So wollen wir es halten, und so habt ihr es zu tun!"

Erklärungen regen zum Verständnis an. Das Kind bekommt die Gewißheit, daß es von den Eltern und den Geschwistern ernstgenommen wird, und fühlt sich auch dadurch als Glied der Familie.

Liebe Eltern, wirkt nicht bestimmend auf euer Kind ein, sondern bemüht euch, euer Kind zu führen und es ernstzunehmen, denn in ihm ist eine lebendige, ausgereifte Seele.

Gebt ihm Ratschläge und empfehlt dieses und jenes. Doch bestimmt nicht.

Vermeidet jeden schulmeisterlichen Ton, das verträgt nicht jedes Kind; besonders nicht die geistig wache Seele, welche die Freiheit ahnt und die des Nachts, wenn das Kind schläft, die Freiheit erfährt. Diese Diskrepanzen zwischen der Freiheit in der Nacht, wenn die Seele in weiten Gefilden weilt, und dem Eingekerkertsein während des Tages, an welchem ein Mensch bestimmend auf seinen Körper und seine Seele einwirkt, verträgt nicht jedes Kind.

Wenn euer Kind Probleme hat, so erklärt ihm, daß gerade das Gebet viele Probleme löst – und daß das rechte, vertrauensvolle Beten Zwiesprache mit Gott ist.

Die Aufgaben in der Familie sollten nicht zu einer bloßen Pflicht werden, sondern alles soll aus Freude am Tun geschehen.

Immer soll sich das Kind in der Familie geborgen und verstanden fühlen. Deshalb sollte der Tag gemeinsam abgeschlossen werden; es wäre gut, wenn die Eltern und Kinder dies mit einem gemeinsamen Abendgebet tun würden. Um in ein tieferes Gebet zu finden, rate ich, davor bei harmonischer Musik still zu werden und vielleicht harmonische Körperübungen zu machen. Dabei gelangt der Körper in höhere Schwingung, und der Mensch gewinnt Abstand von den Alltagsgedanken und allem, was ihn noch beschäftigt. Ob die Gebete laut oder still dem Ewigen dargebracht werden, das ist jedem selbst überlassen.

Erkennt den Unterschied zwischen Pflicht und Pflichtbewußtsein: Eine Pflicht kann dem Erdenbürger aufgebürdet, oft sogar aufgezwungen werden. Das Pflichtbewußtsein ist die innere Haltung und die innere Kraft, das, was zu tun ist, mit innerer Freude und Liebe zu tun und Gott dafür danken zu können in dem Bewußtsein, daß die Seele nicht von dieser Welt ist.

Auf dieser Welt gibt es genug Pflichten. Für das Kind genügen die Schulpflicht und die alltäglichen Pflichten, die unumgänglich sind oder die die Gesetze dieser Welt verlangen, weil der Mensch ein Bürger dieser Welt ist.

Bei einer geistigen Lebenseinstellung sollte deshalb dem Menschen Freiheit gelassen werden – auch schon dem kleinen Erdenbürger. Das heißt jedoch nicht, daß dem kleinen Erdenbürger, dem Schulkind, alles, was es sich wünscht und was es möchte, erfüllt werden soll. In vielen Fällen genügt ein ernster, doch liebevoller Ton. Eine konsequente Haltung mit verständlichen Erklärungen erreicht viel mehr als Strenge und Härte.

Menschen des Geistes bemühen sich, die irdischen Gesetze mit den geistigen soweit wie möglich in Übereinstimmung zu bringen. Wenn es nicht möglich ist, muß der einzelne selbst entscheiden, wie er handeln möchte. Jedem ist der freie Wille gegeben, und jeder sollte seinem Bewußtseinsstand entsprechend denken und handeln.

Noch einmal möchte ich auf das Gebet zu sprechen kommen: Das gemeinsame Gebet wäre also ratsam und schön, denn es hält die Familie zusammen.

Ist dieses gemeinsame Gebet nicht möglich, gleich, aus welchen Gründen, dann sollte entweder der Vater oder die Mutter mit dem Kind beten.

Kurze Gebete, Dank- und Bittgebete, kommen aus tieferen Schichten. Sie können in die Herzensgebete eingereiht werden. Lange Gebete hingegen werden oft nur dahingesprochen und bewirken wenig.

Liebe Eltern, stellt euer Kind immer wieder unter die Fürsorge und Obhut unseres himmlischen Vaters.

Gott ist der *Geist* unseres ewigen Vaters, der in uns allen lebt.

Übergebt euer Kind auch seinem Schutzengel.

Und sorgt euch nicht, indem ihr überängstlich seid. Das heißt nicht, daß ihr leichtfertig sein sollt. Aber ihr sollt euch nicht unnötige Sorgen machen und aus Sorge in euer Kind mit euren Worten das hineinlegen, was nicht in ihm liegt – indem ihr z. B. mit eurer Ängstlichkeit in ihm erst Unsicherheit oder Angst erzeugt.

Seid bereit, ihm jederzeit zu helfen und zu dienen, ähnlich wie es die Elementarwesen tun – auch in der Nacht, wenn das Kind Hilfe braucht. Das ist echtes Miteinander und Füreinander, das ist praktiziertes christliches Leben.

Liebes Kind, ich wünsche dir eine gesegnete Nacht – auch deinen Eltern und deinen leiblichen Geschwistern.

Der Geist unseres himmlischen Vaters wacht über alle Menschen, Seelen und Wesen. Und der Schutzgeist begleitet die

Seele, wenn sie den schlafenden Körper verläßt und in lichtere Bereiche geht, in denen sie die Freiheit spürt.

Wisse, du bist geborgen. Gute Nacht!

Der Morgen

Der Morgen dämmert empor.

Die Familie erwacht. Im Dank an Gott nimmt sie den Tag an. Ruhig und liebevoll weckt entweder der Vater oder die Mutter das Schulkind, wenn es nicht von selbst erwacht ist. Bis zum neunten/zehnten Lebensjahr und darüber hinaus sind die Kinder noch sehr auf die Eltern bezogen, auf deren Schwingungszustand, also auf das, was sie jeweils ausstrahlen.

Die Kleinen sehnen sich nach Liebe und Geborgenheit und sind oft ganz erschüttert und verzagt, wenn der Vater und die Mutter anders sprechen, als sie empfinden; denn sie spüren intuitiv, wie und was die Eltern denken und in welcher Verfassung sie sind.

Besonders Mutter und Kind umschließt ein sehr enges unsichtbares Band. Dieses geht vor allem von dem Kind aus, das sich immer noch an der Brust der Mutter wohlfühlt. Sie war für das Kind in den ersten Lebenstagen, Wochen und Monaten die Ernährerin, an deren Brust es lange lag und von ihr empfing.

Mit der Muttermilch übertragen sich viele Schwingungen der stillenden Mutter auf das Kind. All ihre Empfindungen und Gedanken prägen die Substanz der Muttermilch. Sie können dem Kind übertragen werden, wenn in seiner Seele gleiche oder ähnliche Schwingungen sind.

Auch die Einstellung und die Liebe des Vaters zur Mutter, des Mannes zur Frau, sind von wesentlicher Bedeutung für das

Kind. Ähnlich wie der Säugling und das heranwachsende Kind, das sich mehr an der Schwingung der Mutter aufbaut – oder unter ihrem Einfluß in Sorgen, Ängste und Nöte fällt –, ist auch die Mutter, die Frau, ein Teil des Mannes, des Vaters, geworden, dessen Schwingungen sie aufnimmt, in sich bewegt und wieder ausstrahlt. Mit der Muttermilch überträgt die Mutter einen Teil ihrer Tagesschwingung dem Kind. So wird in vielen Fällen das Kind von der Schwingung der Mutter geprägt – je nach seiner seelischen Reife.

Zur weiteren Erkenntnis für die Eltern:

Über die Spermien, die Leben sind und die Wesensart und Eigenschaften des Mannes tragen, die allmählich auf die Gene der Frau einwirken, wird diese ein Teil des Mannes, falls sich nicht die Schatten oder die lichten Seiten ihrer Seele stärker auswirken.

Sind sich die Eltern in Liebe zugetan, dann werden sie miteinander über alle Begebenheiten des Tages sprechen können – und dabei auftretende Schwierigkeiten und Probleme unter sich erledigen oder bereinigen, ohne das Kind oder die Kinder zu belasten.

Das Kind wird nun also vom Vater oder von der Mutter geweckt. Sie wünschen nicht nur ihrem Schulkind einen guten Morgen und einen schönen Tag, sondern auch dem Teddy, der Katze oder der Puppe, dem Liebling, der die ganze Nacht mit dem Kind im Bettchen lag. Einige freundliche Worte der Mutter oder des Vaters und ein kleines Dankgebet für die Nacht und den neuen Tag erinnern den kleinen Abc-Schützen, daß ohne den lieben Gott der Tag grau ist.

Das Kind erhebt sich vom Bettchen, Mutter oder Vater stellen liebevoll folgende Frage: „Hast du deinem Liebling, der mit dir geschlafen hat, nichts zu sagen?" Sicher hat das Kind etwas zu berichten! Es ist gut, wenn die Eltern es daran erinnern.

Liebe Eltern, was das Kind am frühen Morgen seinen Lieblingen, der Katze, dem Teddy oder der Puppe, zu sagen hat, das zeigt die augenblicklichen Freuden oder Schwierigkeiten des Kindes. Es kann unter Umständen seinen Tag prägen und zeigt oftmals die Probleme, aber auch die Freuden, die ein Tag bringen kann. Es deutet auch an, ob das Kind in Harmonie oder Disharmonie ist.

Es wäre ratsam, liebe Eltern, wenn ihr innere Vorgänge, die euer Kind ausspricht, in seinem Lebensbuch festhalten würdet. Mitunter können die Eintragungen schon am darauffolgenden Abend entsprechende Aufschlüsse geben oder erst in den nächsten Tagen und Jahren, dann, wenn das Kind in das Pubertätsalter kommt – oder aber erst, wenn es ein erwachsener Mensch ist!

Nach dem morgendlichen Waschen und Ankleiden sollte vor dem Frühstück noch einmal kurz gebetet werden, wenn es möglich ist, mit allen Familiengliedern, die noch zu Hause sind.

Auch wäre gut, wenn alle Familienglieder täglich eine andere Bewußtseinsstütze mit in das Alltagsgeschehen nehmen würden. Am Mittag oder am Abend kann über die Bewußtseinsstütze gesprochen werden, was sie bewirkt oder ausgelöst hat. Die Bewußtseinsstütze ist eine Bereicherung für jedes Familienglied; sie kann auch zu einem guten Familiengespräch führen.

Alle diese vielen kleinen oder größeren Anregungen können, wenn sie beachtet werden, zu einem innigen Zusammenhalt – und zur Einheit in der Familie führen.

Einige Bewußtseinsstützen:

> „Jeder Mensch, dem ich begegne, ist mein Nächster."
>
> „Ich finde in meinem Nächsten das Gute und freue mich darüber."
>
> „Bäume, Sträucher und Blumen strömen mir göttliche Kräfte zu."

„Jedes Tier ist mein Übernächster. Es empfindet ähnlich wie ich."

„Das Tier ist Leben. Ich bin Leben. Leben empfindet."

Das Schulkind

Schultage werden meistens ähnlich verlaufen. Doch ein Schultag kann auch Besonderheiten bringen, wenn der Schüler von seinen Eltern auf die positiven Seiten des Lebens aufmerksam gemacht wird.

Wenn ein Kind von seinen Eltern nicht im Schulmeisterton erzogen, sondern verständnisvoll geführt wird, dann lernt es seine Eltern lieben und seine Mitmenschen schätzen. Solche Kinder sind Kinder des freien Geistes. Sie sind nicht gehemmt oder verkrampft und sind tatenfreudig. Das wirkt sich auf das ganze weitere Leben des Kindes aus.

So sollten die Eltern ihr Schulkind immer wieder daran erinnern, daß es auch die Lehrer in ihrem Denken und Handeln verstehen soll. Sie leiden oft unter dem zügellosen Verhalten mancher Schüler.

Lehrer haben auch Familien; ein Lehrer ist oft Vater, eine Lehrerin Mutter. Beide wollen ebenso wie die Schüler positive Eindrücke und Erinnerungen mit nach Hause bringen.

Positive Gedanken und Erinnerungen lösen Freude aus und können auch die ganze Familie freudig stimmen. Jeder einzelne Schüler kann zu einem positiven und frohen Leben beitragen, indem er seinen Mitmenschen Freude bereitet.

Die Eltern des Schulkindes sollten einen guten Kontakt zu seinen Lehrern herstellen und diesen auch pflegen, um im gemeinsamen Bemühen zu erfahren, wo die Licht- und Schattenseiten des Kindes liegen oder wo bereits Anlagen und Eigenschaften für seine kommende Berufswahl erkennbar sind.

Sind die Tage des Kindes weitgehend in Harmonie, wird ihm kein Druck und Zwang auferlegt, dann wird das Kind viel von sich selbst erzählen und kann ohne Zurückhaltung und Verängstigung von dem sprechen, was ihm gefällt oder mißfällt oder auch von seinen Schwierigkeiten. Sind die Erwachsenen frei, offen und zugänglich, dann verschließt sich ein Kind nicht. Es fühlt sich verstanden und spricht das aus, was es augenblicklich bedrückt. Das Kind fühlt sich geliebt, an- und aufgenommen.

Liebe Eltern und Pädagogen, erkennt in meinen Worten eure Verantwortung gegenüber den Kindern, die euch anvertraut wurden. Zu Eltern und Pädagogen sei auch dies gesagt:

Das Kind drückt seine innere Freude oder seine augenblicklichen Schwierigkeiten in dem aus, was es malt.

Deshalb rege ich Eltern und Lehrer an, die Kinder viel malen zu lassen. Ähnlich wie dies im Kindergarten war, soll es auch in der Schule sein: Die Kinder malen und bringen dabei zu Papier, was sie gerade beschäftigt. Ein vom Kind gemaltes Bild sagt oft mehr aus als viele Worte oder aggressive Ausbrüche.

Liebe Eltern, hebt die Bilder eures Kindes gut auf! Wenn es notwendig ist, besprecht sie mit einem guten Lebensberater. Wie schon gesagt: Auch was das Kind zu Teddy oder Puppe sagt, sollte im Lebensbuch des Kindes festgehalten werden. Es gibt tiefe Einblicke in das Leben des Kindes.

Gute Eltern sind für ihr Kind die besten Gefährten auf dem Weg in das Erwachsenenalter. Sie werden auch in späterer Zeit, wenn das Kind erwachsen ist, weiterhin zu seinen besten Lebenskameraden gehören. Die Eltern selbst also schaffen beim Kind schon die Voraussetzung, ob sie im Alter einsam und allein sind – oder gute Kameraden ihrer erwachsenen Tochter oder ihres erwachsenen Sohnes.

Leben die Eltern miteinander in Harmonie, dann werden auch die Tage des Kindes von Harmonie erfüllt sein.

In der Familie sollten Friede und Geborgenheit sein, denn die Familie ist die Grundlage für das spätere Leben des Kindes. Wie es als Erwachsener sein Leben gestaltet, hängt in vielen Fällen von dem Familienleben ab, aus dem das Kind herauswuchs – hin zum selbständigen Menschen.

Die Welt des Kindes verändert sich von Tag zu Tag, von Woche zu Woche, von Monat zu Monat und von Jahr zu Jahr.

Je mehr ein Heranwachsender mit seinen Mitmenschen in Kontakt kommt, desto deutlicher spürt er, wie grundverschieden die Menschen sind. Das Kind hat sich an die Empfindungswelt der Eltern gewöhnt, doch jetzt in der Schule tut sich ihm eine ganz andere Welt auf. Es registriert nun das Verhalten seiner Schulkameraden und erlebt dabei zum ersten Mal seine Sensitivität, denn es spürt, daß Menschen oft anders sprechen, als sie denken. Das Kind muß es an sich selbst erfahren und allmählich erkennen, daß die einen es lieben und die anderen es ablehnen, und es lernt allmählich, die ihm entgegengebrachte Ablehnung zu tragen.

Damit das Kind nicht verstockt und auch ablehnend, sondern belastbar wird und im Gleichklang der inneren Kräfte bleibt, muß sich das kleine, noch schwache Bäumchen, das Kind, an den Stamm eines kräftigen Baumes anlehnen können, dessen Wurzeln im Inneren, wo die Kräfte des Lebens fließen, fest verankert sind. Dieser kräftige Baum, an dem das Kind Halt findet, sollte die Familie sein.

Eine intakte, also gute Familie, in welcher der Gleichklang der Kräfte und die Harmonie das Leben der Familienglieder bestimmen, ist das beste Fundament für das heranreifende Kind.

Je mehr das Kind in die Schule hineinwächst, um so öfter muß es erleben, daß jeder Mensch anders fühlt und denkt, daß auch die Lehrer täglichen Schwankungen unterliegen und jeden Tag, oft

sogar in jeder Stunde, in anderer Verfassung sind. Das Kind wird auch die Launenhaftigkeit seiner Mitmenschen erfahren, erkennen – und ebenso oft an sich selbst erfahren und erleben müssen. Es wird auch die Erfahrung machen, daß Menschen, die ihm bisher gut gesonnen waren, es nun plötzlich ablehnen. Es wird lernen müssen, Seitenblicke und abwertende Reden seiner Mitmenschen oder sogar seiner Lehrer zu ertragen. Dabei wird der junge Mensch seinen eigenen Regungen und Neigungen begegnen, die ihm bisher unbekannt waren.

Durch die engeren Begegnungen, ob mit den Lehrern und den Mitschülern oder den Straßenpassanten, den Mitmenschen im Autobus, in der Straßenbahn oder im Zug, lernt der heranwachsende junge Mensch, daß jeder andere Vorstellungen und Meinungen hat. Wo immer sich der heranwachsende junge Mensch befindet, entstehen mehr oder weniger Anknüpfungspunkte und Gespräche. Die eigene Meinung, die auch schon ein heranwachsendes Schulkind vertritt, wird von seinen Mitmenschen nicht immer akzeptiert. Wegen Meinungsverschiedenheiten entstehen Reibungspunkte, und auch der Schüler muß erfahren, daß Streit und Zank keinen Frieden bringen, sondern Aggressionen, Unstimmigkeiten und Disharmonien.

Die inkarnierte Seele, der junge Mensch, wird immer mehr nach außen in die Welt geführt – und somit auch die Sinne des werdenden Jugendlichen in die Welt der Sinnesreize. Er wird allmählich lernen, daß die Blicke, je nachdem, wohin sie wandern, positive oder negative Gedanken, Wünsche und Reaktionen mannigfacher Art erwecken und auslösen. Der junge Mensch erfährt und erlebt es an sich selbst, daß das, was er sieht, in ihm selbst Disharmonien oder gar Aggressionen auslösen kann.

Unschöne Gespräche und negative Redewendungen wirken sich auf das Nervensystem des Menschen aus, verkrampfen dieses und tragen so zu weiteren Gegensätzlichkeiten bei.

Positive, aufbauende Gespräche hingegen lösen positive Kräfte aus, wirken harmonisierend auf die Seele beider Gesprächspartner und stimulieren Seele und Mensch. Harmonische Kräfte bewirken im Inneren des Menschen Frieden und Ausgewogenheit. Der innere Gleichklang der Kräfte im Menschen schafft eine positive Wechselwirkung in der Beziehung zwischen den Menschen. Die Harmonie, die bei einem positiven Gespräch entsteht, wirkt sich auf den ganzen Tag aus. Das gleiche gilt bei einem Blickkontakt. Findet der eine den anderen sympathisch, dann erwacht im Herzen ein Gefühl der Freude, denn die positiven Seiten des Menschen kommen zum Schwingen.

Ist der Mensch jedoch unbedacht und lebt in den Tag hinein, bemüht er sich nicht, sich an jedem Tag neu zu entdecken, um an sich zu arbeiten, dann wird er auch viel Negatives sehen und säen – und entsprechend ernten. Dabei wird sich sein Nervensystem immer mehr verkrampfen, und seine Gedanken werden nicht zur Harmonie und zum Gleichklang der Kräfte beitragen, weder in der Familie noch in seinem Umfeld.

Menschen, die in ihrem Leben überwiegend negativ sind, das heißt also, negativ empfinden, denken, sprechen und handeln, werden immer unfähiger, richtig zu denken und zu leben. Es sind pessimistische, quengelnde und mürrische Menschen, die mit nichts und niemandem in Einklang leben können.

Alle diese und weitere Eindrücke und Erfahrungen warten auf das Schulkind, das nun mehr und mehr in das irdische Leben hineinwächst und lernen soll, selbständig zu werden und für sich selbst zu entscheiden.

Das Gesetz von Saat und Ernte

Das Verhalten eines jungen Menschen geht in vielen Fällen auf die Erziehung der Eltern zurück und auf das Vorbild, das sie ihm waren und sind.

Was ein negatives Vorbild auszulösen vermag, können wir an den folgenden Beispielen erkennen, bei denen Schulkameraden mit Straßenpassanten oder mit Fahrgästen in der Straßenbahn in Wortwechsel gerieten: Hat einer am anderen etwas auszusetzen, dann kann ein heftiger Streit entstehen, der unter Umständen zu Feindschaft führen kann, sofern sich nicht beide zügeln und in allem das Positive sehen wollen.

Ein Beispiel aus der Straßenbahn: Zwei Fahrgäste geraten in einen Wortwechsel. Beide fühlen sich angegriffen und geraten aneinander. Dabei gerät der eine ins Taumeln und stößt weitere Fahrgäste an. Er fängt sich und hält sich an einem Haltegriff fest, ein anderer Fahrgast aber fällt zu Boden. Es war nur *ein* Anstoß und bewirkte doch bei den einzelnen Fahrgästen verschiedene Reaktionen: Der eine hält sich fest und denkt sich weiter nichts dabei. Ein anderer kann sich auffangen. Ein dritter stürzt zu Boden. Dieser beginnt nun ein schlimmes Wortgefecht. Er schreit den vermeintlichen Übeltäter an, obwohl dieser sich entschuldigt hat. Er entschuldigt sich sogar noch einmal: „Ich wurde selbst gestoßen, und daraufhin stieß ich an Sie. Ich konnte mich nicht rechtzeitig auffangen." Doch der Erregte schreit weiter – und der, der sich entschuldigt hat, läßt sich nun in einen heftigen Wortwechsel hineinreißen. Die beiden Streitenden sind nun in innerem Aufruhr: Sehr menschliche, negative Gedanken des Zornes und der Erregung schießen durch ihre Köpfe. Beide senden negative „Gedankensamen" aus; diese sind Schwingungen und rufen im Reich der Gedanken gleiche und ähnliche Schwingungen ab.

Das Reich der Gedanken ist überall, in der Atmosphäre, auf der Erde – und um Menschen, die viel Unnützes denken. Überall sind Ballungskräfte von Gedanken, die Menschen täglich, ja stündlich und minütlich ausgesandt haben und aussenden.

Die Gedanken schwingen in das Reich der Gedanken und stoßen gleiche oder ähnliche Gedanken an.

Auf diese Weise entstehen oft geradezu geballte Gedankenenergien, die angezogen und abgerufen werden. Sie werden dadurch verstärkt und kommen sodann auf den Absender zurück und wirken auf ihn ein.

So geht es auch den beiden Streitenden. Ihre ausgesandten Gedankenwellen kommen, nun verstärkt, zurück und beeinflussen wiederum die Erregung und die Worte der beiden.

Das bedeutet: Wenn ein erregter Mensch nicht wachsam ist und noch rechtzeitig seine Gedanken ordnet, steigert sich sein Wutausbruch. Denn, beeinflußt von den Gedankenwellen, die aus dem Reich der Gedanken zurückkommen, steigert er sich immer mehr in die Situation hinein.

Durch diesen Ablauf wird den beiden Wutentbrannten aus dem Gesetz von Saat und Ernte gezeigt, was in jedem noch an Menschlichem vorliegt und was sie jetzt, ausgelöst durch den Vorfall, erkennen sollten: das, was jeder am Ende selbst noch ist.

Wohl den Menschen, die vom Gesetz von Saat und Ernte wissen und sich vor solchen Ausbrüchen rechtzeitig zurücknehmen und erkennen, woran sie bei sich selbst arbeiten müssen.

Gott, die ewige Kraft unseres himmlischen Vaters, gibt der Seele und dem Menschen jeden Augenblick Gelegenheit, sich an den positiven oder negativen Gedanken zu erkennen, ob der einzelne sie nur denkt, ob er sie ausspricht oder gar danach handelt.

Ununterbrochen strömt die Gnade des Vates zu den Menschen. Die Gnade Gottes gibt jedem einzelnen Menschen jeden Augenblick die Kraft, sich rechtzeitig zu erkennen und zu prüfen – bevor der Mensch sich erregt oder bevor sich ein Unglück anbahnt und über ihn hereinbricht.

Deshalb, liebes Kind, achte auf deine Gedanken!

Sei nicht traurig, wenn dir etwas Gleiches oder Ähnliches begegnet wie das, was ich berichtet habe, und du womöglich an einem solchen Zwischenfall gar unschuldig bist.

Denke daran: Am Vorfall selbst kannst du unschuldig sein. Jedoch nicht an dem, was und wie du darüber denkst, sprichst oder nun zu tun beginnst!

Dieser Zwischenfall führte vielleicht eine Begegnung herbei, die sich in einem Vorleben schon einmal ereignete, und kam nun an diesem Tag auf die Betroffenen wieder zu.

Dabei begann eine ungesetzmäßige Saat, die in einem der Vorleben oder in diesem Leben in die Seele gesät wurde, zu keimen. Nun bricht sie auf und trägt unter Umständen schon ihre Früchte – je nach der Reaktion des einzelnen.

Der Vorfall brachte auch in dem Unschuldigen eine Belastung zum Schwingen. Er erregte sich, kam ebenfalls in Wut, begann zu streiten und sich entsprechend seiner Wut zu äußern.

Du hast recht gehört: Entsprechend dem Wutanfall, dem, was aufbrach, äußerte sich der Mensch.

Ich möchte hier auf das Wort „entsprechend" Wert legen. Denn der Mensch reagiert entsprechend seiner seelischen Belastung. Deshalb nenne ich eine Seelenbelastung auch eine Entsprechung.

Prüfe dich, lieber Bruder, liebe Schwester: Wie würdest *du* wohl auf einen solchen Vorfall reagieren?

Würdest du positiv reagieren, etwa mit den Worten: „Das kann passieren; es ist nicht schlimm."? Und bleibst du trotzdem freundlich und tolerant? Drücken deine Worte Verständnis und Wohlwollen aus? Wie z.B.: „Es ist schon gut. Sie taten es ja nicht absichtlich."?

Denkst du so, dann erwachen in dir Freude und Friede. Reagierst du also positiv, dann traf dieser Vorfall in dir nicht auf eine Entsprechung!

Vielleicht rührte dieser Vorfall in dir eine Erinnerung an. Du erinnerst dich an eine ähnliche Situation. Damals hattest du dich mächtig erregt. Jetzt erregt dich das damalige Geschehen nicht mehr. Das sagt dir: Du hast es überwunden. Was der Mensch überwunden hat, bleibt in ihm als Erinnerung.

Aus den eigenen Erfahrungen, aus der Erinnerung, aus dem, was er überwunden hat, erlangt ein Mensch Verständnis für die Situation seiner Mitmenschen.

Verständnis und Wohlwollen bewirken im Menschen innere Freiheit und Gelassenheit. Gelassenheit bedeutet, daß er über der Situation steht, denn er hat Gleiches oder Ähnliches schon überwunden.

Jede Situation will dir etwas sagen!

Bemühe dich deshalb, in jeder Situation und bei jeder Angelegenheit besonnen zu denken, zu sprechen und zu handeln. Bleibe gelassen. Sei gütig und verständnisvoll, auch dann, wenn die unterschiedlichen Zwischenfälle, die der Tag bringt, dich persönlich betreffen. Denn in allem, was geschieht, ist auch das Positive! Ist es dir möglich, in allem Negativen das Positive zu finden und anzusprechen, dann setze dem Negativen immer sofort positive Gedankenkräfte entgegen. Dabei kannst du etwa so denken oder sprechen:

> „Kein Mensch ist unfehlbar.
>
> Jeder macht Fehler und hat hin und wieder unschöne Gedanken und Regungen.
>
> Deshalb will ich meinem Nächsten, der mich verletzen oder lächerlich machen wollte, gute Gedanken senden."

Kannst du gehässigen und neidischen Gedanken und Worten sofort verbindende Gedanken der Liebe und des Verständnisses entgegensetzen, dann bedarf es von deiner Seite aus weder der Bitte um Vergebung noch der Vergebung, weil du – vom ersten Gedanken an – positiv gedacht hast!

Merke dir: Wer für seinen Nächsten Verständnis hat, ist tolerant.

Tolerant sein bedeutet auch: Wenn negative Dinge geschehen, sofort positiv zu denken; z.B.: „Wie oft habe auch ich Gleiches oder Ähnliches gesprochen oder getan! Wie oft habe ich mich erregt und geärgert, weil mir dies oder jenes nicht gefiel – weil mein Schulfreund anders gesprochen und gehandelt hatte, als ich es wollte."

Wenn du so oder ähnlich denkst, dann hast du aus dem Negativen gelernt.

Wende nun das Gelernte an, und zwar immer dann, wenn du durch Begebenheiten erinnert wirst, daß auch du noch vor kurzem mit gleicher Münze zurückbezahlt hast!

Bemühe dich immer, in deinem Mitmenschen das Gute zu sehen, auch dann, wenn dir zum Beispiel sein Benehmen und Verhalten, seine Kleidung oder seine Haartracht mißfallen.

Habe Verständnis und sei tolerant. Jeder steht auf einer anderen Bewußtseinsstufe und arbeitet, mehr oder auch weniger, an sich, um wieder selbstlos und göttlich zu werden.

Auch du hast noch viele Fehler und Schwächen.

Kein Mensch soll über einen anderen richten.

Wenn du also in eine ähnliche Situation kommst, wie ich sie soeben geschildert habe, dann zeige Verständnis; lächle deinen Nächsten an und sprich: „Es ist alles gut. Es war nicht so schlimm" – auch dann, wenn dein Nächster dich auslacht oder wegstößt. Gib ihm keine Möglichkeit, über dich weiterhin negativ zu denken. Bleibe du positiv, dann wirst du deine Seele nicht belasten. Mit deinem Verhalten zeigst du deinem Nächsten, wie auch er denken und handeln könnte.

Auf jeden Fall gabst du ihm nicht die Möglichkeit, noch mehr Gedanken des Zornes oder gar des Hasses zu produzieren. Und wenn er das dennoch tut, dann tut er es von sich aus, jedoch nicht angeregt durch deine negativen Gedanken.

Wenn du dich so verhältst, wirst du weder deine Seele belasten noch deinem Nächsten die Möglichkeit geben, sich deinetwegen zu belasten, weil *du* dich falsch verhalten, gegensätzlich gedacht und gesprochen hast.

Erregt sich trotz alledem dein Nächster aber an deiner inneren Ruhe und äußeren Haltung, an deinem verständnisvollen Blick, so ist das seine und nicht deine Angelegenheit. Deswegen mußt du ihn nicht eines Tages um Vergebung bitten, denn du hast nicht unschön gedacht und gesprochen.

Dagegen muß der Uneinsichtige, der weiter negative Gedanken und Worte aussandte, einst dich um Vergebung bitten. Wann, wo und wie, das überlassen wir dem großen Lenker, dem Gesetz von Ursache und Wirkung, von Saat und Ernte.

Was ist das Gesetz von Saat und Ernte?

Sicherlich stellst du immer wieder die Frage: Was ist Saat und Ernte?

Du weißt, liebes Kind, wenn du in das Erdreich einen Sonnenblumenkern steckst, diesen immer wieder bewässerst, dann wächst aus diesem kleinen Kern eine stattliche Sonnenblume. Auf einem kräftigen Stengel wächst eine Blüte, die viele, viele Samen trägt, also alles Keime für weitere Sonnenblumen.

Das gleiche erlebst du mit einem Apfelkern. In einem Apfelkern sind die Eigenschaften eines mächtigen Apfelbaumes.

Wenn du einen Apfelkern in die Erde legst, und er wird begossen, ob von dir oder vom Regen, dann entsteht zuerst ein kleines Pflänzlein. Es wird umgesetzt und das sich daraus entwickelnde

Bäumchen eventuell veredelt. Das Bäumchen wächst im Laufe der Jahre zu einem stattlichen Baum heran, der viele und große Früchte trägt.

Die Beispiele vom Sonnenblumen- und vom Apfelkern zeigen dir, was Saat und Ernte ist. Sie zeigen die positive, die gute Seite des Lebens, die der Mensch auch in sich trägt. So wie die Kerne in sich die Blumen, Bäume und Früchte tragen, so trägt der Mensch in sich die Anlagen zu Freude, Frieden, Liebe und Gesundheit.

Er trägt jedoch auch die negativen Anlagen in sich, wie unschöne Gedanken des Neides, des Hasses und der Feindschaft. Diese unschönen Gedanken wirken zerstörend und vergiftend auf den Körper des Menschen und führen zu Sorge, Not, Schicksalsschlägen, Krankheit und Einsamkeit.

Es kommt also auf den Menschen selbst an, welche Gedanken er in den Acker des Lebens, in seine Seele sät.

Alle Empfindungen, Gedanken, Worte und Handlungen des Menschen sind Samen oder Kerne, die allmählich keimen und gleichsam in den Menschen hineinwachsen, sich also dort auswirken und Früchte ihrer Art tragen, positive oder negative. Entsprechend der Saat des Menschen, das heißt seiner Lebenseinstellung, wird er ernten.

Du kannst bei den Gedankenkernen oder Gedankensamen auch an die Pustelichter des Löwenzahns denken.

Der Mensch empfindet, denkt und spricht – und was er von sich pustet, was er aussendet, das sind Lebenskeime, also Energien, die wir hier Samen oder Kerne nennen.

Die guten Energien, die guten Samen, sind positive Kräfte. Die Samen sind also die Empfindungen, Gedanken und Worte und gehen dorthin, wohin der Mensch sie sendet.

Der Mensch ist der Absender der Samen. Er pustet sie in die Umwelt hinaus.

Andere Menschen bilden hierfür die Empfänger. Wenn sie ähnlich empfinden, denken, sprechen und handeln wie der Absender, dann nehmen sie diese ausgesandten Energien, die Samen, auf, falls in ihnen Gleiches oder Ähnliches vorliegt.

Das nenne ich die Entsprechungen: Das, was der Absender aussandte, entspricht der Empfindungs-, Denk-, Rede- und Handlungsweise dessen, der die Samen auffängt.

Wenn also die ausgesandten Samen und Keime einen entsprechenden Nährboden vorfinden, das heißt Entsprechungen im Nächsten, dann nisten sie sich ein, wie die Samen in das Erdreich. Der Nährboden ist der Mensch und des Menschen Seele, die für solche Samen empfänglich sind.

Du weißt schon: Wenn Entsprechendes, also eine entsprechende Belastung, in der Seele vorliegt, dann werden gleiche Kräfte, also gleiche Samen, aufgenommen. Denn Gleiches zieht Gleiches an.

Immer ist die eigene Entsprechung, die Belastung der Seele, der Nährboden für die gegensätzlichen Samen. Nisten sich diese Samen, diese niederen Energien, in der Seele des Menschen ein, der sie aufnahm – und werden sie dann von ihm immer wieder gedacht –, dann begießt er damit die Samen. Sie keimen und wachsen und bringen ihre Früchte im Menschen hervor. Das ist sodann die Ernte. Sie entspricht dem Empfinden, Denken, Sprechen und Handeln.

Was der Mensch sät, wird er ernten. Und was er in den Acker des Nächsten sät, wird er ebenfalls ernten. Denn die Saat, die ich in den Acker meines Nächsten streue – durch mein positives oder negatives Verhalten –, das wirkt sich immer auch in mir selbst aus.

Sende ich positive, selbstlose Samen aus, dann werde ich selbstlose Kräfte, das sind gute und schöne Früchte, ernten. Ich werde Gesundheit erlangen oder gesund bleiben, und Freude und Friede werden mein Leben begleiten.

Sende ich jedoch unschöne Gedanken aus, Gedanken des Neides, des Hasses, der Feindschaft, dann werde ich auch Gleiches ernten. Und der, der meine negativen Gedanken aufnahm, den muß ich – früher oder später – um Vergebung bitten oder mit ihm gemeinsam das tragen, was ich in ihm „genährt" habe.

Präge dir den Weg des positiven und negativen Samens ein: Die positiven, also guten Samen wie Verständnis, Liebe und Toleranz fallen sogleich in den Acker, in deine Seele. Sie nähren und stärken die Seele.

Die negativen Samen brauchen eine längere Zeit, weil auf dem Weg zur Seele die göttliche Gnade wirkt, die dich ermahnt, noch rechtzeitig umzudenken, das Ausgesandte zu bereuen.

Bereust du, dann wandelt die göttliche Gnade die negativen Kräfte in positive Energien um. Bleibst du jedoch eigenwillig und streust weitere negative Samen aus, dann setzt das Negative seinen Weg zur Seele fort:

Zuerst bleibt es in deiner Aura und in deinem Oberbewußtsein haften. Dann geht es in das Unterbewußtsein und von dort aus in deine Seele.

In deiner Seele beginnt das Gegensätzliche zu keimen und zu wachsen, denn du nährst mit gleichen oder ähnlichen Gedanken alles, was in dir ist.

Der Keimling wächst sodann immer mehr in deine Gedankenwelt hinein. Die Gedanken des Neides, des Hasses, der Eifersucht und der Feindschaft werden immer stärker. Du gerätst so in Wut, daß du deine Worte nicht mehr zurückhalten kannst; du sprichst sie aus und säst dabei Unfrieden. Dadurch kommt es zu Streit, Zank und Feindschaft.

Wer mit seinem Nächsten in Feindschaft lebt, wird immer wieder unschöne Gedanken zu ihm senden. Es sind oftmals Gedanken der Rache, denn er möchte sich mit ihm nicht versöhnen – weil er der Meinung ist, sein Nächster wäre schuldig und nicht er.

Du weißt: Jeder, der negativ denkt und spricht, macht sich schuldig und wird mitschuldig. Wenn einem unschuldigen Menschen von einem anderen Unrecht geschieht und er hegt daraufhin Gedanken der Rache und Vergeltung, so wird er durch diese negativen Gedanken selbst schuldig. Das will der, dem Unrecht widerfahren ist, jedoch nicht einsehen und sinnt auf Rache, denn die in ihm weiterschwelenden gehässigen Gedanken drängen ihn zu handeln. Sie schüren das Feuer des Neides, des Hasses und der Leidenschaft, sich an dem zu rächen, der, wie er annimmt, allein schuldig ist. Der auf Rache Sinnende schlägt schließlich bei Gelegenheit auf seinen Nächsten ein, mit dem er in Feindschaft lebt. Er verletzt ihn so schwer, daß dieser einen Arzt aufsuchen muß.

Du kannst daran erkennen, daß beide eine schlechte Saat säen: derjenige, der die Gedanken zuerst aussandte, und derjenige, der sie aufnahm und weiter bewegte. Die Wirkung, die Ernte, kann in diesem Fall so sein:

Derjenige, der so wild um sich schlug, wird vielleicht auch vom irdischen Gesetz bestraft. Die schlechte Saat jedoch, die er in seinen Acker des Lebens, in seine Seele, gesät hat – denn der Mensch soll positiv denken und vergeben –, wird nicht mit der irdischen Strafe gesühnt.

Du siehst: Der Absender der negativen Gedanken bewirkte also, daß der Empfänger tätlich wurde. Die negativen Gedanken, die er ausgesandt hat und die in die Seele des anderen fielen, der nun Haß- und Zornausbrüche bekam, strahlen wieder aus und in denjenigen zurück, der sie aussandte.

Somit sind beide durch das Gesetz von Saat und Ernte aneinander wie mit einem Band gebunden. Daraus ergibt sich ein sogenanntes Strahlenband.

Die Saat, die der Absender in den Acker der Seele des Empfängers säte, kam vervielfacht auf ihn zurück, weil der Empfänger seine Gedanken verstärkte, da in ihm ähnliche Gedanken vorlagen.

Deshalb heißt es: Was du aussäst in Gedanken, Worten und Taten, kommt oft vielfach auf dich zurück.

Sowohl die positiven als auch die negativen Kräfte wirken stets im Absender und im Empfänger.

Mit dem Strahlenband, das wir auch Gedankenband nennen können, sind die beiden Streitsüchtigen verbunden: Die beiden feindlich Gesinnten, der Absender und der Empfänger, werden durch das Gesetz von Saat und Ernte wieder zusammengeführt, und zwar dann, wenn die Saat hierfür reif ist.

Es ist der Akt der Gnade Gottes, der beide sich wieder begegnen läßt. Sowohl dem Absender der negativen Gedankenenergien als auch dem Empfänger der Gedanken wird damit die Möglichkeit gegeben, alles zu erkennen, zu bereuen und wiedergutzumachen, was von ihnen verursacht wurde.

Seht, liebe Geschwister, auch auf diese Weise wirkt Gott, damit der Mensch sich selbst erkennt und von allem unschönen und unlauteren Denken, Reden und Handeln frei wird.

Ein freier Mensch, der gottverbunden ist und wenig negative Gedanken hegt, der hat auch immer gute und liebevolle Freunde um sich.

Bemühe dich darum, selbst liebevoll zu sein, um gute und liebevolle Freunde um dich zu haben. Sie sind ein großer Schatz für dein weiteres Leben. Das stärkt und gibt Mut zu weiteren positiven Schritten.

Erkenne in diesen Ausführungen die Gerechtigkeit und Liebe Gottes. Gott hilft aus jeder Situation.

Besser ist es jedoch, wachsam zu sein und die sich entwickelnde Situation rechtzeitig abzuwenden!

Du hast also verstanden, daß der Mensch sich immer mehr belastet, wenn er nicht auf seine Gedanken achtet, denn er sät in den Acker der Seele immer wieder die gleiche Saat und begießt sie immer wieder mit den gleichen Gedankenenergien, wenn er nicht achtsam ist.

Geht sodann die Saat auf, so trägt sie wieder gleichartige Gedankensamen, wie die Sonnenblume immer die gleiche Art der Samen trägt oder die Pusteblume des Löwenzahns nur ihre Art verstreut. Werden Gedanken immer wieder von gleichartigen aktiviert, wird also immer wieder Gleiches gedacht, dann fallen sie in großer Zahl in die Seele des Menschen und wachsen dort zu der nächsten, eventuell zu einer noch größeren unschönen Frucht heran.

Im positiven Sinne hast du das beste Beispiel bei der Sonnenblume und der Pusteblume. Im Herbst fallen die Samen der Sonnenblume in den Acker, und im Frühling kommen weitere Sonnenblumen hervor. Auch bei der Pusteblume ist es ähnlich; wenn du fest pustest oder wenn die Luftgeister pusten, dann fliegen die Samen weg und fallen auf die Erde. Im Frühling wächst weiterer Löwenzahn hervor. In der Natur gibt es viele passende Vergleiche.

Im Leben des Menschen können Krankheit, Not und Armut die Ernte solcher ungesetzmäßigen, unschönen Gedanken sein.

Also, liebes Kind, achte darauf, daß du gute Gedankensamen aussäst. Sie gehen zu den Menschen, die ebenfalls gut sind, und wachsen in diesen Menschen weiter. Auch auf dich strahlen sie zurück, der du die positiven Gedanken und Worte aussendest, und schenken dir viel, viel Energie und Freude. Daraus erwacht in dir die Liebe zu deinen Mitmenschen. Diese Liebe hat Verständnis, Wohlwollen und Güte.

Du siehst, was gute Samen ausrichten, die du in den Seelenacker deines Nächsten und damit zugleich in deine Seele denkst und sprichst. Falls er die guten Kräfte dankbar annimmt, bewirken sie in deinem Nächsten – und ebenso in dir – Gesundheit und Frieden. Auch du wirst keine Not leiden, weil Liebesamen positive Gedankenenergien sind. Sie helfen und heilen und führen und verbinden dich mit Gleichgesinnten, also mit guten Menschen.

Wer gute Samen des Wohlwollens, des Friedens und der Liebe aussät, der wird niemals einsam und allein sein, weil positive, liebevolle Gedanken diejenigen Menschen miteinander verbinden, die selbstlos denken und leben.

Sicher möchtest du auch ein positiv gestimmter Mensch sein. Du hast es in der Hand. Komm und nimm an; beginne und vollbringe!

Denn du weißt nun, daß deine Gedanken die Saat sind, und die Ernte das ist, was sich in und an dir und um dich auswirkt.

Du hast erkannt, daß der Schuldige an Unglück, Leid, Krankheit und Not nicht ein anderer, dein Nächster, ist, sondern daß du selbst der Verursacher bist: Du hast in diesem Erdenleben oder in einem deiner Vorleben negative, also lieblose Gedankensamen ausgesandt. Während diese gegensätzlichen Samen keimten, hast du kaum etwas gespürt. Denn so wie ein Same längere Zeit im Erdreich liegt, bis er zu keimen beginnt, so ist es auch mit den Gedankensamen, die in den Seelenacker fallen: Es kann lange dauern, vielleicht sogar ein oder zwei Erdenleben, bis die Saat aufgeht und der Mensch die Früchte erntet. Währenddessen pocht jedoch die Gnade Gottes beständig an dein Herz und sagt dir: „Du mußt nicht deine negativen Samen als Früchte in deinem Körper austragen; du mußt nicht Sorgen, Ängste, Schicksalsschläge und Not erdulden. Komm jetzt und sei gut. Bereue, liebe Gott und deinen Nächsten, dann werde Ich, der große Geber, Gott in dir, vieles umwandeln, so daß du es nicht zu ertragen hast."

Das ist die Gnade des Vaters.

Doch du, liebes Kind, mußt den ersten Schritt tun hin zu unserem Vater und zu deinem Erlöser, dem Sohn unseres Vaters. Der erste Schritt ist: Bemühe dich, mit allen in Frieden und Freundschaft und Harmonie zu leben und deine Gedanken nicht unkontrolliert dahin und dorthin fliegen zu lassen. Überlege gut, was du denkst und sprichst – und nimm die negativen Gedanken zurück. Sprich zu deinem ewigen Vater: „Herr, Du liebst mich. So will ich auch meine Mitmenschen lieben, einerlei, was sie sagen, was sie tun oder was sie reden."

Wer Gott liebt, der kann auch seine Eltern und Großeltern, seine Geschwister und Freunde lieben. Beginne mit diesem ersten Schritt, und du wirst viel Freude in deinem Herzen spüren.

Die Wirkungen der positiven Gedanken, Worte und auch Handlungen sind vielfältig: Du wirst viel Freude haben, und dir wird vieles gelingen. In der Schule wird es keine großen Schwierigkeiten geben. Du wirst leichter lernen, weil Freude die Gehirnzellen und alle Körperzellen stärker belebt. Das bedeutet für dich auch, daß du dich besser konzentrieren und den Unterrichtsstoff leichter aufnehmen kannst.

Gott hilft, nimm es an!

Wer dagegen nur mit sich selbst beschäftigt ist, der kann sich viel schwerer auf seine Arbeit konzentrieren. Er ist sehr oft von seinen Gedanken umwölkt.

Das kann im Erwachsenenalter das Leben erschweren. Ein solcher Mensch kann seinen Arbeitsplatz verlieren oder einsam und verlassen sein und keine Freunde finden, weil er nur an sich selbst denkt.

Ich will es dir noch einmal ans Herz legen, wie du dich vor negativen Gedanken bewahren kannst:

Denke von deinen Mitmenschen immer positiv.

Du möchtest ja auch nicht, daß deine Freunde oder deine Freundinnen negativ, also unschön, über dich denken. Tue auch du es nicht!

Du wünschst dir doch auch, daß dich dein Lehrer oder deine Lehrerin mögen, daß sie dich nicht tadeln, sondern loben.

So frage dich: Magst du deine Lehrer? Sendest du ihnen Liebeenergien, also Liebesamen, die dich mit ihnen verbinden und die Freude bringen?

Beginne du als erster damit! Bringe Freude!

Frage nicht, ob es der Lehrer und die Lehrerin auch tun. Sende du gute Gedanken aus! Dann werden auch auf dich gute Gedanken – und viel Liebe zukommen!

Erwarte nie, daß es andere zuerst tun. Sondern vertraue auch auf das Liebegesetz:

> Was der Mensch sät, das wird er ernten.

Wann? Wenn die Zeit dafür reif ist. So wie der Sonnenblumen- und Apfelkern ihre Zeit brauchen, zu keimen, zu wachsen oder Blüten und Früchte zu tragen, so ist es auch mit den Gedankenenergien, den Gedankensamen.

Liebes Schulkind, vielleicht hat dir der Weg zur Schule heute wieder neue Erkenntnisse gebracht.

Wieder sind dir viele Menschen begegnet. Du hast in ganz andere Gesichter geblickt als gestern oder vorgestern.

Du sagst, daß die Menschen dir fremd seien.

Ich frage dich: Sind sie dir tatsächlich fremd?

Wenn du nur auf das Äußere eines Menschen blickst, dann ist dir der Mensch fremd:

Du hast z.B. einen bestimmten Menschen, der dir unterwegs begegnet, noch nie gesehen. Das heißt, du hast sein derzeitiges Erdenkleid zum ersten Mal gesehen. Jedoch das, was in dem fremden Menschen lebt, das Geistwesen, die Seele, kennst du. Sie ist dein Geschwister und ein Kind des Reiches Gottes, wie du auch.

Es ist kein Zufall, daß du jeden Tag anderen Menschen begegnest oder hin und wieder denselben!

Das Gesetz des Lebens sagt: Bemühe dich, alle Menschen zu lieben, die dir begegnen.

Erregst du dich über einen Menschen, beginnst du daraufhin, unschön und lieblos über ihn zu denken, dann gibt dir das Gesetz des Lebens durch diesen Menschen einen Hinweis: Besinne dich auf deine Gedanken und räume sofort aus, was diese Begegnung in dir an Negativem ausgelöst hat. Gleichzeitig solltest du – über Christus – den Menschen und seine Seele um Vergebung bitten, über den du unschön und lieblos gedacht hast.

Siehe, so kann sogar der Schulweg für dich zum „Erkenntnisweg" werden, wenn du wachsam bist und dich immer wieder selbst beobachtest!

Sicher stellst du nun die Frage, ob du Menschen lieben kannst, die dich nicht lieben, oder ob du die Schulkameraden lieben kannst, die dich auslachen oder schon geschlagen haben, oder ob du den Lehrer lieben kannst, der dich ungerecht getadelt hat.

Ganz sicher kannst du das!

Sage nun nicht, daß doch sie dich nicht mögen, weil sie dich geschlagen haben, oder daß dein Lehrer dich zu Unrecht getadelt hat.

Der Mensch sagt gern: Der andere ist der Schuldige, und ich bin schuldlos!

Aber du weißt nun: So einfach ist das nicht!

Denke an die Saat, an die Entsprechungen, die Schatten deiner Seele!

Die Schatten, die Entsprechungen, also die Saat in deiner Seele, sind ein magnetisches Feld. Es zieht genau das an, was du selbst in diesem Erdenleben oder in einem deiner Vorleben verursacht hast und was noch nicht gesühnt ist. Es liegt also noch als ein dunkler Fleck in deiner Seele. Wäre er gesühnt, dann gäbe es hier keinen Schatten mehr in dir – und du würdest dich nicht erregen und deinem Nächsten die Schuld geben.

Wenn in deiner Seele nichts Negatives mehr ist, also keine gegensätzliche Saat, kein Schatten, dann ist es gar nicht mehr möglich, daß dich dein Mitschüler schlägt oder der Lehrer dir Unrecht tut!

Geschieht es trotzdem, und du erregst dich nicht, sondern bleibst verständnisvoll und ruhig und stellst das Mißverständnis richtig – dann war das für dich nur eine Versuchung. Du bist ihr jedoch nicht erlegen. Regt es dich jedoch auf, und du suchst die Schuld für dies Verhalten ausschließlich beim Versucher, dann bist du der Versuchung unterlegen. Deine noch vorhandenen Schatten haben entsprechend reagiert, und du hast ärgerlich zurückgeschlagen und gleiche oder ähnliche Worte verwendet wie der Versucher.

Du sollst nun dich fragen, was *in dir* vorliegt!

Denn jeder Erregung liegt etwas Menschliches in dir selbst zugrunde.

Prüfe dich selbst: Warum wurdest du zornig oder ängstlich, und welche unschönen Gedanken hattest du? Welche garstigen Worte gebrauchtest du?

Daran erkennst du, was in dir vorliegt:

Vielleicht wurdest du zornig, weil du erkannt hast, daß es doch so ist, wie der „Versucher" gesagt hat – oder daß das stimmt, was er in dir allein durch die Begegnung ausgelöst hat und das du nur nicht annehmen möchtest.

Oder du bekommst Angst, weil du garstige, also unschöne Gedanken hattest und der „Versucher" dich so sieht, wie du bist, und du nun annimmst, er könne gar deine Gedanken lesen.

Prüfe also deine Gedanken und Worte.

Prüfe auch ganz genau deine Sinne:

Was hast du gesehen, das dich erregt hat?

Was hast du gehört, das dich ängstigte?

Was hast du gerochen, das dir angenehm oder unangenehm war – und in dir Empfindungen des Neides hervorrief oder dich zu unschönen Worten anregte?

Auch der Geschmacks- und der Tastsinn können die Schatten deiner Seele zum Schwingen bringen.

Wie du weißt, sind die fünf Sinne die Antennen, die in dir Erinnerungen und Entsprechungen anregen.

Es gibt viele Möglichkeiten, die deine Sinne anregen:

Vielleicht hat der Schulkamerad ein gutes Pausenbrot, das du gerne hättest. Vielleicht wurde die Schulfreundin vom Lehrer gelobt, oder ihr wurde ein Auftrag erteilt, den du gerne ausgeführt hättest?

Jedes Unbehagen im Menschen, Neid, Ärger, Angst oder Zorn gegen andere, sind Reaktionen der eigenen Seele.

Jedes Unbehagen zeigt auf, was im Menschen selbst vorgeht und was noch in der eigenen Seele liegt.

All diese äußeren Anlässe können das Ober- und Unterbewußtsein und die Schatten der Seele ansprechen; diese beginnen sodann zu schwingen und lösen im Menschen entsprechende Reaktionen aus.

Du kennst nun diese Gesetzmäßigkeiten.

Wie begegnest du dir nun selbst, wenn du dich erkannt hast?

Dir selbst zu begegnen heißt: Dich so zu sehen, wie du tatsächlich bist.

Wie du bist, zeigen deine Empfindungen und Gedanken. Was du empfindest und denkst, das bist du. Erforsche und erkenne dich daran also selbst.

Es ist nicht der Nächste allein, der dich ärgert. Dein Nächster, der den Ärger in dir ausgelöst hat, war nur ein Helfer des kosmischen Gesetzes, um dir zu zeigen, woran es in dir noch mangelt. Gleichzeitig wurde ihm selbst durch sein Verhalten ebenfalls die Möglichkeit zur Selbsterkenntnis gegeben.

Bleibst du trotz der Angriffe deines Nächsten in deinem Inneren ruhig, dann kannst du den Vorfall in aller Gelassenheit und Ruhe richtigstellen und die Angelegenheit in die Hände Gottes, unseres himmlischen Vaters, legen – einerlei, wie dein Nächster reagiert.

Zeigst du Verständnis und rechte Liebe, dann hast du das, was dir gesagt oder angetan wurde, schon längst überwunden. Es liegt eventuell nur noch als Erinnerung in deiner Seele – oder du hast Gleiches oder Ähnliches noch niemals verursacht. Was man zu dir gesagt hat oder dir getan wurde, war sodann eine Versuchung durch den Versucher, den Dunklen in dieser Welt.

Liebes Kind, sondere dich niemals von deinen Mitschülern ab. Sei auch kein vorwitziges Kind, kein sogenannter Besserwisser, der sich hervortut und glaubt, alles am besten zu wissen. Wende das, was du weißt und erkannt hast, zuerst bei dir selbst an. Dann wirst du nicht mit deinem Wissen prahlen. Aus Wissen soll Weisheit werden.

Wahre Weise prahlen nicht, weil sie vieles selbst erfahren und mit der Kraft des Herrn überwunden haben. Sie bringen ihre Erfahrungen wohl in die Gemeinschaft ein oder vermitteln sie einzelnen, doch sie drängen ihre Erfahrungen niemanden auf. Sie geben zur rechten Zeit und im rechten Augenblick das, was wesentlich ist, das heißt das, was die Seele des Betreffenden benötigt, und nicht, was der Mensch hören oder haben möchte.

Wer weise ist, wer also im Gesetz Gottes lebt, dem ist sein Schutzengel sehr nahe und steht ihm sodann in jeder Situation bei. Möchtest du jedoch mit deinem Wissen prahlen, dann weicht der Schutzgeist immer mehr zurück, weil er nicht gefragt wird, sondern der Mensch, der Prahlhans, nur sein Wissen preisgeben möchte, um gelobt oder bestaunt zu werden. Wer auf Lob und Anerkennung bedacht ist, der empfängt Lob, Lohn und Anerkennung von dieser Welt und nicht von Gott, unserem himmlischen Vater.

Wer also Lohn, Lob und Anerkennung von dieser Welt empfangen hat, der ist schon entlohnt. Auch der Schutzgeist wird nicht helfen, weil der Prahlhans seinen Lohn schon hat und damit zufrieden ist.

Du weißt nun, wie du dich verhalten kannst, damit du eine wirkliche Kameradschaft mit den Lehrern, den Schulkameraden und Schulkameradinnen bekommst. Angeber, auch Prahlhanse genannt, werden von den Lehrern und Mitschülern schnell erkannt und zur Seite geschoben, weil Besserwisser nicht gern gesehen sind. Da sie beständig bedacht sind, andere zu schulmeistern, können sie mit ihren Mitmenschen selten einen herzlichen Kontakt bekommen. Mit Angebern also läßt es sich auch selten schön spielen. Sie unterbrechen immer wieder das Spiel und wollen alles besser wissen.

Werde du weise, sei jedoch kein Besserwisser.

Der Unterricht

Sei aufmerksam im Unterricht.

Ich habe dir schon erklärt, wie wichtig die Konzentration auf *eine* Sache ist.

Durch den Kopf des Menschen jagen viele, viele Gedanken. Unermüdlich denkt der Mensch – und denkt alles mögliche, wenn er nicht gelernt hat, sich zu konzentrieren.

Wer jedoch in der Konzentration geübt ist, der ist wach. Lerne, dich zu konzentrieren!

Kommt dir, z.B. während du dich bei einer bestimmten Tätigkeit konzentrierst, ein wichtiger Gedanke oder ein guter Einfall, der mit deiner augenblicklichen Arbeit nichts zu tun hat, dann bewege ihn nicht! Lasse dich von der augenblicklichen Arbeit nicht abbringen!

Notiere dir den wichtigen Gedanken oder Einfall oder die Erkenntnis; dann setze deine Arbeit fort. Für dich heißt das: Folge wieder dem Schulunterricht.

Sei vor allem frei von unschönen Gedanken. Dann wirst du ein guter Schüler sein.

Liebe Eltern, wie könnt ihr die Konzentration eurer Kinder fördern?

Jedes Kind wird mehr oder weniger von der Außenwelt abgelenkt, die Kinder in den Städten mehr als die Kleinen in den Gemeinden und Dörfern. Die Sinne des Menschen sind immer bereit, alles zu registrieren, was auf sie zukommt, und den Menschen abzulenken. Das trifft besonders dann zu, wenn eine Seele größere Belastungen trägt.

Seelische Belastungen entstanden und entstehen durch ein Verhalten gegen die Gesetze Gottes.

Über die Sinne – ob sie der Mensch unter Kontrolle hat oder nicht – entstehen im Menschen Empfindungen und Gedanken. Diese lösen – in einer Art Kettenreaktion – sowohl in der Seele als auch im Unter- und Oberbewußtsein des Menschen entsprechende Reaktionen aus, bewirken weitere Gedanken und Bilder und sind entsprechend positiv, also selbstlos, oder negativ, also ichbezogen.

Wer seine Sinne nicht unter seine Kontrolle bekommt, der belastet sich immer wieder aufs neue – und kann, je nach der Belastung, damit schon die Wege für seine nächste Einverleibung bestimmen.

Die Sinne sprechen die Kräfte an, die in der Seele und im Unter- und Oberbewußtsein schwingen.

Sie ziehen jedoch auch aus dem Reich der Gedanken schöne, also gesetzmäßige, oder unschöne, also ungesetzmäßige Gedanken an.

Wer längere Zeit ungesetzmäßige Gedanken in sich bewegt, der kann auch aus dem Reich der Gedanken belastende Gedanken abrufen, die ihn sodann beeinflussen.

Liebe Eltern, erklärt diese gesetzmäßigen Zusammenhänge euren Kindern auf eure Weise, mit euren Worten, wie sie die Kinder gewohnt sind und verstehen.

Spätestens vom ersten Schuljahr an sollte das Kind von den Eltern und den Lehrern über Schwingungen und die Wirkungsweise der Sinne aufgeklärt werden: daß alles Schwingung ist und die Sinne positive wie negative Schwingungen abrufen können.

Der Magnet sowohl für die positiven, für die guten und selbstlosen Kräfte als auch für die negativen, ichbezogenen Kräfte ist im Menschen selbst. Es sind seine belastete Seele und sein Ober- und Unterbewußtsein.

Damit er Konzentration erlernt, sollten dem Menschen allmählich die Sinne gehorchen.

Liebe Eltern, das Lernen kann für die Kinder ein Spiel sein, wenn Eltern und Lehrer auf die Psyche des Kindes einzugehen vermögen.

Ich nehme an, daß Eltern und Pädagogen hierfür Verständnis haben.

Meine Offenbarung weist den Weg, wie das Kind spielerisch Konzentration und Aufnahmebereitschaft lernt. Gleichzeitig kann dies auch eine Übung für die Eltern sein.

Wenn euer Kind von der Schule nach Hause kommt, dann seid bestrebt, es herzlich zu empfangen.

Das Kind soll sich zu Hause frei und geborgen fühlen. Es soll sich von seinem Wesen her öffnen und alles Freudige, Belastende und Bedrückende aussprechen können.

Wird dem Kind die Möglichkeit und Zeit dafür gegeben, dann wird sein Unterbewußtsein nicht allzuviel Negatives und Bedrückendes speichern – und das Kind belasten. Auch das

Oberbewußtsein wird sodann mehr das Positive behalten und das Wesentliche speichern.

Auch die Schulung der Sinne kann ein wichtiger Faktor in der gesetzmäßigen Erziehung positiver Menschen sein.

Nach der Schule sollte das Kind sich entspannen können. Es sollte – es muß nicht! Entspannung und Ruhe findet das Kind auch an dem Ort oder bei der Beschäftigung, von der es angezogen wird.

Nach der Ruhepause wird es seine Schulaufgaben machen.

Danach, am Abend oder an einem freien Tag – wenn die Eltern Zeit haben und das Kind bereit ist – beginnt ein weiterer wesentlicher Abschnitt des Lernens. Nicht nur für die Jahre in der Schule, sondern für das ganze Leben, für den späteren Beruf und das Leben im Alltag. Es ist die Schulung der Sinne. Diese Schulung kann spielerisch erfolgen. Sie ist lehrreich für Eltern und Kinder.

Spiele zur Schulung der Sinne, der Konzentration und der Selbsterkenntnis

Das Spiel mit den Sinnen

Liebe Eltern, zuerst ein guter Rat: Wenn ihr mit diesem „Spiel der Sinne" beginnt, dann fangt mit dem Sehsinn an; denn die Augen wirken am stärksten auf alle anderen Sinnesorgane ein.

Alle Beteiligten haben Bleistift und Papier vor sich liegen. Ein Mitspieler stellt an alle die Frage:

Wohin drängt uns der Sehsinn? Was sehen wir in diesem Augenblick und was denken wir zugleich?

Die Blicke jedes Mitspielers werden dorthin ziehen, wohin sie vom Sehsinn – oder auch vom Gehörsinn – gelenkt werden.

Bei diesem „Spiel mit den Sinnen" sollte jeder Mitspieler entspannt sein.

Er sollte sich auf keinen Gegenstand fixieren. Er läßt es geschehen und blickt dorthin, wohin ihn seine Augen ziehen.

Dann schreibt jeder Mitspieler das auf, was er gesehen und gleichzeitig gedacht hat.

Sofern sich ein Kind mit dem Schreiben noch schwertut, sagt es sein Ergebnis leise der Mutter oder dem Vater, die dann die Worte des Kindes aufschreiben. Das Kind der ersten, eventuell auch noch der zweiten Schulklasse hat dabei die Puppe, den Teddy, das Kätzchen oder einen anderen Liebling auf dem Schoß oder neben sich sitzen.

Warum sollte dieser Liebling anwesend sein? Wenn sich das Kind selbst noch keine Notizen machen kann und dies die Eltern für es tun, braucht das Kind einen Bezugspunkt. Das ist der Liebling. Für den Erwachsenen, der sich aufnotiert, was er gesehen und gedacht hat, ist der Notizblock der Bezugspunkt. Er lenkt seine Aufmerksamkeit dorthin und konzentriert sich auf das, was er schreibt.

Für das Kind, das erst kurze Zeit die Schule besucht, ist der Konzentrationspunkt die Puppe, der Teddy oder ein anderer Liebling. Das Kind, da sich mit dem Schreiben noch schwertut, berichtet den Eltern, was es gesehen und gedacht hat oder was die Puppe oder der Teddy zu sagen haben.

Wenn alle Mitspieler mit ihren Notizen fertig sind, berichten sie kurz, was sie sahen, wohin sich also ihre Blicke gewendet haben und welche Gedanken aufstiegen.

Mutter oder Vater lesen vor, was der Abc-Schütze ihnen zugeflüstert hat. Auch das wird vorgelesen, was der Liebling, der Teddy oder die Katze, über das Kind zu berichten haben.

Nun wird es interessant!

Weshalb hat der eine dahin und der andere dorthin gesehen?

Wer oder was hat seinen Blick angezogen? Und weshalb beziehen sich die Gedanken nicht immer auf das Geschaute?

Sind die Gedanken nicht auf das Geschaute bezogen, dann hat das, was der Sehsinn angezogen hat, im Unterbewußtsein oder in den Seelenhüllen Gedankenkräfte berührt. Diese drangen ins Oberbewußtsein und wurden zu Gedanken und Worten.

Das bedeutet, daß der Sehsinn noch unkontrolliert da- und dorthin zieht und der Mensch das Augenblickliche nicht zu registrieren vermag, weil in seinem Inneren Unbewältigtes vorliegt.

Das, was der Sehsinn registriert hat, ruft also entweder im Ober- oder im Unterbewußtsein – oder in den Seelenhüllen – zurückliegende Ereignisse oder Gedankenverknüpfungen ab, die den Menschen bewußt oder unbewußt beeinflussen. Das zeigt, daß der Mensch noch unfrei ist und sich nicht ganz auf das konzentrieren kann, was das Auge wahrgenommen hat.

Solche Menschen denken und sprechen oft von etwas ganz anderem, als von dem, was ihnen das Auge vermittelt.

Erwachsener und Kind sind also unfrei, solange sie sich nicht auf das Geschaute konzentrieren können – sondern anderes aus dem Reich der Gedanken, aus den Seelenhüllen oder dem Ober- und Unterbewußtsein abrufen.

Die Erwachsenen können sich sodann über die verschiedenen Komponenten des Gesehenen und dabei Gedachten unterhalten.

Jeder kann sich selbst die Frage stellen: Was liegt bei mir vor? Was habe ich noch nicht überwunden? Und was steht zur Vergebung oder zur Bitte um Vergebung an? Dem Kind sollte Mutter oder Vater zu ergründen helfen, was in ihm vorgeht.

Der Test mit den Sinnen bewirkt, daß oftmals bisher noch unbekannte innere Vorgänge aktiv werden und in das Oberbewußtsein gelangen. Dann können sie bereinigt werden, bevor sie sich als Wirkungen im und am Körper zeigen.

Für das Kind gäbe es noch einen weiteren Schritt:

Es *zeichnet* auf, was es mit den Augen gesehen – und welche Gedanken es dabei hatte.

Wenn dann beide Bilder gegenübergestellt werden, das, was das Kind gesehen, und das, was es gedacht hat, so ergibt sich ein tiefer Einblick in das Innenleben des Kindes.

Ein geschulter Lebensberater kann daraus viel entnehmen. Auch Fähigkeiten und Talente bezüglich der späteren Berufswahl können daraus erkannt werden.

Den Eltern sei geraten, sorgfältig mit dem Gesagten und Gezeichneten umzugehen. Es kann in späteren Jahren, wenn das Kind erwachsen ist, eine große Hilfe für seine weiteren Lebensjahre sein.

Das Spiel mit den Sinnen kann sehr heiter und lehrreich sein – sowohl für Kinder als auch für die Erwachsenen.

Wenn das Gesehene mit den Gedanken weitgehend in Übereinstimmung ist, dann kann das Kind sich konzentrieren und hat zur Zeit keine größeren Probleme; das Ober- und Unterbewußtsein sind nicht mit schwerwiegenden Gedankenkomplexen belastet.

Bei diesem Spiel mit den Sinnen können alle fünf Sinne erprobt werden.

Jedesmal zeigt es sich, inwieweit das Unter- und Oberbewußtsein oder gar die Seelenhüllen der Mitspieler belastet sind.

Dieses „Erkenntnisspiel" zeigt über den Gehör-, Geruchs-, Geschmacks- und Tastsinn weitere Komponenten des menschlichen Ichs an.

Es ist sicher für jeden Mitspieler interessant und lehrreich zu erkennen, welche Gedanken oder gar Gedankenkomplexe zu schwingen beginnen und ihm bewußt werden, wenn er z.B. Geräusche von Autos wahrnimmt, auf den Gesang der Vögel hört oder wenn er Blumen betrachtet und den Blütenduft riecht.

Ebenso aufschlußreich ist es, wenn er z.B. Bratenduft wahrnimmt, welche Gedanken oder Vorstellungen dabei aufsteigen.

Das gleiche gilt beim Tastsinn. Welche Empfindungen und Gedanken werden abgerufen, wenn ein Mitspieler z.B. Wände, Möbel oder Textilien betastet.

Das Spiel der Sinne sollte völlig ungezwungen, ohne jede Programmierung gespielt werden. Erwarte nicht, lieber Mitspieler, daß du, wenn du z.B. Blumen siehst oder Blütenduft riechst, nun unbedingt an eine Blume oder deren Duft denken mußt.

Das „Spiel der Sinne" soll dir zeigen, was in dir vorgeht, was du wirklich noch bist!

Denn was der Mensch denkt, das ist er.

Deine Sinne regen deine Gedanken an, das heißt, sie setzen vieles frei, das, wie schon offenbart, in deinem Ober- oder Unterbewußtsein – oder gar in den Seelenhüllen – latent liegt.

So, wie die Erwachsenen, die Mutter, der Vater oder der Pädagoge, dem Kind zur Konzentration verhelfen, können sie sich selbst helfen.

Der Erwachsene frage sich selbst, weshalb der Sehsinn oder der Geruchs-, Geschmacks- oder Tastsinn ihn dahin oder dorthin zog, weshalb in ihm davon abweichende Gedanken emporstiegen.

Diese Fragen an sich selbst können den Gedankenkomplex aufsplitten, der zu sagen vermag, was in seinem Inneren liegt – und welche Ursachen zugrunde liegen können, daß er sich nicht konzentrieren konnte. Die an sich selbst gerichteten Fragen aktivieren automatisch die Empfindungs- und Gedankenwelt. Unter den Schichten der Gedankenebene – in der Empfindungswelt also – liegt die „Sensitivitätsebene", die auch vom Schutzgeist berührt wird. Es ist das Gewissen. Unter den Schichten der Seelenbelastungen ist das Göttliche. Es kann nur dann ins Oberbewußtsein dringen und sich mitteilen, wenn der Mensch geistig entwickelt und wach ist, das heißt, wenn seine Sinne verfeinert sind und ihm gehorchen.

Was in der Empfindungswelt des Kindes liegt, das können die Eltern im „Spiel der Sinne" erfahren, wenn sie das Kind bitten, doch auch Puppe, Teddy oder Katze zu fragen, die ja beim Spiel dabei sind und auch einiges berichten können. Denn das Kind teilt seine Gedanken nicht nur den Eltern mit, sondern auch seinen Lieblingen.

Jeder Gedanke und jedes Wort ist Energie.

Die Energie haftet dort, wohin sie gedacht oder gesprochen wird. Beim Kind also am Teddy, an der Puppe, der Katze oder an einem anderen Liebling.

Angeregt von den Eltern, stellt nun das Kind an seinen Liebling Fragen: Was wohl der Teddy meint, warum das Kind über andere Dinge nachgedacht hat als über das, was das Auge oder das Gehör ihm vermittelt hat?

Diese – an den Liebling gerichtete – Frage des Kindes stößt dort einen Gedankenkomplex an, der aus Freude oder Leid bestehen kann, den das Kind in einer freudigen oder traurigen Situation, in Leid oder Schmerz, um seinen Teddy aufgebaut hat, da es seine Empfindungen, Gedanken oder Worte, also Energien, zum Teddy hinfließen ließ. Diese Empfindungen, Gedanken und Worte sind Energien. Sie bleiben am Teddy haften und werden dort zu einem Energiekomplex.

Wird nun dieser Energie-, also Gedankenkomplex angesprochen, dann beginnt er zu schwingen und teilt sich über die Empfindungen und Gedanken des Kindes mit. Das geschieht so:

Jede freudige oder schmerzliche Empfindung, die vom Menschen ausgeht, erzeugt im Menschen ein magnetisches Feld, das wiederum Gleichschwingendes anzieht.

Das Energiefeld, der Energiekomplex um den Teddy, verbindet sich mit dem Energiekomplex im Kind und teilt sich auf diese Weise über das Oberbewußtsein mit. Es ist das bekannte „Ah –

jetzt fällt es mir ein", oder: „Es fällt mir wie Schuppen von den Augen".

Die Lieblinge, Puppe, Teddy oder Katze, sind für das Kind lebendig, keine steifen, leblosen Figuren. Das Kind empfindet, daß sich Puppe, Katze oder Teddy bewegen, daß sie sprechen, dieses oder jenes tun. Sie leben und senden das zurück, was das Kind zuvor ihnen zuempfunden, zugedacht und zugesprochen hat.

Ich wiederhole:

Die „Bewegungen und Äußerungen" seiner Lieblinge sind die vom Kind in sie hineinempfundenen, gedachten und gesprochenen Freuden, Schwierigkeiten, Probleme, Leiden, Schmerzen, Ängste und Sorgen.

Die Frage, was wohl der Liebling zu dieser oder jener Angelegenheit sagt, löst sowohl am Liebling als auch im Kind Schwingungen aus, und der Liebling beginnt durch das Kind zu sprechen. Das Kind sagt z. B.: Der Teddy oder die Puppe haben dieses und jenes gesagt. Das ist das, was im Kind selbst liegt und was es dem Teddy oder der Puppe zugedacht oder zugesprochen hatte. Auf diese Weise spricht das Kind aus, was in seinem Inneren vorliegt, was nicht überwunden ist, was zur Unkonzentriertheit beigetragen hat und beiträgt: Es spricht die eigenen Freuden und die eigenen Leiden aus.

Gute Eltern erkennen das genau. Sie bemühen sich, spielerisch mit dem Kind auszuräumen, was es belastet und in späteren Jahren größere Folgen oder gar körperliche Schäden verursachen könnte.

Das Spiel zur Schulung der Konzentration

Ich gebe weitere Spiele zur Schulung der Selbsterkenntnis und auch zum Erlernen der Konzentration.

Diese von mir, Liobani, übermittelten „Spiele zur Konzentration, zu gesetzmäßigem Denken und gleichzeitigem Selbsterkennen" sind lehrreich für alle, die offen und ohne Erwartungshaltung an sich selbst arbeiten wollen und selbstlose Mitspieler sind. Jeder Mitspieler schreibt einen oder mehrere Sätze auf, gerade das, was ihm in den Sinn kommt. Anschließend liest jeder das Geschriebene vor und stellt gleichzeitig an sich selbst, an seine Empfindungswelt, die Frage, ob das, was er aufgeschrieben hat, mit seiner Empfindungswelt in Übereinstimmung ist.

Die Empfindungswelt übermittelt dem Fragenden dann entweder eine gute, positive oder eine weniger gute, gegensätzliche Empfindung.

Was also der Mitspieler daraufhin empfindet, das läßt er in seine Gedankenwelt kommen und notiert es auf.

Stiegen aus der Empfindungswelt schale Gefühle auf oder wird der Mitspieler unruhig, traurig oder gar mißmutig, dann kann er sicher sein, daß Unbewußtes zugrunde liegt!

Was kann dies sein?

Um die tieferen Gründe zu erforschen, bemüht sich nun der Mitspieler, seine eigene Sinnes- und Gefühlswelt zu befragen. Wenn er die Frage ohne Vorbehalte oder Selbstüberschätzung an seine Sinnes- und Gefühlswelt richtet, ist es möglich, daß plötzlich wieder das „Ah" auftritt: „Jetzt ist es mir eingefallen; das kann nur dieses oder jenes sein."

Es fielen ihm also gleichsam Schuppen von den Augen.

Was geschah?

Über die Empfindungswelt stiegen Impulse aus dem Reich des Unbewußten auf, ausgelöst durch die Frage an die Sinnes- und Gefühlswelt, was in ihm, dem Menschen, vorgeht.

Jeder kann sich also durch solche und ähnliche Sinnes- und Gedankenspiele selbst erkennen.

Während der Erwachsene aufnotiert, kann das Kind malen, wenn es sich mit dem Schreiben noch schwertut. Die Zeichnungen des Kindes haben den gleichen Aussagewert wie die Notizen des Erwachsenen. Wenn zwischen dem, was ein Mitspieler denkt und was er empfindet, eine große Kluft besteht, wenn seine Gedankenwelt von der Empfindungswelt sehr abweicht, dann ist der Mensch eine geteilte Persönlichkeit, die nicht recht zu denken, sprechen und zu empfinden vermag. Diese Dissonanzen und Diskrepanzen führen zu Schwierigkeiten, sowohl in der Schule als auch in Beruf und Familie.

Die Seele des Menschen ist nicht von dieser Welt. Sie ist ständig bemüht, sich dem Menschen mitzuteilen, dem „Gefährt" der Seele. Der Mensch kann deshalb jeden Augenblick eine Intuition erhalten, wenn seine Sinne geschult sind und er in der Konzentration geübt ist. Die wahre Intuition, das Empfinden und die wahre Inspiration, die Offenbarung, kommt von Gott. Wenn der Mensch von sich aus nichts möchte, auch keine Erwartungshaltung an seinen Nächsten hat, sondern die unendlichen, ewigen, freien Kräfte in sich wirken läßt, dann beginnt die Führung von innen.

Wesentliche Schritte auf dem Weg nach innen zur selbstlosen, strahlenden Liebe sind die Voraussetzung zur wahren Intuition und Offenbarung.

Die Wegweiser auf diesem Weg zum wahren Selbst lauten:

Mache *Ordnung* in deinen Gedanken, reinige und vergeistige deine Sinne und bereinige deine Vergangenheit.

Was du von deinem Nächsten erwartest, das tue du zuerst.

Nicht dein *Wille* soll geschehen, sondern der Wille Gottes.

Nicht dein Wissen soll verwirklicht werden, sondern die *Weisheit* des ewigen Vaters.

Nicht leichtfertig soll dein Leben sein, sondern *ernst*, das heißt bewußt, zielstrebig und selbstlos.

So wie der einzelne von seinem Nächsten *Geduld* erwartet, so soll er mit sich selbst und mit seinem Nächsten Geduld haben!

Daraus wachsen selbstlose *Liebe* und *Barmherzigkeit*.

Das ist in kurzen Worten der Innere Weg zur wahren Intuition und Offenbarung.

Wichtig und wesentlich für das spätere Leben eines jeden Menschen ist es, göttliche Eingebung, göttliche Intuition, zu erlangen.

Das ist jedoch nur dann möglich, wenn der Mensch nicht mehr urteilt und verurteilt, wenn er keine Anerkennung erwartet, sondern selbstlos lebt. Dann erst erhält er Intuition aus hohen, reinen Ebenen.

Alles andere, jede scheinbare Eingebung, kann entweder aus dem Menschen selbst kommen, aus der atmosphärischen Chronik abgerufen werden oder von Seelen aus den Astralebenen gegeben werden.

Daher prüfe jeder seine Gesinnung, sein Denken und Wollen, bevor er sich von seiner Intuition führen läßt.

Diese von mir offenbarten Spiele bewirken im Menschen Selbsterkenntnis und innere Freiheit – sofern er alles Erkannte in rechter Weise, das heißt Schritt für Schritt, überwinden lernt.

Das Kind lernt dadurch die Konzentration, das heißt, es übt, sich auf eine Sache zu konzentrieren.

Das ist für das Kind eine große Hilfe, sowohl in der Schule als auch in seinem weiteren Erdenleben, für die Berufswahl und im Beruf.

Wird ein junger Mensch auf diese Weise geschult, dann kann er als Erwachsener richtig denken, konzentriert sprechen und bewußt handeln. Das führt zu einem positiven, glücklichen und erfüllten Leben.

Ein solcher Mensch steht dem Leben bejahend gegenüber. Er denkt positiv und arbeitet auch mit den positiven Kräften. Er ist ausgeglichen und konzentriert, erfüllt von dem Bewußtsein: Was er tut, das tut er ganz.

Weil sie schon im Kindesalter begonnen haben, ihr Leben zu meistern, sind solche Menschen glücklich und zufrieden und von ihrer Tätigkeit erfüllt, die ihrer Wesensart und Mentalität entspricht. Das heißt, sie sind aufgeweckte Menschen, die sofort jede Situation überschauen, richtig erfassen und auch zu bewältigen vermögen. Sie sind auch keine Einzelgänger. Sie kapseln sich nicht ab. Sie werden auch keine Eigenbrödler, Einsiedler oder Fanatiker. Ihr Unterbewußtsein und ihre Seele sind nicht mit unwesentlichen und selbstsüchtigen Dingen belastet; sie sind genügsam. Sie haben gelernt, richtig zu denken, zu handeln, das heißt richtig zu leben; das prägt sie ihr ganzes Leben lang. Solche Menschen sind Tatmenschen. Ihre Vergangenheit belastet sie nicht, da sie Tag für Tag ihr Leben, also ihre Gedanken und Empfindungen, richtig erfassen und in gesetzmäßige Bahnen lenken.

Das haben sie schon im Kindheitsalter gelernt und geübt.

Sie sind freie, gesunde und glückliche Menschen – Menschen der Neuen Zeit.

Nicht jeder Mensch kann diese Lehren und spielerischen Übungen bejahen; auch ist das hier Dargelegte vielen noch fremd, oder sie stehen Offenbartem von vorneherein skeptisch gegenüber.

Liebe Freunde, bevor ihr jedoch dieses Buch mit solchen oder ähnlichen menschlichen Regungen beiseite legt, sollte euch das Lesen wenigstens einen Versuch wert sein.

Probiert ohne Vorbehalte die Lehren, die Lektionen und die Spiele mit den Sinnen selbst aus. Erst dann ist es euch möglich, darüber zu urteilen!

Bedenkt dabei jedoch, daß die Menschen auf verschiedenen Bewußtseinsstufen stehen und daß daher jeder das geistige Gut entsprechend seiner eigenen geistigen Entwicklung einordnet und versteht.

Lieber Bruder, liebe Schwester, bist du immer bereit, deinem Nächsten, deinem Mitmenschen, zu helfen, wenn dieser Hilfe braucht und dich darum bittet? Bist du zu allen Tieren gut, und achtest du auch das Leben der Pflanzen, der Kräuter, Blumen, Sträucher und Bäume und auch das der Steine?

Denke darüber nach, und besprich es mit deinen Eltern und Geschwistern.

Wenn du nicht immer bereit bist, deinen Nächsten, deinen Mitmenschen, zu helfen und auch deinen Übernächsten, den Tieren und den Pflanzen und Steinen, in Liebe zu begegnen, dann solltest du dich fragen, warum du es nicht bist und was dich hindert, selbstlos zu helfen und zu dienen – so wie die Geistwesen und die Elementarwesen.

Was dich daran hindert, kannst du sicher mit deinem Vater oder mit deiner Mutter oder mit einem deiner Geschwister besprechen. In Gesprächen kann vieles erkannt und auch vieles behoben werden.

Damit rege ich, Liobani, ein Familiengespräch an, das sehr interessant werden kann, wenn sich alle Familienmitglieder beteiligen. Das Gespräch kann unter folgende Themen gestellt werden:

Was liegt in mir, das mich nicht selbstlos helfen läßt?

Was liegt in dir, das dich nicht selbstlos dienen läßt?

Wie können wir, die Familienglieder, das beheben, und auf welche Weise können wir uns gegenseitig helfen?

Wer selbstlos gibt, der empfängt von unserem himmlischen Vater viel Kraft, um den Menschen zu dienen und zu helfen, die Hilfe brauchen und auch Hilfe wünschen.

Die Selbstlosen schauen alle Menschen im Lichte der Wahrheit, weil sie wissen, daß alle Menschen Kinder Gottes sind.

Menschen mit einer großen, selbstlosen Liebe im Herzen, spüren auch, wie sie den Geschöpfen Gottes helfen können, den Tieren und den Pflanzen.

Wie erlangst du, lieber Bruder, liebe Schwester, die Selbstlosigkeit?

Denke immer daran, daß in allen Menschen, einerlei, wie sie denken, sprechen und handeln, auch ein guter und schöner Kern ist. Den suche und finde!

Dadurch wird oder bleibt dein Leben positiv, freundlich und glücklich.

Auch Tiere, Pflanzen und Steine haben gute Eigenschaften. Suche und finde sie und erfreue dich daran. Dann wird es in dir hell. Du kannst allen Menschen freundlich begegnen und wirst auch den Tieren, den Pflanzen und Steinen entgegenstrahlen.

Erkenntnisspiele

Nun gebe ich dir ein weiteres Spiel für die Familie. Es hilft, zur Selbsterkenntnis und zur Einheit zu gelangen in der Familie, mit allen Menschen und Lebensformen. Das Spiel verläuft so:

Jedes Familienglied sucht in einem anderen Familienglied, reihum, den guten und liebenswerten Kern. Dann sprechen alle darüber. Was sie dabei in ihrem Herzen empfinden, notieren sie sich auf.

Haben die Mitspieler ihre Empfindungen aufnotiert, so sprechen sie darüber, wie sich diese Empfindungen in ihrem Inneren und in ihrem Körper ausdrücken, z.B. als Freude, Dankbarkeit oder Friede, und wie sie nun die Nächsten empfinden, bei denen sie den guten Kern gefunden haben.

Nach diesem gemeinschaftlichen Erkennen innerhalb der Familie geht das Erkenntnisspiel weiter.

Die Familienglieder suchen und finden den guten Kern beim Nachbar, bei den Schulfreunden, den Lehrern und Arbeitskollegen.

Wird dieses Erkenntnisspiel ehrlich gespielt, dann wird jeder erkennen, daß unter den Menschen so viel Gutes und Liebevolles ist, welches mitunter unter der harten Schale des menschlichen Ichs noch verborgen ist.

Wer lernt, immer wieder das Gute anzusprechen, der bricht die harte Schale menschlichen Ichs auf, so daß der gute Kern sichtbar wird – in sich selbst und in seinen Nächsten.

Liebe „Erkenntnisspieler", das Gute, das an euch selbst und an eurem Nächsten erkannt wurde, sollt ihr zur gegebenen Zeit immer wieder ansprechen. Das bewirkt einen herzlichen und freundschaftlichen Kontakt und schafft gegenseitiges Vertrauen.

Das Spiel, Gutes und auch Nützliches zu finden, kann mit Tieren und Pflanzen fortgesetzt werden. Auch mit Mineralien und Steinen ist das möglich. Denn alles, was lebt, trägt in sich das Göttliche, das Gute.

Dieses Spiel verbindet die Familienglieder untereinander und stellt darüber hinaus Verbindungen her zu anderen Menschen. Ebenso finden auch die Menschen wieder den Zugang und die Verbindung zu den Tieren, Pflanzen und Steinen:

Die Mitspieler werden erfahren, daß alles lebt und strahlt und daß das Leben, einerlei durch welche Form es sich zeigt, empfindet. Alle Menschen, die bereit sind, die eigenen Fehler zu entdecken und zu überwinden, kommen auf diese Weise Gott, unserem himmlischen Vater, näher, der der Schöpfer aller Lebensformen ist und der Allgeist der Unendlichkeit.

Zur Vertiefung deines geistigen Wissens wiederhole ich: Der himmlische Vater ist die Manifestation aus der strömenden Lebensenergie, der Urenergie, dem Geist.

Das heißt also: Unser himmlischer Vater hat die Form eines reinen Geistwesens; Seine Strahlung jedoch überstrahlt alle Geistkörper, da Er die höchste Lichtgestalt im Universum ist.

Der Schöpfergott ist der Geist – auch der Allgeist genannt. Es ist der Odem des himmlischen Vaters. Aus dem Odem, dem Geist, entstanden und entstehen alle geistigen Formen.

Erst wenn ein ausgereiftes Naturwesen sämtliche vier Elementarbereiche in sich entwickelt und in seinem Bewußtsein erfaßt – das heißt durchlebt – hat, wird es zum Geistkind. Es wird ein Geistwesen, das Ebenbild unseres himmlischen Vaters.

Ein Geistwesen, das die Eigenschaften unseres himmlischen Vaters, der zugleich auch Mutter ist, an- und aufgenommen hat – Geduld, Liebe und Barmherzigkeit –, ist sodann ausgereift und besitzt den absoluten freien Willen.

Erst wenn die drei Eigenschaften, Geduld, Liebe und Barmherzigkeit, im Geistkind voll aktiv sind, ist es das Ebenbild des ewigen Vaters und das ausgereifte Kind Gottes.

Alle anderen Lebensformen, die noch nicht Ebenbilder des Vaters sind, empfinden die Allkraft als ihren Lebensgeist und dienen dem Allgeist, dem Lebensgeist, der in ihnen gleichsam die Evolutionskraft auf dem Weg zum Vater-Kindschafts-Verhältnis ist.

Wenn du dies alles hörst und liest, dann hast du viel Wissen aus der göttlichen Weisheit.

Doch Wissen allein macht den Menschen nicht weise und gütig.

Nur die Verwirklichung all dessen, was du weißt, das heißt die richtige Umsetzung in dein Leben, macht aus dem Wissenden einen weisen und gütigen Menschen.

Das Fundament ist das Wissen. Lasse jedoch das Fundament des Wissens nicht zu groß werden, indem du nur Wissen anhäufst. Sondern setze das Wissen und das, was du erkannt hast, in Weisheit um: Was du erkannt hast, wende an dir selbst an. Dann kannst du auf dem Fundament des Wissens aufbauen und dadurch immer reicher werden an Wissen – und an Weisheit zunehmen.

Vom Prahlhans hast du schon gehört. Hierzu sei noch folgendes gesagt:

Der wahre Weise ist kein Prahlhans. Er ist immer bereit, seinem Nächsten zu helfen, soweit es ihm nach seinen Möglichkeiten und Fähigkeiten gegeben ist. Er wird nicht nach Lohn fragen oder Anerkennung erwarten, aber das tun, was nach dem Gesetz der selbstlosen Liebe gut und dienlich ist.

Nur die Menschen, welche ihr Wissen nicht in die Tat umsetzen, prahlen mit dem, was sie wissen. Solche Menschen werden ungern an- und aufgenommen. Es sind die sogenannten Besserwisser, die auch an den Nerven der Nachsichtigen und Toleranten zehren. Deshalb sei kein Besserwisser, kein Angeber, also kein Prahlhans. Sondern bemühe dich, das Wissen an dir selbst anzuwenden, zu erproben und zu erfahren. Dann wirst du allen Menschen gegenüber verständnisvoll, tolerant und gütig. In der Schule wird es dir dann viel leichter fallen, die Lektionen des Lehrers und die Schulaufgaben anzunehmen und zu verstehen.

Der weise Mensch ist auch der geistig kluge Mensch, der klar zu denken vermag und auch gewissenhaft handelt.

Weise Menschen sind also geistig kluge Menschen mit klarem Verstand. Sie können sich konzentrieren und vieles, was ihnen gesagt wird, schnell erfassen. Gleichzeitig haben sie auch eine Lösung, die den göttlichen Gesetzen entspricht. Solch kluge Menschen gibt es!

Willst auch du, liebes Kind, ein solch geistig kluger Mensch werden?

Wenn ja, dann bemühe dich, zu allen Menschen ehrlich und freundlich zu sein. Das wird dir möglich sein, wenn du den guten Kern deines Nächsten gefunden hast und darüber auch sprichst.

Eine gespielte Freundlichkeit ist Falschheit.

Sie bringt dir mit der Zeit nur Verdruß.

Der wahre Weise findet in jedem Menschen das Gute.

Dadurch findet er immer mehr zur göttlichen Weisheit und geistigen Klugheit. Daraus erst ergibt sich echte Freundlichkeit und geistige Größe. Der wahre Weise, der geistig Kluge, steht über den menschlichen Unzulänglichkeiten. Er hat gelernt, richtig zu empfinden, zu denken, zu reden und zu handeln. Werde also weise und klug!

Wenn du in der Schule bist, sei aufmerksam.

Bemühe dich, im Unterricht mitzumachen. Erkenne auch, daß sich dein Lehrer oder deine Lehrerin redlich bemühen, dir den Lehrstoff verständlich zu machen.

Sprich nur, wenn du weißt, was zu sagen ist. Sprich klar, ohne dich hervorzutun. Auch das führt zu Verständnis, Toleranz und Güte.

Wenn dich etwas bedrückt, so grüble nicht erst darüber nach, sondern besprich es mit deinen Eltern oder auch mit der Puppe, dem Teddy oder dem Kätzchen. So bleibst du frei von grüblerischen, ziellosen und unwesentlichen Gedanken, und dein Gehirn und dein Unterbewußtsein bleiben klar für Wesentliches, wie für den Unterricht, die Schulaufgaben oder die weiteren Aufgaben und Pflichten, die dir der Tag stellt.

Wenn du mit deinen Eltern und Geschwistern immer wieder die Konzentrationsübungen als Spiel machst, dann wirst du die Klarheit deines Denkens und Handelns erlangen und behalten.

Nun, lieber Bruder, liebe Schwester, du wirst älter! Du hast von mir das Wort Pflicht gehört. Du hast schon vieles gehört, sowohl in der Schule als auch von mir, deiner geistigen Schwester Liobani. Nun kannst du schon kleine Pflichten übernehmen!

Wie könnten diese Pflichten wohl aussehen?

Du kannst damit anfangen, dich allein zu waschen und anzuziehen. Wenn du es bisher noch nicht getan hast, dann übe dich darin! Mutti wird sich freuen! Übungen zur Entwicklung des Pflichtbewußtseins regen auch zur Selbstlosigkeit an, und zwar dann, wenn du freudig kleine und größere Dienste übernimmst:

Am Frühstückstisch kannst du z.B. deinen Geschwistern die Marmelade oder die Butter reichen.

Oder du kannst im Laufe des Tages, z.B. nach der Schule, kleine Botengänge machen oder im Garten mithelfen. Es gibt so viele kleine Dinge, die getan werden müssen und von denen du sicher schon einige verrichten kannst. Dabei gewöhnst du dich allmählich daran, ein selbständiger Mensch zu werden, der sein Leben immer mehr selbst zu gestalten vermag. Damit kannst du auch deinen Eltern Freude bereiten, sie von vielen Alltagsdingen entlasten und ihnen so weit beistehen, wie es dir entsprechend deinem Alter und deinem Verständnis – das heißt deiner geistigen Klugheit – möglich ist. Wohlgemerkt: deiner geistigen Klugheit, also deiner Weisheit, entsprechend, nicht allein auf Grund deines Wissens.

Weise und kluge Menschen sind angenehme Mitmenschen. Sie sind aufmerksam, wach und still. Sie helfen, wenn sie gebraucht werden. Sie drängen ihre Hilfe nicht auf. Doch sie sind da, bereit, selbstlos zu helfen oder zu dienen nach ihren Möglichkeiten. Werde also geistig klug und pflichtbewußt. Dann wirst du ein Bürger der neuen, lichten Zeit.

Liebe Geschwister, ihr werdet älter und reifer.

Ihr seid nun schon viele Male den Schulweg gegangen. Jedesmal sind euch wieder andere Menschen begegnet. Ihr habt auch jedesmal andere Eindrücke aufgenommen.

Die Unterrichtsstunden sind vielseitiger geworden. In der Zwischenzeit habt ihr schreiben, lesen und rechnen gelernt.

Sicherlich hattet ihr auch Geschichtsunterricht und habt vieles aus dem Leben und Denken der Menschen gehört, die vor euch auf Erden gelebt haben.

Du weißt nun auch, lieber Bruder, liebe Schwester, daß jeder Mensch eine Seele besitzt, einen innewohnenden Geistkörper.

Die Seele, der innewohnende Geistkörper, befindet sich nur deshalb im Erdenkleid, um die Seelenschuld, die sich der Mensch in früheren und in diesem Leben auferlegt hat, in möglichst kurzer Zeit abzutragen. Es ist aber auch möglich, daß die Seele in ein Erdenkleid gekommen ist, um einen göttlichen Auftrag zu erfüllen.

Beiden, der belasteten Seele und der Seele, die im Menschenkörper einen göttlichen Auftrag zu erfüllen hat, ist geboten, *Gott über alles zu lieben und den Nächsten wie sich selbst.*

Du bist also hier auf Erden, um wieder so selbstlos und liebefähig zu werden, wie du im Himmel warst und wie alle Engel, die göttlichen Wesen, es sind. Das ist also deine Aufgabe im Erdenkleid.

Damit du sie erfüllen kannst, werden dir jeden Tag neue Aufgaben gegeben.

Das Licht des Tages strahlt den Menschen und seine Seele an und bewirkt auf diese Weise, daß jeder Mensch an jedem Tag das zu bewältigen bekommt, was er an diesem Tag bereinigen sollte.

Die Aufgaben sind für jeden Menschen anders. Er erhält sie entsprechend seiner seelischen Belastung aus dem Tagesgeschehen. Achte darauf, welche Aufgaben die Tagesenergie in dir anspricht.

Gott ist das Licht des Tages. Er wirkt auch in dem Tagesgeschehen.

Er stellt dir über das Gesetz von Saat und Ernte deine Aufgaben. Was du einst gesät hast, die gute, die weniger gute und die schlechte Saat, alles geht im Acker des Lebens, in deiner Seele, auf. Was du nicht rechtzeitig bereust, wirkt sich sodann in und an deinem Körper aus. In jeder Saat, sowohl in der guten als auch in der weniger guten oder schlechten Saat, ist der Geist, das Leben, der das Gute, weniger Gute und Schlechte an den Tag bringt.

Somit ist jedem Menschen an jedem Tag, in jeder Stunde und Minute die Möglichkeit gegeben, sich selbst zu erkennen und rechtzeitig wiedergutzumachen, was er verursacht, also gesät hat. In jeder deiner Empfindungen, in jedem Gedanken, in jedem Wort und in jeder Handlung zeigt dir Gott, wer du bist. Was du empfindest, denkst, sprichst und tust, das bist du.

Gleichzeitig regen der Geist unseres himmlischen Vaters und dein Schutzgeist dein Gewissen an, so daß du an jedem Tag erkennen kannst, was du jetzt und heute bereinigen sollst.

Gott, unser himmlischer Vater, und dein Schutzgeist regen dich zu positivem Denken, Sprechen und Handeln an. Sie zeigen dir über die Lehrer, über deine Schulfreunde und Schulfreundinnen, was in dir und in deiner Seele als Licht und Schatten wirkt.

Auch über deine Eltern, Großeltern und Verwandten zeigt dir Gott deine guten, weniger guten und schlechten Seiten.

Ebenso über die Mitmenschen im Straßenverkehr, auf der Straße oder in den Geschäften zeigt dir Gott, wo es noch an dir mangelt – oder was du schon überwunden, also gutgemacht hast.

Wenn dich z.B. dein Lehrer tadelt oder deine Schulkameraden dir etwas vorwerfen, von dem du glaubst, es würde nicht stimmen, dann prüfe deine Reaktion.

Sobald du dich erregst, heftig reagierst und dich wütend rechtfertigst, so kannst du sicher sein, daß in dir einiges nicht in Ordnung ist. Denn du bist vom Tadel des Lehrers oder von der Beschuldigung der Schulkameraden getroffen. Wer getroffen wurde, der schreit.

Auch auf diese Weise kann dich Gott über den Lehrer oder die Schulkameraden ansprechen und dir damit zeigen, daß in dir einiges liegt, worüber du nachdenken solltest, um es dann sofort zu bereinigen.

Jede heftige Erregung gibt Aufschlüsse und Hinweise auf das, was in dem vorgeht, der sich erregt, auf seine Fehler und Schwächen.

Erregst du dich nicht, dann kannst du sicher sein, daß in dir nichts oder nur noch Spuren von dem vorliegen, was durch andere angesprochen wurde.

Bleibst du auch innerlich ruhig, trotz der Rüge des Lehrers oder der Beschuldigungen deiner Mitschüler, dann kannst du sicher sein, daß diesbezüglich nichts oder nur Geringes in dir vorliegt.

Wer nicht getroffen ist, der wird Tadel und Vorwürfe richtigstellen und sodann alles auf sich beruhen lassen.

Stehst du über der Rüge oder den Beschuldigungen, das heißt, erregst du dich nicht, dann wird es dir auch wenig ausmachen, wenn der Lehrer oder die Schulkameraden auf ihren Meinungen beharren. Du weißt, daß es nicht so ist, wie es vorgebracht wurde. Du hast es richtiggestellt und läßt es sodann, wie es ist, auch wenn es augenblicklich so scheinen mag, als hätten der Lehrer oder die Schulkameraden recht gehabt. Wisse, daß alles Unwahre an den Tag kommt. Es wird sich durch die Kraft Gottes klären. Wenn du das weißt, dann erlangst du Festigkeit im Denken, Sprechen und Handeln.

Lieber Bruder, liebe Schwester, du kannst dich also jeden Tag, jede Stunde, jede Minute und jeden Augenblick selbst erkennen, um den Tag dann richtig zu meistern.

Ich gebe euch nun ein weiteres Erkenntnisspiel:

Frage deine Eltern, Geschwister oder Schulkameraden, ob sie mitmachen wollen.

Jeder Mitspieler steckt sich – entweder in die Schultasche oder in die Kleidertasche – einen kleinen Notizblock und Schreibzeug ein.

Jeder Mitspieler beobachtet den Tag über seine Gedanken und Worte: ob das, was er denkt, auch seine Empfindungen sind und ob seine Worte auch seinen Gedanken entsprechen.

Wenn er also angesprochen wird, so soll er beobachten und prüfen, ob seine Worte auch seinen Gedanken und seinen Empfindungen entsprechen.

Nach seiner Antwort oder nach einem Gespräch nimmt er sofort seinen Notizblock und sein Schreibzeug zur Hand und notiert auf:

Was dachte ich, während ich sprach?

Was empfand ich zugleich bezüglich des Fragenden oder des Gesprächspartners?

Du wirst sehr schnell erkennen, daß deine Empfindungen und Gedanken nicht immer in Übereinstimmung mit dem sind, was du sagst.

Warum ist das so?

Das kann verschiedene Ursachen haben:

Vielleicht möchtest du vor deinem Gesprächspartner gut dastehen, weil du von ihm erwartest, daß er dir etwas tun soll.

Oder du möchtest von ihm Lob und Anerkennung.

Oder du hast vor ihm Angst.

Oder du hast Minderwertigkeitskomplexe.

Das alles sind Ursachen, die dich anders sprechen lassen, als du empfindest und denkst.

Erkenne: Anders denken als empfinden und anders reden als denken, das bringt Unruhe und Zerrissenheit in dein Leben.

Dir ist es sodann nicht mehr möglich, klar zu denken und dich auf ein Gespräch oder auf andere Dinge richtig zu konzentrieren, weil dein Ober- und Unterbewußtsein allmählich mit ängstlichen, pessimistischen, zweiflerischen und grüblerischen Gedankenkomplexen vollgestopft sind.

Bei jedem Impuls, der diesen Komplexen in der Schwingung gleicht, wird dein Ober- und Unterbewußtsein aktiver und wirkt auf dein Empfinden, Denken und Sprechen ein. Es läßt dich nicht mehr so sprechen, wie du empfindest und denkst.

Diese Gespaltenheit wirkt sich auch in der Schule und später in deinem Berufsleben aus. Diese gegensätzlichen Komplexe in deinem Unter- und Oberbewußtsein wirken auch auf dein Nervensystem und auf deine Organe. Du kannst nervös werden und unter Umständen erkranken.

Erkennst du also durch dieses Spiel, daß du anders empfindest, als du denkst, und anders sprichst, als du empfindest und denkst, dann frage dich, warum es so ist und was du bereinigen sollst, damit du wieder Klarheit erlangst und zu dir selbst und deinen Mitmenschen ehrlich wirst.

Wer anders spricht, als er empfindet und denkt, ist unehrlich. Er kann scheinheilig, heuchlerisch oder gar falsch werden. Sicher willst du nicht unehrlich oder falsch sein. Deshalb bemühe dich, ehrlich zu deinen Mitmenschen zu sein.

Gott, unser himmlischer Vater, zeigt dir jeden Tag, was du bereinigen sollst.

Er zeigt es dir auch im Gespräch mit Lehrern, Mitschülern, Eltern, Geschwistern und über alle Mitmenschen, denen du begegnest und die – über deine Sinne – deine Aufmerksamkeit auf sich gezogen haben.

Am Abend berichten sodann die Mitspieler, wie es ihnen ergangen ist, was der Tag ihnen gebracht hat, wie ihre Reaktionen auf Gespräche waren, was sie empfanden, dachten und sprachen und was sie bewältigt haben und auf welche Weise.

Lieber Bruder, liebe Schwester, bei der Bewältigung deiner menschlichen Fehler und Schwächen bist du nicht allein, denn Christus, dein Erlöser, der helfende Geist, der in dir wohnt, steht dir bei, dich zu erkennen und mit Seiner Kraft zu überwinden, was menschlich ist und was du heute mit ihr zu überwinden vermagst.

Hast du nun das Erkannte bereinigt, hast du es Christus, dem erlösenden Geist in dir, übergeben oder hast du mit dem Menschen gesprochen, dem du Unschönes oder Gehässiges gesagt hast, und hast du um Vergebung gebeten, dann prüfe dich, wie es dir anschließend erging und was du in dir selbst empfunden hast oder noch empfindest. Besprich dies mit den Mitspielern, denn jeder kann von jedem lernen.

Liebe Eltern, seid bestrebt, solche und ähnliche Spiele immer wieder anzuregen. Bestimmt dafür einen oder mehrere Tage, an denen ihr mit euren Kindern die Erkenntnisspiele macht. Vergeßt dann nicht, euch am späten Nachmittag oder am Abend zusammenzusetzen und zu berichten, was der Erkenntnistag brachte, wie die Mitspieler ihn meisterten oder worin ihre Niederlagen bestanden.

Wenn sich die Eltern nicht vor ihren Kindern scheuen, auch ihre eigenen guten und weniger guten Seiten offen darzulegen, dann werden es auch die Kinder tun. Daraus ergibt sich sodann ein echtes Verstehen zwischen Eltern und Kindern.

Solche Gemeinschaftsspiele sind eine Bereicherung im Leben und bilden mit der Zeit ein geschwisterliches Band zwischen Eltern und Kindern. Dieses geschwisterliche Band hält auch, wenn die Kinder zu Jugendlichen werden und darüber hinaus, wenn die Kinder schon Erwachsene sind und selbst wieder Kinder haben.

Das Band der Liebe und Toleranz, der Ehrlichkeit und Freiheit verbindet Eltern und Kinder. Es hält ein irdisches Leben lang – und darüber hinaus als selbstlose Liebe in Ewigkeit.

Ich darf wiederholen:

Diese Erkenntnisspiele sind eine Bereicherung für alle Mitspieler, sowohl für die Erwachsenen als auch für Kinder und Jugendliche.

Ich möchte nun wieder auf die Kinder zwischen dem sechsten und neunten Lebensjahr zurückkommen.

Liebe Schwester, lieber Bruder, du hast wohl schon viele Schultage oder ein paar Schuljahre hinter dich gebracht. Dabei mußtest du erleben, daß kein Tag dem anderen gleicht. So, wie das Wetter ständig wechselt und sehr unterschiedlich sein kann, ist es auch mit den Gemütsschwankungen des Menschen.

Auch dein Gemüt schwankt:

Auch du bist jeden Tag anders gestimmt: einmal fröhlich und glücklich, ein andermal ängstlich und verzagt oder traurig.

Die verschiedenen Tagesereignisse bestimmen dein Gemütsleben und deinen Tagesrhythmus.

Die Tagesereignisse geben die Impulse für dein Unter- und Oberbewußtsein und für die Schatten- oder Lichtseiten deiner Seele. Sie geben dir Anstöße, über dich selbst nachzudenken: Was kann ich heute besser machen als in der vergangenen Zeit?

Sie erinnern dich auch an das, was du schon überwunden und damit erledigt hast. Das sind dann freudige Erkenntnisse.

Jeder Tag dient jedem Menschen und möchte ihn zur Selbsterkenntnis anregen. Die Kräfte des Tages berühren also das Gemütsleben jedes Menschen. Sie geben ihm die Möglichkeit, seine Sonnen- und Schattenseiten zu erkennen. An den Sonnenseiten soll er sich erfreuen. Auch die Schattenseiten soll er dankbar annehmen; denn er kann bereinigen, was ihm der Tag bringt und deshalb möglich macht.

Die Schwankungen deines Gemüts bestehen so lange, bis deine Seele licht und dein Unter- und Oberbewußtsein klar geworden sind. Dann erst kannst du jeden Tag ausgeglichen sein und auch über den Stimmungen und Gehemmtheiten deiner Nächsten stehen. Wohlgemerkt, du stehst darüber, du erhebst dich nicht über deine Nächsten!

Es ist das Ziel jeder Seele im Menschen, frei, glücklich und gottnah zu sein. Wer immer ausgewogen und selbstlos reagiert, wer in seinen Empfindungen, Gedanken, Worten und Handlungen aus der Selbstlosigkeit liebevoll ist, der ist dem Göttlichen, der Liebekraft unseres himmlischen Vaters, sehr nahe. Solche Menschen begegnen ihren Mitmenschen selbstlos, wohlwollend und tolerant.

Vielleicht hast du wieder konzentrierte Schulstunden hinter dir. Warst du immer aufmerksam? Hast du immer zugehört und mitgemacht? Warst du deinen Schulkameraden gegenüber verständnisvoll?

Was dir am Herzen liegt, das sage deinen Eltern. Auch dem Teddy, der Puppe, dem Kätzchen oder einem anderen Liebling sollst du erzählen, was in dir vorgeht.

Wenn du dich ausgesprochen hast, dann bist du gelöst und frei und kannst eine wahre Erzählung von deiner Schwester Liobani hören oder gar selbst schon lesen.

Liobani erzählt weiter

Die Elementargeister

Liebe Schwester, lieber Bruder, ich erzähle dir nun von der Tätigkeit der Naturwesen, die ihr Menschen Gnomen, Zwerge und Elfen nennt. Ich erzähle dir, wo sie leben und wie sie sich untereinander und mit allen anderen Lebensformen verständigen.

Du hast schon gehört, daß die Elementar- oder Naturwesen in Reservaten leben und wirken. Mehrere Naturwesen befinden sich in einem Reservat, das ihrem geistigen Entwicklungsstand und ihren geistigen Fähigkeiten entspricht. Die Reservate sind große Gebiete oder Bereiche.

So haben die Elementargeister der Lüfte, also die Luftgeister, ihre Wirkungsbereiche, ihre Gebiete, in denen sie tätig sind.

Ein Luftbereich kann z.B. über einer großen Stadt oder über einem Staat sein; er kann sich sogar über einen ganzen Kontinent erstrecken. Entsprechendes gilt für die Feuer- und Wassergeister.

Ebenso sind die Erdgeister und die Berggeister, von denen du auch noch hören wirst, bestimmten Reservaten, Gebieten, zugeteilt.

Du wirst vielleicht fragen, wer die Elementarwesen den Reservaten zuordnet.

Das ist das ewige kosmische Gesetz, die himmlische Ordnung.

Du hast gehört, daß nach dem kosmischen Gesetz Gleiches Gleiches anzieht. Demnach vollzieht sich die Einteilung in die Reservate von selbst.

Wie bei allen anderen Elementargeistern gibt es auch Erdgeister auf verschiedenen Entwicklungsstufen. Entsprechend seinem Bewußtseinsstand wird ein Elementarwesen von dem Reservat angezogen, das der Schwingung seines Bewußtseins gleicht. Dort versieht es dann seinen Dienst an den Lebensformen.

Bewußtsein heißt Bewußtwerdung. Das gilt für die Elementarwesen wie auch für die Seele des Menschen.

Das geistige Bewußtsein des Menschen entspricht dem, was er – in seiner Seele – aus der ewigen Wahrheit wieder erschlossen hat.

Wenn ein Mensch gute, selbstlose Gedanken in die Tat umsetzt, also verwirklicht, dann wird auch seine Seele – und damit sein Bewußtsein – lichter und wacher. Infolgedessen lebt der Mensch bewußter: Er weiß, weshalb er dieses denkt und jenes vollbringt.

Was einem Elementarwesen bewußt wird – was also in und an ihm erwacht ist –, das ist das göttliche Gesetz. Dieses wenden die Elementarwesen in ihren Reservaten an. Sie erfüllen also das ewige Gesetz in der Luft ebenso wie im Feuer, im Lichtschein, im Wasser und in und auf der Erde.

Die Erdgeister, die Gnomen, Zwerge und Elfen sind die Elementarwesen, die am weitesten gereift sind.

Diese fortgeschrittenen Naturwesen gleichen in ihrer Entwicklung kleinen Kindern. Ihre Gesichter und ihre Gestalten sind jedoch noch nicht so fein ausmodelliert wie die eines Menschenkindes. Ihr Aussehen ist noch bizarr, das heißt, es hat noch nicht die vollendete Form wie ein schöner Menschenkörper.

Zunächst will ich von den Schollengeistern berichten. Sie sind eine Entwicklungsstufe der Erdgeister.

Diese Naturwesen sind für den Erdboden und das Ackerland zuständig. Ihr Aussehen ist einer aufgerichteten und gutgeformten Scholle ähnlich. Im Unterschied zu allen anderen Erdgeistern haben die Schollengeister noch einen gekrümmten Körper, zu kurze Beine und zu lange Arme. Der Kopf ist noch unförmig, meistens mehr breit als hoch. Ihre Körperstrahlung ist dunkler als die der Erdgeister, die im Wald und in den Gärten der Menschen wirken.

Alle Elementarwesen sind untereinander in Harmonie. Ihre Aufgaben in Gärten, Wäldern, auf Auen und Wiesen sind aufeinander abgestimmt, so daß sie miteinander einen großen Hilfsdienst bilden, der in alle Lebensbereiche einwirkt, in die Luft, in das Feuer und Wasser, in und auf die Erde.

Geführt werden die Elementargeister von Geistwesen, die ihr Engel nennt. Diese unterweisen sie immer wieder in den Gesetzen Gottes und stehen ihnen bei, wenn wegen des Fehlverhaltens der Menschen – in der Luft, im Wasser, mit Feuer, in und auf der Erde – Dinge geschehen, bei denen die Elementargeister nicht wissen, wie sie handeln sollen. So sind unzählige Engelwesen den Elementarwesen übergeordnet. Sie dienen als Lehrer, Bewacher und Beschützer der Elementargeister. Auch sie wirken entsprechend ihrer Mentalität und ihren Fähigkeiten in den Reservaten und helfen und dienen den Elementargeistern.

Liebes Geschwisterlein, du verstehst, daß in der ganzen Unendlichkeit alles wohlgeordnet ist und daß sich die göttliche Hierarchie der Liebe und des Dienens auch auf die Materie – die gröbste Struktur im Universum – erstreckt.

Es gibt kein Hüben und Drüben. Die göttliche Welt ist überall. Wer reinen Herzens ist, der kann sie schauen und hören.

Nun komme ich wieder zu den Schollengeistern.

Die Schollengeister wohnen unter der Erde, meist in unsichtbaren Höhlen.

Wie bei allen anderen Elementargeistern gibt es bei ihnen männliche und weibliche Prinzipien. Ihr Menschen würdet sagen, sie sind männlichen und weiblichen Geschlechts.

In der geistigen Welt gibt es jedoch nicht die Geschlechter, sondern die Prinzipien, also Prägungen von Mann und Frau.

Geschlechter gibt es nur auf der Erde, bei den materiellen Formen, bei den Menschen und Tieren, weil das Erdenkleid, der irdische Leib, von einem irdischen Körper gezeugt werden muß. In der geistigen Welt und so auch unter den Elementarwesen leben und wohnen Mann und Frau zusammen, also zwei Prinzipien, das männliche und weibliche.

Die Paare leben jedoch nicht allein und von gleichartigen Wesenheiten getrennt. Gemeinsam mit mehreren Geschwisterpaaren bilden sie eine große Gemeinschaft.

Nun willst du wohl wissen, ob sie auch Kinder haben. Nun, das ist so eine Sache. Das Kinderbekommen geht bei den Naturgeistern nicht so vor sich wie bei den Menschen, wo der Mann das Leben für ein Kind in den Körper der Frau strömen läßt, damit sich in der Frau eine Eizelle teilt und daraus dann ein Menschenkörper entsteht.

Du weißt, daß sich in jeden Menschenkörper eine Seele, also ein Geistkörper, einverleibt; das heißt: Ein Geistkörper schlüpft allmählich in die menschliche Hülle.

Die Elementarwesen haben keine materiellen Körper, sondern Geistkörper, die noch in der geistigen Entwicklung stehen. So sind auch die Paare, die Elementarwesen, in der geistigen Entwicklung.

Nun fragst du, ob die Naturwesen Kinder haben. Die Naturwesenpaare empfangen aus den himmlischen Entwicklungsebenen Naturwesen, die noch nicht so weit entwickelt sind wie sie selbst – die Frau und der Mann –, welche z. B. noch Schollengeister sind.

Wenn sich also Naturwesen, die ein Paar geworden sind, zur nächsthöheren Naturform entwickeln und am Ende dieses Reifegrades stehen – was für menschliche Begriffe sehr lang dauert –, dann kommen zu diesem Paar, z.B. zu dem Schollenpaar, ein oder mehrere Naturwesen aus den geistigen Entwicklungsebenen der Himmel, die sodann von diesem Paar als ihre „Geschwister-Kinder" aufgenommen werden. Die Eltern, z.B. die Schollenwesen oder Schollengeister, helfen sodann ihren Geschwister-Kindern, das zu erfahren und zu verwirklichen, was sie, das Schollenpaar, schon erfüllt haben.

Wenn aus den himmlischen Entwicklungsebenen Naturwesen zur Erde kommen, dann werden sie begleitet von den Engeln, die den jeweiligen Reservaten vorstehen, von denen die Naturwesen aus der ewigen Heimat angezogen werden. Gleichzeitig gehen Naturwesen von der Erde zu den geistigen Entwicklungsebenen der Himmel zurück, um sich dort weiterzuentwickeln. Es sind die Elementarwesen, die in den Himmeln in höhere Formen ihrer Gattung überwechseln.

Der Wechsel der Naturwesen zur nächsthöheren Form geschieht also nicht auf der Materie, auf der Erde, sondern in den feinen, subtilen, göttlichen Schwingungen des ewigen Lichtreiches.

Lieber Bruder, liebe Schwester, du sollst auch erfahren, daß keine Geistform schläft. Nur Mensch und Tier auf der Erde brauchen Schlaf.

Alle Naturformen, wie Blumen, Sträucher und Bäume, haben Ruhephasen.

Denke an die Jahreszeiten: Frühling, Sommer, Herbst und Winter. Die Bäume und Sträucher, Blumen und Kräuter, die sich im Frühling in ihrer Pracht und Üppigkeit zeigen, ruhen über den Winter hinweg. Im Herbst zieht sich das Leben, welches das Wachstum anregt, langsam zurück. Das dauert oftmals bis in den Winter hinein.

Im Herbst und Winter, in der Ruhephase, bereiten sich diese Lebensformen schon wieder auf den Frühling, auf weiteres Wachstum, vor.

Alle geistigen Lebensformen im Reich des ewigen Seins, die Geistwesen und Elementarwesen, die geistigen Lebensformen der Tiere und Pflanzen, ruhen nur; sie schlafen nicht.

Ruhen heißt: Der geistige Leib ist nicht tätig – denn der Geist, die strömende Energie, die alles durchströmt, auch den ruhenden geistigen Leib, ist wach. Die Lebensenergie im ruhenden Geistkörper registriert alles, was wesentlich ist, um – sofern es notwendig ist – die rechten Impulse zu geben, das heißt, zu helfen oder Kraft zu spenden durch verstärktes Ausströmen von Energie.

So ruhen auch die Naturwesen, wie z.B. die Schollenwesen, die Elfen, Gnomen, Wichtel oder Zwerge, in ihren Wohnungen.

Dort befinden sich sogenannte Ruhebänke; das sind schöne, wohlgeformte Steine, welche den Naturwesen als Ruhelager dienen. Oftmals sind diese Steine mit einer gleitenden Flüssigkeit überzogen, mit feuchter Erde, du würdest sagen, mit einer gallertartigen Masse.

Wie alle Naturwesen bilden auch die Schollenwesen mit anderen Schollenpaaren und deren Geschwister-Kindern eine große Familie.

Ist der Evolutionsweg eines werdenden Naturwesens über das Tierreich beendet, dann bekommt es allmählich die Form eines reifen Naturwesens.

Sobald sich eine Form vom Tier zum Naturwesen wandelt, beginnt sich die Eigenschaft des Dienens stärker auszuprägen. Das Leben als Naturwesen ist also gegeben, um das Dienen zu lernen.

Die Naturwesen sind aus dem geistigen Reich in die verdichteten Zonen, auf die Materie, also auf die Erde, gekommen, um den dort in der Entwicklung stehenden Lebensformen zu dienen. Entsprechend ihrem entwickelten Bewußtsein dienen und helfen sie all jenen Lebensformen, die sie wahrzunehmen vermögen. Die Schollenwesen helfen z.B. den unzähligen Kleintieren, die ich auch die Natur- oder Erdputzer nenne. Es sind die vielen Klein- und Kleinsttiere, die in der Erde leben und wirken, die Erde durchlüften und mit ihrem Leben bereichern und nähren; du kennst gewiß die Maulwürfe, die Mäuse und die Regenwürmer. Es gibt jedoch noch viele andere, kleinere Tiere.

Wo diese Erdtiere, die Klein- und Kleinsttiere, fehlen, dort wird der Boden sauer, hart und mit der Zeit unfruchtbar.

Nun komme ich wieder zu den Schollenwesen.

Auch sie sind mit allen anderen Elementarwesen in Harmonie. Feuer-, Wasser-, Luft- und Erdgeister bilden eine große Hilfsgemeinschaft. Jeder ruft jeden um Hilfe, denn jeder hat wieder andere Fähigkeiten und Qualitäten.

So rufen zum Beispiel die Schollengeister entweder die Feuer-, Wasser-, Luft- oder die weiterentwickelten Erdgeister, wenn es darum geht, Erdtieren zu helfen und zu dienen. Mit ihrem Bewußtseinsstand leisten die Schollengeister sehr viel. Wenn jedoch z.B. einem Kleintier der Erstickungstod droht oder ein Tierlein am Ertrinken ist, rufen sie die Luft- und Wassergeister zu Hilfe. Diese Helfer der Natur sind dann sofort zur Stelle und helfen den in Gefahr befindlichen Erdtieren, soweit es ihnen möglich ist.

Dem schwachen, in Atemnot befindlichen Erdtierchen, etwa einer Maus, versucht der Luftgeist zu helfen, indem er das Element Luft verstärkt und es dem Erdtierchen zubläst, so daß es mehr Lebenskraft einatmet, wieder fest durchzuatmen vermag und die Kraft bekommt, aus einer eventuellen Gefahrenzone herauszufinden.

Ist ein Erdentierlein z.B. bei Hochwasser in Gefahr zu ertrinken, dann ruft der Schollengeist den Wasser- und Luftgeist zu Hilfe. Sie helfen dem Tierlein. Der Wassergeist regt die Wellentätigkeit an, und der Luftgeist treibt die Wellen, das heißt das Wasser, vom Tierlein weg. Entweder spürt es dadurch wieder Land unter seinen Füßen, oder es erlangt so viel Kraft, daß es aus der Gefahrenzone herausfindet. Die Schollengeister nehmen es sodann in Empfang und wärmen seinen Körper, indem sie die heilenden und wärmenden Strahlen, die ihrem Geistleib entströmen, auf das geschwächte Tierlein lenken. Die Kinder der Schollengeister, die natürlich auch mithelfen wollen, geleiten dann das geborgene Mäuslein in seine Erdwohnung oder in eine naheliegende Wohnung eines gleichartigen Erdtierleins. Dort erholt sich sodann das schwache Tierlein.

Die Schollenwesen haben auch die Aufgabe, den Geiststrahlen der Kleinst- und Kleintiere zu dienen, wenn sich diese aus ihren kleinen Erdkörpern entbinden, wenn also ihre Körper, die materiellen Formen, sterben.

Sämtliche Naturwesen, die Schollen-, Wald-, Feld- und Gartenwesen, die Elfen, Gnomen und auch die Elementarformen der Luft-, Feuer- und Wassergeister, sind – im übertragenen Sinne – auch geistige Hebammen. Sie helfen den sterbenden Tieren im Wasser, auf und in der Erde und in der Luft, damit sich die Lebensstrahlen der Kleinst- und Kleintiere und die Teilseelen der weiterentwickelten Tierarten ohne große Schwierigkeiten aus dem irdischen Körper entbinden können. Das gleiche gilt für die Lebensstrahlen in den Blumen, Pflanzen, Sträuchern und Bäumen.

Du siehst also, liebes Kind, daß die göttliche Welt mitten unter den Menschen, Tieren und Pflanzen lebt und unermüdlich bereit ist, Menschen, Tieren, Pflanzen und auch Steinen zu dienen und zu helfen.

Die Waldgeister

Liebes Schwesterlein, liebes Brüderlein, ich möchte dir nun von den weiterentwickelten Naturwesen erzählen, von den Waldgeistern, die von den Menschen Wichtel oder Zwerge genannt werden. Wie leben sie und wofür sind sie da?

Die Waldgeister wohnen unter alten knorrigen Bäumen, die vielverzweigte Wurzeln haben. In einem solchen Wurzelwerk entstehen oftmals Hohlräume, die man auch als kleine Höhlen bezeichnen könnte. Diese Hohlräume erweitern die Zwerge durch ihre Geistkraft zu schönen, geräumigen geistigen Wohnungen.

Die weiterentwickelten Waldgeister, auch Naturwesen genannt, leben ebenfalls in Großfamilien. Hier bilden ebenfalls viele Familien ein gemeinsames Werk des Dienens.

Ich wiederhole zu deinem besseren Verständnis:

Die männlichen Naturwesen werden von den Menschen Wichtel oder Zwerge genannt. Die weiblichen Naturwesen nennen sie die Elfen. Frau und Mann, der Wichtel und die Elfe, und auch ihre Geschwister-Kinder leben friedlich miteinander. Wie bei den Schollengeistern finden die Geschwister-Kinder durch Anziehung aus den geistigen Entwicklungsbereichen in ihre Familie hinein.

Zusammen helfen und dienen sie den geringer entwickelten Lebensformen, den Blumen, Sträuchern und Tieren.

Auch die Waldgeister leben – wie alle anderen Elementargeister – in Reservaten, also in bestimmten Gebieten, in denen sie ihre Aufgabe an Pflanzen und Tieren erfüllen.

Auch in den Wohnungen der Waldwesen sind Ruhe- und Sitzbänke. Sie bestehen aus schön geschwungenen Wurzeln.

Wenn die Nacht einen Erdteil zudeckt, gehen die Waldwesen zu ihren Wohnungen. Sie treffen sich in den Aufenthaltsräumen und lassen sich auf den kleinen Wurzelbänken nieder; sie berichten vom Tagesgeschehen, von ihrer Tätigkeit als unsichtbare Helfer und Diener der Natur und der Tierwelt. Sie berichten auch von den Begegnungen mit Menschen und auf welche Weise sie ihnen helfen konnten.

Elfchen Traulich berichtet

Das Elfchen Traulich erzählt von ihrem Einsatz, wie sie einem Menschen, der sich im Wald verirrt hatte, wieder den Weg zeigen konnte und wie dabei in die Erinnerung des Menschen ihre Hilfeimpulse einflossen, die sie, das Elfchen, aussandte. Der Mensch erinnerte sich plötzlich, woher er kam, und wußte deshalb, wohin er seine Schritte lenken mußte, um aus dem Wald herauszukommen und sich dann wieder zurechtzufinden.

Liebes Kind, du mußt wissen: So, wie die Schutzengel es verstehen, den Menschen über seine Empfindungs- und Sinneswelt zu führen, verstehen es auch die Elementarwesen, auf die Empfindungs- und Sinneswelt des Menschen einzuwirken – ohne auf den freien Willen des Menschen Einfluß zu nehmen.

Die Elfe erzählt: „Der Mann ging, in seine Gedanken versponnen, einmal diesen, dann wieder einen anderen Weg im Wald, ohne auf die Wegmarkierungen zu achten, welche die Menschen zu ihrer Orientierung angebracht haben. So verließ er auch noch den Weg, ging quer durch den Wald und durch ein Dickicht. So, wie sich seine Gedanken verliefen, verlief auch er sich. Er sah weder den Wald noch das Dickicht; er merkte nicht einmal, daß er vom Weg abgekommen war. Er lief und lief und lief.

Ich versuchte", so sagte das Elflein Traulich, „mit meinen Empfindungen auf ihn einzuwirken, um ihm zu helfen. Aber mir allein war dies nicht möglich. Daher rief ich einen Luftgeist und einen Feuergeist zu Hilfe. Doch auch sie konnten den Wanderer nicht erreichen. Er verspann sich immer mehr in seine Gedankenwelt und in sein Schicksal.

Wir Elementargeister mußten ihn laufen lassen. Doch wir blieben an seiner Seite; wir begleiteten ihn. Gleichzeitig sandten wir als Weck- und Hilfsimpulse Empfindungen der Liebe. Der Wanderer ermüdete und ließ sich auf dem Waldboden nieder und schlief fest ein.

Nun war mir eine neue Möglichkeit zu helfen gegeben: Ich rief die Sumpffliegen und unterwies sie in ihrer Aufgabe. Mit ihrem zarten Summen und mit ihrem Flügelschlag ist es ihnen möglich, die unruhige Aura eines Menschen zu besänftigen und an seinem Körper bestimmte energiearme Bereiche zu magnetisieren – oder auch verkrampfte Stellen, sogenannte Energieknoten, zu entspannen. Wenn sich die Fliegen in der Aura eines schlafenden Menschen bewegen, dann aktivieren sie dessen Magnetfeld."

Lassen sich die Fliegen auf dem Körper, auf dem Menschen nieder und es kitzelt dann an diesen Stellen, dann bemühen sich damit die Fliegen, die Helfer der Natur, die verkrampften Nerven zu entspannen. Für den Menschen ist das meist sehr lästig, weil es kitzelt und nervös macht. In Wirklichkeit jedoch

bemühen sich solche
Fliegen, den Menschen zu helfen!

Du weißt, liebes Kind, daß Gleiches immer wieder Gleiches anzieht. Wenn bestimmte Fliegenarten zu diesen und ähnlichen Zwecken vorgesehen sind, also zum Magnetisieren und Entspannen des menschlichen Energiefeldes, der Aura und der Atmosphäre, ist das ihre Aufgabe für Mensch, Tier und Natur, und sie nehmen auch ihre Aufgabe wahr. In den meisten Fällen jedoch ist dies ein Ärgernis für den Menschen, weil er sich von den Fliegen gestört fühlt. In Wirklichkeit ist das Nervensystem des Menschen gestört, also verkrampft, und ist auch die Aura unruhig. Das heißt, das Magnetfeld, die Aura des Menschen, ist in Disharmonie.

Die Fliegen schwirren also um den Schläfer herum und dringen immer tiefer in seine Aura, in sein magnetisches Umfeld, bis sie am Körper angelangt sind. Sie lassen sich auf den Stellen nieder, die sehr verkrampft sind.

Die unangenehme Reizung durch die Fliegen bewirkt, daß der Mensch Bewegungen ausführt, die er sonst nicht machen würde, z.B. schlägt er nach der Fliege. Er klatscht auf seinen Arm, um die Fliege zu vertreiben oder zu töten. Die Fliege löst jedoch zielbewußt diese Reaktion des Menschen aus, damit – in unserem Fall – der Wanderer oder der Schläfer seinen verkrampften Körperteil stärker berührt. Das hat zur Folge, daß sich dort eventuell Verspannungen oder Verkrampfungen lösen, sich die Blutzirkulation verstärkt und dadurch die Gehirnzellen stärker durchblutet werden, so daß nun über die Empfindungswelt des Menschen die Hilfsimpulse der Naturwesen seine Gedankenwelt erreichen.

Wenn du von Sumpffliegen hörst, dann sind das bestimmte Fliegenarten, die nicht stechen. Sie haben die Aufgabe, in der Atmosphäre, in der Natur, an Mensch und Tier Entspannungen vorzunehmen, also Verkrampfungen zu lösen.

Die Tätigkeit der Fliegen kann also eine echte Entspannung des Menschen bewirken, so daß dieser wieder für positive, hoffnungsvolle Gedanken zugänglich ist.

„Die Sumpffliege begann also ihre Arbeit", so berichtete die Elfe. „Es dauerte lange Zeit, bis unser Wanderer, der eingeschlafen war, wieder erwachte und endlich aufstand. Bevor er erwacht war, schlug er sich immer wieder mehr oder weniger stark auf den Arm oder auf den Fuß, kratzte sich am Kopf oder schüttelte seinen ganzen Körper, um die lästigen Fliegen zu vertreiben. Nun war er ganz wach, sah sich um und dachte: ‚Wo bin ich?'
Diese Frage an sich selbst habe ich vernommen und habe mich wiederum eingeschaltet. Über seine Erinnerung, das heißt seine Empfindungs- und Sinneswelt, zeigte ich ihm, wie er aus seiner Verwirrung herausfinden und den Weg nach Hause erkennen könne.

Ich regte also über seine Erinnerungswelt seinen Sehsinn an und erweckte gleichzeitig weitere Erinnerungen, die ihm die Gewißheit vermittelten, daß er richtig reagiert habe, als er aus den Wirrungen des menschlichen Ichs herausfand, um auf den Weg zu gelangen, der heimwärts führt.

Ich freute mich sehr, als der Wanderer aufstand, sich reckte, auf die Uhr blickte, sein Haupt schüttelte und vor sich hinsprach: ‚Jetzt ist es aber höchste Zeit, nach Hause zu gehen. Ich habe ja richtig geschlafen!'

Weiter dachte er: ‚Nun, es tat mir sicher gut, denn jetzt sehe ich klarer.

Für mein Problem, das mich so sehr bewegte, weiß ich nun eine Lösung.'

Er schaute sich um und sagte wieder zu sich selbst: ‚Ah, hier ist ein Weg. Ich suche jetzt eine Wegmarkierung, und dann finde ich mich schon zurecht.'"

„Liebe Geschwister", sagte die Elfe dann zu allen zuhörenden Naturwesen, „ihr könnt es wohl nachempfinden, wie sehr die Sumpffliegen und ich uns gefreut haben, daß wir helfen konnten!

Die Sumpffliegen und ich begleiteten ihn noch eine Wegstrecke, dann sahen wir plötzlich seinen Schutzengel, der uns liebevoll zuwinkte. Wir wußten nun: Der Wanderer ist in guter Obhut."

Liebe Menschengeschwister, ihr müßt wissen, wenn ein Mensch sehr erregt ist und sehr dunkle, grüblerische Gedanken hegt und diese auch noch pflegt, indem er sich selbst bemitleidet, dann muß der Schutzgeist einen größeren Abstand zu seinem Schützling halten, weil die Aura des Menschen sehr unruhig ist und aus ihr Funken des Zornes oder des Hasses sprühen.

Die Möglichkeit der Hilfe ist jedoch mannigfach. Naturwesen, Luft-, Feuer- und Wassergeister und viele andere positive Kräfte sind Helfer für die materiellen Formen, für Menschen, Tiere, Pflanzen und Steine.

Als die Elfe ihren Bericht beendet hatte, sprach der Älteste der Großfamilie, Herr „Wurzelmann", ein weiser, also schon weitgereifter Waldgeist, ein großes Lob an die kleine, zierliche Elfe. Er bat sie, für den nächsten Abend, wenn sich der Erdteil von der Sonne abwendet und die Wald- und Wiesengeister ihren Sonnentanz, der ein Dankgebet an den Allgeist ist, durchführen, die fleißigen Sumpffliegen mit einzuladen.

Die Elfe freute sich und sandte sogleich die Einladung über Empfindungswellen aus. Die Sumpffliegen antworteten wieder über Empfindungswellen und dankten für die Einladung, die sie natürlich freudig angenommen haben.

Schlaufuchs

Ermutigt durch die Erzählung der Elfe Traulich, begann ein Waldwesen, das schon zu den gereiften Naturwesen gehörte, zu erzählen.

Es sprach: „Liebe Elfe, du hast mich ermutigt, auch etwas zur Freude beizutragen. Am Morgen ging ich durch den Wald, um nach dem Rechten zu sehen. Ich ging unser Reservat ab und schaute in den Wohnungen der Rehe, Hasen, Füchse und Eichhörnchen nach, ob alles in Ordnung ist.

Im Bau zwei bei Familie ‚Schlaufuchs' herrschte eine sehr gedrückte Stimmung. Vater Fuchs, der seine hungrigen Füchslein zu ernähren hat, war von seinem Streifzug durch Wald und Feld nicht nach Hause gekommen. Wo konnte er geblieben sein?

Frau Schlaufuchs sagte: ‚Er ist weiter weggegangen. Als er unterwegs war, nahm ich von ihm das Signal auf, daß er in das nächstliegende Dorf wollte, um den Fuchskindern etwas Besonderes zu holen. Das war sein letztes Lebenszeichen.'

Ich kenne meine Aufgabe, denn ich bin im Reservat, um zu helfen. Ich fragte mich: ‚Was jedoch ist zu tun, wenn das Dorf außerhalb meines Reservats liegt?'

Ich versprach zu helfen. Nun ging ich bis an die Grenze unseres Reservats. Von dort aus sah ich in der Morgendämmerung das Dorf liegen."

Liebe Menschenkinder, ihr müßt wissen, daß es auch Naturwesen gibt, die für das Leben der Tiere, Pflanzen und Steine in Dörfern, Gemeinden und sogar Städten verantwortlich sind. Es sind die Naturwesen, die mit am weitesten entwickelt sind, von denen viele schon die Vorstufe zur Kindschaft Gottes erreicht haben.

Das Waldwesen berichtete weiter:

„Ich sandte nun Empfindungen und Energien zu dem Dorf. Ich rief den Ältesten der Naturwesen, der für die geistige Betreuung des Dorfes und der Umgebung zuständig ist.

Er selbst meldete sich nicht, sondern seine Frau, Elfe ‚Nimm-mich-an'. Sie versprach zu tun, was in ihren Kräften steht, um Herrn Schlaufuchs zu finden.

Ich sandte von der Grenze unseres Reservats kurz meinen Sehsinn aus und erspähte mehrere Naturwesen, die hurtig Herrn Schlaufuchs suchten.

Bald darauf meldete sich Herr Nimm-mich-an, der Älteste der Naturgeister im Dorf, und signalisierte über seine Empfindung, daß Herr Schlaufuchs gefunden sei.

Herr Schlaufuchs gab jämmerliche Heulrufe aus einer dicht verschlossenen Scheune. Er hatte sich darin verstecken wollen, bis es Zeit für ihn wäre, um auf Beute zu gehen. Der Besitzer der Scheune schloß jedoch das Tor, und Herr Schlaufuchs war gefangen.

Die Naturwesen befreiten ihn auf folgende Weise:

Unsichtbar, wie sie nun mal für die Menschen sind, gingen sie in das Wohnhaus zu dem Besitzer der Scheune. Er reckte sich gerade in seinem Bett, um dann aufzustehen.

Der Älteste der Naturgeister sandte Impulse in die Sinneswelt des Besitzers: Er möge doch das Scheunentor öffnen, denn Sonne und Luft würden dem feuchten Mauerwerk guttun. Am besten möge er beide Scheunentore öffnen, damit viel Luft und Sonne die Wände trockne.

Der Besitzer der Scheune nahm diese Impulse auf. Er dachte: ‚Nun werde ich als erstes die Scheunentore öffnen. Außerdem muß ich dann den dort stehenden Traktor zur Werkstatt fahren.'

Er stand auf, wusch sich und kleidete sich an.

Bevor er frühstückte, ging er zur Scheune, öffnete beide Tore, fuhr den Traktor ins Freie und ging ins Haus zurück. Wie ein Blitz stob Herr Schlaufuchs heraus, an den Naturgeistern des Dorfes vorbei – und ohne sie zu beachten und ihnen zu danken, rannte er geradewegs auf das Reservat zu, in dem er und seine Familie zu Hause sind.

Ich stellte mich in den Weg, um den erregten Herrn Schlaufuchs aufzuhalten. Er hielt keuchend inne. Sein Atem ging schnell, und sein Herz raste vor Angst.

Ich sagte: ‚Nun, Herr Schlaufuchs, du wirst doch deinem Namen keine Schande machen und dich am blühenden Leben vergreifen! Für dich gibt es in der Natur das Aas. Außerdem besinne dich auf deine geistige Herkunft, und wandle deine Sinnesbegierden. Möge dir diese Lektion des Schicksals zeigen, daß die Natur uns alle ernährt, auch deine Familie. Nimm dankbar von der Natur, was sie dir heute schenkt, und ernähre deine Kinder redlich.

Ich gehe jetzt zu deiner Familie und berichte, daß du nach Hause kommst, und du suchst nun für deine Familie, was die Natur für dich vorgesehen hat.'

Herr Schlaufuchs ließ seinen buschigen Schweif hängen und schlich davon.

Über meine Empfindungskräfte dankte ich den Naturwesen des Dorfes, insbesondere Herrn Nimm-mich-an, der die Such- und Bergungsaktion in die Wege geleitet hatte."

Der Älteste der Großfamilie, Herr Wurzelmann, sprach: „Du solltest auch die Naturgeschwister, die Naturwesen des Dorfes, zum gemeinsamen Gebetstanz bei Sonnenuntergang einladen."

So geschah es auch.

Rehkitz

Angeregt von den Erzählungen der Waldwesen und voll Freude, daß auch sie Helfer der Natur sind, erhob das Elfchen Gehmit-mir sein feines Stimmchen und sprach:

„Auch ich habe heute etwas Schönes erlebt, als ich Hand in Hand mit Nachbars Geschwistersohn ‚Hannilieb' durch den Wald ging. Auch wir gingen am Morgen durch das Reservat, um einige Tierfamilien zu besuchen. Während wir ruhig und aufmerksam dahingingen, sandten wir unsere feinen Sinne aus, um zu empfinden, wo Hilfe gebraucht wird. Da hörten wir aus der Ferne Wehklagen.

Wir gingen unseren Sinnen nach und vernahmen die Klagelaute aus einem dichten Gestrüpp. Da lag das Rehkitz ‚Mutterlieb' und jammerte vor Schmerzen. Wir sagten zu ihm: ‚Liebes Rehkitz Mutterlieb, wir bringen dir den Sonnengruß. Was ist denn geschehen?' Aus den Empfindungen des Rehkitzes entnahmen wir, daß es am frühen Morgen beim Äsen war. Plötzlich hörte es Schüsse.

Noch ungelenk, wie es ist, wollte es über Steine und Unebenheiten zurück zur Mutter flüchten. Doch das Rehkitz stieß den Fuß an einem Felsbrocken, so daß er jetzt sehr schmerzte.

Hannilieb sah das Bein genauer an und stellte fest, daß es angebrochen war. ‚Was tun wir nun?' sagte Hannilieb. ‚Ein solch angebrochenes Bein müßte bandagiert werden, wenn nicht sogar geschient. Wir können wohl aus den Sonnenstrahlen die Linderungs- und Heilkräfte verstärken und auf Mutterlieb lenken; doch um gebrochene Knochen zu heilen, bedarf es der Hilfe eines Menschen.'

‚Was tun?' sprach ich zu Hannilieb.

Hannilieb überlegte und meinte: ‚Ich habe die Lösung empfangen.

Ein Waldaufseher streift oft durch dieses Revier. Wir wissen, daß er sehr tierlieb ist und schon vielen Tieren geholfen hat. Er hat immer einen Schlauch bei sich.'

Damit meinte Hannilieb eine feste Binde. Diese hat er schon des öfteren Tieren, besonders Rehen, angelegt, um ein Bein zu bandagieren.

,So früh am Morgen ist er noch nicht unterwegs. Deshalb wollen wir die ersten Sonnenstrahlen in unsere Hände aufnehmen. Mit unseren Empfindungen der Liebe an den Schöpfergeist verstärken wir die Strahlen der Sonne in unseren Händen und übertragen sie Mutterlieb, um die Schmerzen zu lindern.'"

So geschah es auch:

Elfchen Geh-mit-mir und Wichtel Hannilieb hielten die Hände auf, um die ersten Sonnenstrahlen aufzunehmen.

Sie beteten zum Schöpfergott um Kraft und Hilfe für Rehkitz Mutterlieb und lenkten die heilenden Strahlen in den Leib des Rehkitzes.

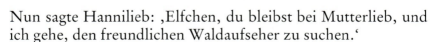

„Bald darauf", so erzählte Elfchen Geh-mit-mir, „leuchteten wieder die großen Augen des Rehkitzes. Der größte Schmerz war vorbei.

Nun sagte Hannilieb: ,Elfchen, du bleibst bei Mutterlieb, und ich gehe, den freundlichen Waldaufseher zu suchen.'

Hannilieb rief einen Feuergeist zu Hilfe und sprach:

,Gemeinsam werden wir den Waldaufseher zu Mutterlieb lenken.' Hannilieb streichelte das Rehkitz und strich auch mir, dem Elfchen Geh-mit-mir, liebevoll über das Haar und sagte: ,Du kannst dich auf mich verlassen, liebes Elfchen.' Mein Herz quoll über, und ich sagte: ‚Ich weiß, Hannilieb, du wirst Hilfe bringen.'

Hannilieb ging aus dem Gestrüpp heraus.

In seinem Herzen strahlte der Sonnenglanz des jungen Morgens. Er mußte nicht überlegen, wohin er jetzt gehen und suchen sollte.

Du mußt wissen, liebes Menschenkind, wenn das Herz mit Liebe erfüllt ist, dann werden Wesen und Menschen von der Kraft der Liebe geführt, und sie erleben viel Schönes und Gutes."

Hannilieb hörte in seinem Herzen den Feuergeist: „Hannilieb, ich habe deinen Hilferuf vernommen. Vor dir blitzt ein Strahl der Sonne in einer Blume auf. Sie leuchtet in deinem Herzen."

Hannilieb sah die Blume vor sich stehen, und zugleich spürte er in seinem Herzen, daß ihm die Blume den Weg wies, auf dem er den Waldhüter treffen würde. Als Hannilieb die Blume betrachtete, nickte sie mit ihrem Köpfchen. Nun wußte Hannilieb die Richtung, in die er zu gehen hatte.

Auch ein Luftgeist war ihm zu Hilfe gekommen und hatte die Blume angeblasen, so daß ihr Köpfchen die Richtung wies, in die Hannilieb gehen mußte.

Auf seinem Weg begegnete er immer wieder der gleichen Blumenart. Immer wieder nickte eine Blume mit ihrem Köpfchen und wies ihn weiter.

Es war natürlich der Luftgeist, der Hannilieb über die Blumenkinder den Weg zum Waldhüter zeigte.

Plötzlich hielt Hannilieb inne.

Er hörte schwere Schritte; der Waldboden vibrierte. Das war der Waldhüter!

Nun galt es, den guten Mann, der sinnend dahinging, zu dem Gestrüpp zu lenken, in welchem Rehkitz Mutterlieb lag.

Solange der Waldhüter den richtigen Weg zum Gestrüpp ging, war es gut.

Wichtel Hannilieb ging neben ihm her, sehr klein im Verhältnis zu dem großen Menschen. Doch Hanniliebs Herz war voll Liebe, und sein Wesen hatte die innere Größe, die Selbstlosigkeit zu helfen, wo Hilfe not tut.

Der Waldhüter hielt an und schlug eine andere Richtung ein.

Hannilieb lenkte seinen Herzenssinn zu den Sinnen des Waldhüters, doch dieser reagierte nicht darauf.

Nun rief Hannilieb den Feuergeist.

„Schon zur Stelle", sagte dieser und ließ seitlich, zur linken Seite des Waldhüters, einen Sonnenstrahl ganz hell werden.

Der Waldhüter schaute verwundert nach links und ging weiter.

Hannilieb sandte wieder einen Hilfeimpuls, der ihn anregte, doch nachzusehen, ob alles in Ordnung sei. Gleichzeitig verstärkte der Feuergeist einen Sonnenstrahl, der auf einen Glassplitter traf, welcher aufblitzte und zu funkeln begann.

Der Waldhüter sagte zu sich: „Nanu, jetzt muß ich doch nachsehen, was dort liegt! Es könnte ja einen Waldbrand auslösen."

Er kehrte um und ging den Weg, der zum Gestrüpp führte. Er fand den Glassplitter, hob ihn auf, steckte ihn ein und ging weiter.

Während Hannilieb unterwegs war, um Hilfe zu holen, blieb Elfchen Geh-mit-mir bei Rehkitz Mutterlieb. Sie sandte auch Empfindungen des Friedens und der Ruhe zur Mutter des Rehkitzes.

Mutterlieb hatte immer wieder Schmerzen.

Wenn eine stärkere Schmerzwelle kam, dann stieß das kleine Rehkitz einen lauten Ruf aus. Das geschah gerade, als der Waldhüter am Gestrüpp vorbeigehen wollte.

Er hielt inne: „Was war das? Das war doch der Schrei eines Rehes", dachte er. „Es muß ganz in der Nähe sein. Dort bewegt sich etwas."

Mutterlieb vernahm den Waldhüter, wollte aufstehen und davoneilen; doch es brach zusammen, es konnte nicht stehen. Verängstigt, mit Herzklopfen blieb es liegen, als der Waldhüter durch das Gestrüpp kroch und langsam und behutsam näherkam.

Das gütige Herz des Waldhüters regte sich, als er das schöne Rehkitz liegen sah. Er sprach zu ihm Worte des Trostes und ging ganz vorsichtig auf das Rehkitz zu, das immer unruhiger wurde, jedoch nicht aufstehen konnte.

Der Waldhüter erkannte schnell die Situation, in der sich das Rehkitz befand. Er nahm den „Schlauch" aus seiner Tasche, von dem Hannilieb gesprochen hatte, die feste Binde, und suchte nach geeigneten kleinen Holzstöckchen, um dem Bein einen Halt zu geben. Er fand sie auch, denn Elfchen und Wichtel halfen, so gut sie konnten.

Der Waldhüter schiente das Beinchen und band den „Schlauch" fest darum. Dem Rehkitz gefiel dies nicht, doch Elfchen Gehmit-mir und Wichtel Hannilieb erklärten es ihm. Da hielt es still.

Als das Bein geschient und bandagiert war, hob der Waldhüter das Rehkitz Mutterlieb auf, doch es konnte noch nicht recht stehen. Es brach zusammen und lag wieder auf den Zweigen, die schon wie eine Schlafmulde gedrückt waren. Der Waldhüter prüfte, ob sein Verband gut und fest saß. Er streichelte über das Fell des Rehkitzes und murmelte vor sich hin: „Bleib hier liegen, es kann dir nichts geschehen. In dieser Gegend gibt es keine Füchse. Am Abend werde ich dich wieder besuchen. Bist du dann noch hier, dann nehme ich dich zu meiner Waldhütte." Er ging.

Elfchen erzählte weiter:

„Hannilieb und ich verstärkten immer wieder die Sonnenstrahlen und lenkten die Heilkräfte auf das angebrochene Bein. Gleichzeitig sandten wir Liebeempfindungen aus, die Hilfe signalisierten. So konnte über einen Luftgeist und einen Feuergeist die Mutter des Rehkitzes erreicht werden, die ihr Kind suchte. Der Luftgeist und der Feuergeist leiteten die Rehmutter zum Dickicht, wo sie ihr Rehkitz fand. Die Rehmutter tröstete ihr Rehkind und legte sich zu ihm. Sie leckte es mit der Zunge ab, strich mit ihrer Zunge über seinen Rücken, leckte liebevoll seine Ohren und schenkte ihm auf diese Weise Liebe und Geborgenheit.

Du mußt wissen, liebes Menschenkind, daß Empfindungen der selbstlosen Liebe die Sprache der Tiere, Pflanzen, Steine und Elementarwesen sind. Alle geistigen Lebensformen sind durch selbstlose Empfindungen der Liebe miteinander verbunden.

So pflegte die Rehmutter ihr Kind liebevoll einige Stunden, dann erhob sie sich und zeigte ihrem Rehkind, daß es aufstehen und mitgehen solle. Mutterlieb wollte sich erheben, doch es brach immer wieder zusammen. Die Rehmutter ging immer wieder liebevoll auf Mutterlieb zu und sandte ihm Empfindungen, die lauteten: ‚Stütze dich auf die drei Beine und balanciere mit dem vierten.'

Nach einigen Versuchen stand das Rehkitz und humpelte der fürsorglichen Mutter nach, die es in Sicherheit brachte, in das Lager der Rehfamilie Spring-ins-Feld, zu der Mutterlieb gehört. Es liegt verborgen in einem großen Dickicht unter einem Baum. Seine Äste hängen schützend über der Mulde, auf der viel Gras und Laub liegt.

Hannilieb und ich haben die Rehmutter und ihr Kind begleitet. Im Lager war noch ein Rehkind, das sich sehr freute, daß Mutterlieb nun wieder da war. Es machte ihm Platz und wärmte Mutterlieb mit seinem Körper. Die Freude im Rehlager war groß, weil Mutterlieb wieder gefunden war und Mutter nun bei ihren Kindern blieb und sie beschützte."

Liebes Menschenkind, ähnlich ist es auch bei euch Menschen:

Wer zu seinem Nächsten gut und liebevoll ist, wer selbstlos denkt und liebt, der empfängt viel Freude und Liebe. Du mußt wissen: Selbstlose Liebe, die in das Herz des Nächsten strömt, bewirkt eine mächtige Kraft, aus der wiederum Liebe strömt – die heilt, wo es der Heilung bedarf, die hilft, wo es der Hilfe bedarf, und diejenigen eint, die sich nach der Einheit sehnen.

Liebe Menschengeschwister, seht, auf solche Weise helfen die Elementargeister den Tieren und den Pflanzen, die ein Erdenkleid haben.

Die Naturgeister bemühen sich auch, den Menschen zu helfen, falls sie mit ihren Liebeempfindungen die Empfindungswelt des Menschen erreichen können.

Rotkehlchen

Wichtel Hannilieb und Elfchen Geh-mit-mir fuhren sodann fort: „Diese Aufgabe war erfüllt. Bald erkannten wir unsere nächste Aufgabe.

Dieser Morgen hatte schon den Tagesverlauf angezeigt. Er stand unter dem Zeichen ‚Hilfe durch Menschen'. Wir gingen nun durch den Wald, um die Elfenfamilie ‚Blumenfein' zu besuchen."

Du mußt wissen, liebes Menschenkind, daß es auch Naturwesen gibt, deren Aufgabe es ist, sich für die verschiedenen Blumenarten verantwortlich zu fühlen.

„Als wir durch den Wald gingen", berichtete das Elfchen, „um auf der Wiese die Familie Blumenfein zu besuchen, die schon tatkräftig bei ihrer Arbeit war, hörten wir sonderbare Laute.

‚Das muß ein Vogel sein', sagte Hannilieb.

Wir sandten unsere Empfindungen aus und registrierten in uns, daß in der Nähe der Waldlichtung ein Rotkehlchen saß, dessen Flügel schlaff herabhing.

Wir gingen auf die Waldlichtung zu und sahen das Rotkehlchen ‚Schwing-mit'. Es hüpfte auf dem Waldboden hin und her und sprang von einer Baumwurzel zur anderen.

Wir sahen, daß es nicht mehr fliegen konnte.

Was war geschehen?

Hannilieb sagte: ‚Die Schmerzen sind stärker als die Ursache. Doch das ist wieder eine Aufgabe für einen gütigen Menschen, einen Naturfreund; denn hier ist wieder eine rein materielle Hilfe nötig.'

Im Baum schrien die Jungen und wollten Futter. Was war zu tun?

Wir verständigten uns innerlich mit dem Rotkehlchen Schwing-mit und vernahmen, daß auch es wegen eines Schusses erschrocken war und dadurch mit seinem Schnabel seinen Knochen verletzte – und zugleich rasch wegfliegen wollte. Bei dieser Reaktion hatte es seinen Flügel verstaucht.

‚Heben kann ich ihn schon', sagte Rotkehlchen Schwing-mit, ‚doch ich habe große Schmerzen.'

‚Also war es wieder der Schuß', sagte Hannilieb, ‚von dem schon das Rehkitz Mutterlieb gesprochen hat. Ist in unserem Reservat wohl ein Wilddieb, der auf Beute aus ist? Wenn dies so ist, dann gibt es noch mehr Leid. – Doch jetzt wollen wir Schwing-mit helfen.'

Die Sonne stand schon hoch. Hannilieb und ich hielten unsere Hände auf, um wieder die Strahlen der Sonne zu verstärken und sie dem Vögelchen zu übertragen.

Rotkehlchen Schwing-mit jedoch war unruhig und konnte deshalb von der lindernden und heilenden Kraft der Sonne wenig aufnehmen – denn im Baum schrien jämmerlich die hungernden Kinder.

Euch, liebe Menschenkinder, sei gesagt:

Bemüht euch, trotz aller Schwierigkeiten immer die Ruhe zu bewahren. Dann kann euch auf mannigfache Weise Hilfe zuteil werden. Jede Unruhe schafft erneute Unruhe und verkrampft die Nerven. Unruhe vermehrt auch die Ängstlichkeit.

Unruhe und Angst können Aggressionen und in der weiteren Folge Neid und Haß hervorrufen.

Beim Rotkehlchen war es nicht so: Es hatte Sorgen um seine hungernden Kinder.

Hannilieb sagte zu mir: ‚Elfe Geh-mit-mir, bleibe du bei Schwing-mit. Ich gehe wieder auf die Suche nach einem Menschen, der hier helfen kann.'

Ich blieb beim Rotkehlchen.

Hannilieb verschwand; gleich darauf kamen Kinder. Sie gingen am Rand des Waldes spazieren und unterhielten sich.

‚Seid still', sagte eines der Kinder, ‚ich höre Gepiepse. Das ist sicher ein Vogel.'

Es war das Vögelchen Schwing-mit.

Die Kinder schlichen sich ganz vorsichtig an und entdeckten das klagende Rotkehlchen.

Eines der Kinder sprach:

Bleibt ruhig stehen. Ich fange das Rotkehlchen und nehme es mit nach Hause.' Das Kind ging behutsam auf das Rotkehlchen zu. Dieses jedoch erschrak und dachte vor Schreck nicht mehr an den Schmerz. Es hatte nur die eine Empfindung wegzufliegen.

Dabei machte es genau die Bewegungen, die sein mußten, um die Verstauchung aufzuheben.

Der Flügel renkte sich ein, und Schwing-mit flog mit Geschrei zu einem nahen Ast, auf dem es vor dem Zugriff des Kindes sicher war. Schwing-mit blieb auf dem Ast sitzen – natürlich mit großem Herzklopfen. Es spürte wohl noch einen dumpfen Schmerz, doch der Flügel war wieder schwingtüchtig.

Als die Kinder weiter weg waren, machte ich dem Rotkehlchen Mut, sich nun um seine Jungen zu kümmern. Das tat Schwing-mit dann auch."

Liebe Menschenkinder, auf eine solche Weise können Menschen bewußt und auch unbewußt helfen.

Du hast nun gehört, daß Tiere, Pflanzen und Steine empfinden. Das Natur- und Mineralreich nimmt sowohl die selbstlosen, liebevollen Empfindungen der Menschen auf als auch ihre unschönen Empfindungen, Gefühle und Gedanken.

Sind die Menschen liebevoll und gütig, dann strahlen ihnen die Natur- und Mineralreiche ihre harmonischen Kräfte zu.

Sind die Menschen jedoch zornig und brutal, indem sie aus Lust Tiere töten, Pflanzen und Blumen mutwillig abreißen und Bäume, die im Saft stehen, fällen oder Steine mit großen Maschinen brechen oder gewaltsam Erdmassen verlagern, dann nehmen die Lebensformen ihre Kräfte zurück und verharren in sich, das heißt, sie strömen dem negativen Menschen keine Lebenskraft zu.

„Als Hannilieb ohne Erfolg zurückkam, war Vögelchen Schwing-mit schon auf Futtersuche. Er hatte aber meine Empfindungswellen empfangen und wußte, daß es dem Rotkehlchen Schwing-mit soweit wieder gut ging.

Hannilieb und ich gingen auf die Wiese und setzten uns mitten in die Blumen.

Wir ließen uns vom sanft wehenden Gras befächeln und nahmen den Duft der Blumen auf.

Wir sprachen über unsere Erlebnisse und daß sich im Reservat noch einiges Unschönes ereignet haben mußte, denn die Schüsse hatten gewiß noch viele Tiere gehört.

Die Familie Blumenfein sah uns in der Wiese sitzen und kam auf uns zu. Wir berichteten über unsere Erlebnisse und freuten uns, daß wir, soweit es uns möglich war, hatten helfen können.

Die Familie Blumenfein erzählte, daß am frühen Morgen ein Mensch hastig und verärgert über die Wiesen auf das Dorf zugelaufen sei. In der Hand habe er eine Flinte getragen, hatte jedoch keine Beute. Darüber waren wir alle sehr froh und dankten dem Schöpfergott.

Wir teilten nun über Empfindungswellen allen Helfern im Reservat, den Elfen und Wichteln, unsere Erfahrungen mit, und daß der Mensch, der vielleicht ein Wilderer war, ohne Beute ins Dorf zurückgelaufen sei. Die Elfen und Wichtel des Reservats bestätigten, daß sie uns vernommen hatten.

Gemeinsam sandten sodann alle Naturwesen über das Reservat Empfindungen des Friedens aus.

Die Luftgeister verstärkten diese Empfindungswellen. So konnten alle Tiere und Lebensformen der Natur weiterhin ihre Empfindungen der Harmonie ausströmen lassen."

So verläuft ein Tag der Naturwesen, wie immer unter dem Zeichen des Helfens und Dienens.

Wenn jedoch der Abend kommt und sich der Erdteil allmählich von der Sonne abwendet, wenn die letzten Sonnenstrahlen mild und flach über die Wiesen fallen, dann beginnen Elfen und Wichtel nach einem arbeitsreichen Tag ihr Sonnengebet.

Es ist ein Sonnentanz, zu dem auch Gäste eingeladen werden. Gemeinsam beten alle den Schöpfergeist an; Er ist in ihnen der Geist der Evolution. Er verfeinert ihre Struktur und Form und auch ihre Empfindungen mehr und mehr – bis sie die Kindschaft Gottes erlangt haben und Ebenbilder des himmlischen Vaters geworden sind.

Der Sonnentanz – ein Gebetstanz der Naturgeister

Der Sonnentanz ist das Sonnengebet der Naturgeister, also ein Gebetstanz.

Wenn die Strahlen der Abendsonne mild und golden über die großen Blumenwiesen in die Täler fallen, finden sich die Naturwesen, die Wichtel und Elfen des Waldes, der Felder und Wiesen, der Städte, Dörfer und Gemeinden, zu dem Sonnentanz zusammen.

Sie legen die Hände ineinander, das heißt, sie schieben die linke Hand unter die rechte, so daß beide Hände eine Schale bilden. In dieser Schale nehmen sie das Licht der Sonne auf. Sie legen ihre Liebe hinein und strahlen dieses Liebelicht dem Allgeist zu.

Das strahlende kosmische Licht in ihren Händen besagt, daß Gott Licht, Kraft, Harmonie und Friede ist. Gott ist Energie, strahlende Unendlichkeit; Er wirkt in allem Sein.

Die Naturwesen bilden zwei Kreise, einen äußeren und einen inneren Kreis.

Der äußere Kreis wird von den Wichteln gebildet, der innere von den Elfen.

Auch die Elementargeister sind dabei, und jeder trägt ein Licht. Nun beginnt der Sonnentanz. Die Luftgeister musizieren dazu. Sie ziehen ihre Energien über die feinen Grashalme, die von der Sonne beschienen werden. Die feinen großen und kleinen Halme sind die Saiten der Naturgeige und werden entsprechend ihrer Beschaffenheit vom Feuergeist gespannt.

Das geht so vor sich:

Die Halme, die der Luftgeist zum Musizieren benötigt, strahlt der Feuergeist an, wodurch den Halmen vermehrt Energie zufließt. Der Luftgeist zieht dann über die großen und kleinen Halme hinweg und spielt herrliche Weisen für die Naturgeister. Auf diese Weise entsteht die Musik für den Sonnentanz. Menschliche Ohren können diese Melodien nur andeutungsweise vernehmen.

Wer das innere Gehör, das Seelenohr, welches die kosmisch feinen Klänge wahrnehmen kann, geschult hat, der vernimmt in sich die harmonischen Weisen, die der Luftgeist zum Sonnentanz spielt, der ein Dankgebet an den Allgeist ist. Diese Melodien gleichen der himmlischen Sphärenmusik. Die Naturwesen tanzen und freuen sich an den himmlischen Melodien.

Auch die eingeladenen Gäste, wie z.B. die Sumpffliegen, stimmen – soweit es ihnen möglich ist – mit in den Sonnentanz ein. Sie summen zu den Weisen und tanzen über den Häuptern der Naturwesen. Jede Elfe und jeder Wichtel hält ein Sonnenlicht in den Händen. Wenn sich der äußere Kreis nach links dreht, dann dreht sich der innere nach rechts. Sodann wird gewechselt: Der äußere Kreis dreht sich nach rechts und der innere Kreis nach links.

Nach diesem schwingenden Tanz gehen die Naturwesen aufeinander zu: Der äußere Kreis, die Wichtel, bewegen sich zum inneren Kreis hin, zu den Elfen. Sie tauschen ihre Lichter aus. Das ist ein Symbol und bedeutet: Im Wichtel ist dieselbe Kraft enthalten wie in der Elfe und in der Elfe dieselbe Kraft wie im Wichtel. Danach setzen sie die ausgetauschten Lichter auf ihre

Häupter, jeder Wichtel faßt mit seiner rechten Hand die rechte Hand einer Elfe, und alle tanzen gemeinsam. Darauf fassen sie sich an beiden Händen, heben die Hände hoch, so daß sich beide wie durch ein Fenster ansehen können. Das bedeutet: Ich sehe dich, wie du bist, und du siehst mich, wie ich bin.

Nun wechseln sie den Tanzpartner, und mit dem nächsten Tanzpartner erfolgt derselbe Symboltanz: Ich sehe dich, und du siehst mich, in einem Licht, dem Licht der Liebe.

Nach dem Symboltanz nehmen sie die Lichter wieder von ihren Häuptern und schauen sich durch das Licht an. Das heißt: Ich sehe dich im Lichte Gottes.

Anschließend übergeben sie ihre Lichter den letzten Sonnenstrahlen mit der Bitte, daß ihre Lichter alle Menschen mild stimmen mögen und die Menschen das innere Licht finden und die selbstlos dienende Liebe leben mögen.

Zuletzt bilden die Naturwesen einen großen Kreis: Zwischen zwei Wichteln ist jeweils eine Elfe. Gemeinsam schwingen und tanzen sie in einem Kreis, einmal rechts, dann links herum.

Sie singen viele Lieder zu den jeweiligen Melodien, die die Luftgeister spielen. Eines ihrer vielen Lieder lautet:

> Tanz, sing, schwing und summ mit uns.
> Aus dem Wiesengrund steigt der Geist empor.
> Er verbindet sich mit uns zu einem Chor.

Elfen, Wichtel, Feuer-, Luft- und Wassergeist
sind vereint in der ewigen Einheit.
Wir singen dem Einen das Lied,
der die Liebe selber ist.

Nachtigall, Rotkehlchen und Spatz
singen Gute Nacht.
Alle Tiere der Felder und Wälder
sind im Chor vereint.
Gottes Liebe preist jeder manifestierte reine Geist.

Alle Welten sind in dir und sind ebenso in mir.
Hast du dich erkannt, dann erkennst du Mich.
Ich liebe dich, und du liebst Mich.
Schau nicht da- und dorthin.
Schau in dich.
Dort findest du deinen Bruder, deine Schwester,
du findest auch mich,
das Elfchen, den Wichtel,
das Tierlein, die Pflanze fein.
Alle empfinden sich, und alle sind eins.
Wir danken dem großen Schöpfergott.
Wir kennen keine Not.
Alles, alles ist in uns.
Es ist Gott, der tiefe Urgrund.

Großer Geist,
der Tag vergeht;
das geistige Wachsen und Reifen in uns weitergeht.
Jeder Tag ist Licht.
Es vermehrt sich im Elfchen, im Wichtel,
im Menschen, im Tier, in allem Sein.
Großer Gott, wir danken Dir.
Du bist das Licht, und wir sind in Deinem Lichte.
Wir reifen heran,
und Du wirst in uns weiter erstehen,
bis wir in die Kindschaft Gottes eingehen.
Dann sind wir Ebenbilder Deiner Schaffungskraft.

O Allgeist,
das ist dann die Vater-Mutter-Kindschaft.
Großer Geist,
in Dir sehen wir das Licht im Tag und in der Nacht.

Wir gehen zur Ruh,
die irdische Nacht bedeckt den Tag.
Und doch zeigt die Nacht den neuen Morgen an,
zu dienen und zu helfen, dort, wo es sein kann.
Der Tag erwacht.
Wir loben Dich, o ewiges Licht.
Du schenkst Dich mir,
Du schenkst Dich jedem Sein.
Das Leben ist die Ewigkeit.

Alle anwesenden Schöpfungskräfte, die Elfen, die Wichtel, die Blumenkinder, die Tiere im Wasser, auf und in der Erde und in der Luft, die Feuer- und Luftgeister, alle verneigen sich vor der ewigen Kraft, dem Allgeist in jedem Geschöpf, in allem Sein. Gleichzeitig senden sie Empfindungen des Friedens aus.

Der Friede strömt über Wiesen, Felder und Wälder, über Dörfer, Gemeinden und Städte.

Wer als Mensch den inneren Frieden sucht, der wird ihn in der Abendstimmung finden – wenn er die Stille der hereinbrechenden Nacht in sich aufnimmt und nachempfindet. Auch die Nacht hat ihr Lied. Wer es hört, der hat in die Stille gefunden. Das Lied der Stille ist wie ein Gebet:

Frieden, Frieden allen Menschen.
Frieden, Frieden allen Seelen.
Frieden, Frieden in der Unendlichkeit.
Breite die Arme aus,
und der Friede kommt in dein und in mein Haus.
Ich halte Frieden mit dir,
dann bleibt der Friede auch in mir.
Friede auch im Schlaf.
Gute Nacht.

Der Älteste der großen Familiengemeinschaften läutet nun an einer Glockenblume, die in der Nähe ihrer Wohnungen steht. Während er läutet, lobt er die Geschwisterkinder, die Elfen und Wichtel, und spricht:

„Die Ruhe der Nacht birgt in sich schon den neuen Tag.

Nun wollen wir ruhen, um den neuen Tag in Stille und Frieden zu empfangen.

Gute Ruhe", sagt der Älteste, und jedes der Familienglieder sucht seine Wurzel auf, die ihm als Ruhebank dient.

Die Naturwesen bleiben jedoch sinnesbewußt. Das heißt, sie schlafen nicht, sondern ruhen.

Ihre Sinne bleiben jedoch wach und wachsam, damit sie rechtzeitig im Reservat Gefahren oder andere Geschehnisse bemerken, um dann entsprechend wirken und helfen zu können.

Liebes Menschenkind, sicher hast du dir bei diesen wahren Erzählungen deine Gedanken gemacht!

Was hat dich besonders angesprochen? Und worüber hast du nachgedacht?

Besprich es mit deinen Eltern oder mit dem lieben Menschen, der dir dieses geistige Geschehen vermittelt hat.

Hast du es selbst gelesen, dann kannst du deinen Eltern und deinen Geschwistern davon berichten und mit ihnen darüber sprechen. Gut wäre, wenn du, deine Mutter oder dein Vater deine aus all dem gewonnenen Erkenntnisse in deinem Lebensbuch festhalten würden. Dein Lebensbuch könnte z.B. so benannt werden: „Erfahrungen meines Kindes" oder „Meine Lebenserfahrungen".

Liebes Kind, wenn es für dich nun auch Zeit zum Schlafen ist, so wünsche ich dir und deiner Seele den Frieden und die Stille Gottes – und eine gute Reise für deine Seele, deinen geistigen Körper. Denn deine Seele geht dorthin, wo sie entsprechend ihrer Licht- und Schattenseiten hinzugehen vermag, wenn dein irdischer Körper gut und tief schläft. Eine lichte, also helle Seele geht in lichte und schöne Welten, die weit, weit hinter den vielen Milchstraßen sind.

Eine dunkle Seele hält sich entweder auf der Erde auf oder geht – ihrem lichtarmen Zustand entsprechend – in die Welten, in denen lichtarme Seelen leben.

Lieber Bruder, liebe Schwester, lasse deshalb deine Seele licht werden. Du hast viele Möglichkeiten, licht- und kraftvoll zu werden und zu bleiben. Auch in diesem Buch kannst du lesen, wie du licht wirst und wie du licht- und kraftvoll bleibst.

Ich wünsche deiner Seele eine lichte Reise und deinem Körper einen gesunden und tiefen Schlaf.

Wie du schon weißt, bleibt deine Seele mit deinem irdischen Körper durch ein Energieband verbunden, das auch Informationsband genannt wird.

Was die Seele erlebt, fließt über das Informationsband zu deinen Gehirnzellen.

Deshalb ist es möglich, daß du im Traum so manches Wahre erlebst, jedoch nur dann, wenn dein Unter- und Oberbewußtsein nicht mit allzu menschlichen Dingen gefüllt ist und deine Seele für das Licht Gottes durchlässig geworden ist.

Über das Informationsband teilt sich auch umgekehrt dein irdischer Körper der Seele mit. Deine vielen Nerven übermitteln über das Informationsband deiner unterwegs befindlichen Seele, wenn du, der Mensch, in einen leichten Schlaf kommst oder wenn du erwachst. Rascher, als du denken kannst, ist die Seele zurück und befindet sich wieder in oder um deinen Körper.

Dein Schutzgeist ist der Bewacher dieser Vorgänge und kontrolliert die reisende Seele und deinen irdischen Körper. Wenn du z.B. durch Geräusche erschrickst und erwachst oder wenn Gefahr droht, ruft er deine Seele rechtzeitig zurück. Der Schutzgeist sieht und erkennt nämlich die Gefahr schon im voraus und hilft.

Du erkennst auch daran, daß die ganze Schöpfung auf selbstloses Dienen aufbaut; auf der wahren Liebe, der Gottesliebe.

Zu dieser Liebe solltest du wieder fähig werden.

Auf deinem Weg zur selbstlosen Liebe darf ich dich mit meinen Darlegungen aus dem göttlichen Reich begleiten und dir zeigen, wie du empfinden, denken und leben sollst, damit du wieder göttlich wirst.

Gute Nacht, lieber Bruder, liebe Schwester.

Liebe Eltern, die Zeit ist weitergeschritten. Inzwischen hat euer Kind gewiß schon viele Erfahrungen gemacht, schöne und unschöne.

Von Herzen wünsche ich, Liobani, daß ich euch, liebe Eltern, in manchen Fällen mit meinem Rat zur Seite stehen konnte. Mit diesen Worten möchte ich mich nicht verabschieden, sondern den Lebensabschnitt für das Kind zwischen sechs und neun Jahren beenden.

Für den heranwachsenden Jugendlichen von neun bis zwölf Jahren

Für die Eltern

Liebe Eltern, euer Kind ist nach den ewigen kosmischen Gesetzen unser Bruder oder unsere Schwester, weil das innewohnende Geistwesen, die Seele, ein Kind Gottes ist, wie ihr selbst. Es kommt nun in das Pubertätsalter.

Die Puppe, der Teddy und die Katze oder andere Lieblingstiere werden nun unwichtig. Sie stehen oder sitzen auf dem Schrank oder in einem Regal und dürfen nur noch ab und zu im Bett des heranwachsenden Jugendlichen schlafen.

Bilanz im Lebensbuch

Liebe Eltern, jetzt wäre es Zeit, im Lebensbuch des Kindes Bilanz zu ziehen.

Geht gründlich und aufmerksam das Lebensbuch eures Kindes durch: Welche Bereiche seines Lebens sind gut verlaufen und welche weniger gut?

Betrachtet auch aufmerksam die Zeichnungen und Bilder des Kindes und auch seine Schriftzüge.

Außerdem solltet ihr in einer ruhigen Stunde, am besten gegen Abend, wenn es draußen ruhiger geworden ist und auch ihr weitgehend in Harmonie seid, das Lebensbuch mit eurem Kind besprechen. Die Erfahrungen, die sich daraus ergeben, können Wegweiser für den weiteren Lebensweg sein.

Liebe Eltern, achtet beim gemeinsamen Durcharbeiten des Lebensbuches auf die Reaktionen eures Kindes.

Wenn ihr an kritische, das heißt vom Kind noch unverarbeitete Bereiche stoßt, die durch das Vorlesen in Bewegung kommen, so wird das Kind unruhig. Vielleicht möchte es etwas sagen und schweigt dann doch.

Solche Reaktionen deuten auf Ängste, Minderwertigkeitskomplexe, auf Versagen oder andere Nöte hin. Geht dann verständnisvoll auf euer Kind ein und fragt es behutsam, was es wohl sagen wollte. Wesentliche Kommentare und das, was es auf euer verständnisvolles Fragen antwortet, notiert auf eine neue Seite des Lebensbuches: „Erfahrungen mit meinem Kind" oder „mit meinem Sohn" bzw. „meiner Tochter".

Liebe Eltern, wenn ihr euch immer wieder gemeinsam mit eurem heranwachsenden Kind das Lebensbuch vornehmt und darüber sprecht, so könnt ihr erkennen, was im heranwachsenden Jugendlichen vorgeht. Ihr erahnt die tiefen Schichten seines Unterbewußtseins und versteht, was euch seine Freuden oder Schwierigkeiten und Probleme sagen wollen.

Es sind aufschlußreiche Minuten, in denen ihr das Lebensbuch analysiert; dem heranwachsenden Jugendlichen wird dabei vieles bewußt – insbesondere das, was er noch nicht bewältigt hat, woran er immer noch denkt, was ihn also beschäftigt. Die Aufzeichnungen und gemeinsamen Gespräche rufen in ihm ab, was sich im Unterbewußtsein angesammelt hat. Freud und Leid, Bewältigtes und Unbewältigtes kommen zum Vorschein.

Den Übergang von den Kinderjahren des sechsten bis neunten Lebensjahres zum jugendlichen Alter vom neunten bis zum zwölften Lebensjahr solltet ihr sehr einfühlsam begleiten. Liebe Eltern, es ist eure „Liebepflicht", eurem Kind oder euren Kindern in dieser Lebensphase mit Verständnis, Toleranz und Wohlwollen zur Seite zu sein.

Der neue Lebensabschnitt eures Kindes sollte auch im Lebensbuch sichtbar werden. Notiert auf neuen Seiten des Erkenntnisbuches, was vom Kind überwunden wurde und was noch zur Bereinigung und gemeinsamen Überwindung ansteht.

Notiert die Freuden und auch das schon zurückliegende Weh und Leid eures Kindes, das es eventuell im Gespräch immer wieder anklingen läßt. Alle Aufzeichnungen zusammen ermöglichen einen tiefen Einblick in die Anlagen und Eignungen eures Kindes.

Wenn es noch etwas zu bereinigen und aufzuarbeiten gilt – zum Beispiel Fehlverhalten, die jahrelang zurückliegen können, oder Ängste, die durch das Fehlverhalten der Eltern und Pädagogen verursacht wurden –, so sollte das in diesem Lebensabschnitt, soweit es möglich ist, bereinigt werden.

Sofern das neunjährige Kind noch Interesse an seinen Lieblingstieren oder an der Puppe zeigt, könnt ihr, liebe Eltern, diese Möglichkeit nützen, um eventuell über die Puppe, den Teddy oder die Katze noch einiges zu erfahren, was, im Unterbewußtsein verborgen, im Kind noch aktiv ist.

Wenn ihr dabei wie früher die Frage an euer Kind stellt, was wohl Teddy, Katze, Puppe oder ein anderer Liebling zu berichten haben, und ob sie meinen, daß in der nächsten Zeit noch etwas zu bereinigen sei, so wartet, ob nicht doch eine Antwort des neunjährigen Kindes kommt.

Eignung für den späteren Beruf

Liebe Eltern, wenn ihr Fragen an euer neun- bis zwölfjähriges Kind stellt, dann seid bitte behutsam. Es dürfen keine drängenden und bestimmenden Fragen sein, sondern einfache und klare Fragen, bei denen das Kind spürt, daß es selbst entscheiden kann, welche Antworten es geben möchte. Sofern das Kind noch eine Beziehung zu den Lieblingen, dem Teddy, der Puppe oder der Katze hat, könnte eine Frage z. B. so formuliert werden:

„Welchen Beruf würde dir wohl der Teddy oder die Puppe oder die Katze vorschlagen, denn du wirst doch sicherlich nach der Schulzeit einen Beruf ausüben wollen."

Unbewußt machen sich viele Kinder Gedanken darüber, was sie einst werden wollen. Das beginnt schon zwischen dem sechsten und neunten Lebensjahr. Diese ihnen bewußten oder unbewußten Empfindungen teilen sie ihren Lieblingstieren mit, ohne weiter darüber nachzudenken.

Das Kind erlebt den Vater, wenn er von der Berufsarbeit nach Hause kommt. Es geht an der Hand der Mutter in Geschäfte und sieht Verkäuferinnen, Hausfrauen, Handwerker. Es erlebt Lehrer, Ärzte, Angestellte und weitere Menschen im Beruf. Unbewußt nimmt das Kind diese und jene Tätigkeiten und Äußerungen auf. Unbewußt erzählt es den Lieblingen, welche Berufswünsche es hat.

Liebe Eltern, bedrängt das Kind nicht mit euren Fragen und erwartet sogleich eine Antwort.

Gerade zwischen dem neunten und zwölften Lebensjahr wächst im Menschen die Selbständigkeit. Der Jugendliche möchte selbst entscheiden und nicht zu einer Entscheidung gezwungen werden oder die Erwartungen der Eltern erfüllen müssen. Der junge Mensch hat Vorstellungen, die er gerne selbst verwirklichen möchte.

Hat euer Kind die Lieblinge schon weggelegt oder spricht und spielt nur noch selten mit ihnen, dann könnt ihr euer Kind auch direkt fragen, welchen Beruf es einmal erlernen möchte.

Besonders in Anbetracht eines Schulwechsels sollten die Eltern die Neigungen, Eignungen und Fähigkeiten ihres Kindes kennen.

Liebe Eltern, bitte notiert die Antworten eures Kindes oder eurer Kinder in das Lebensbuch. Es wäre sicher gut und aufschlußreich, auch mit den Lehrern über die Berufswahl eures Kindes zu sprechen, über die Eindrücke, die sie von ihrem Schüler haben und welche Fähigkeiten und Eignungen sie im heranwachsenden Jugendlichen erkennen. Denn auch daraus ergibt sich ja unter Umständen der weitere Bildungsweg. Wenn euer Kind zur Weiterbildung seiner Fähigkeiten eine weiterführende Schule besucht, dann achtet darauf, daß dieser Schule handwerkliche Lehrstätten angeschlossen sind, in denen der Jugendliche eventuell seine weiteren Neigungen und Fähigkeiten entwickeln kann.

Die künftigen Schulen des Universellen Lebens sollen die Möglichkeit zum Erlernen mehrerer Berufe in den Lehrplan aufnehmen. Es werden den Schulen also Lehrstätten angegliedert, in denen der Jugendliche seine praktischen Fähigkeiten und Talente verwirklichen kann; dies wird seine Berufswahl erleichtern.

In den ersten Schuljahren lernen die Kinder noch spielerisch. Dabei ergeben sich schon die ersten Hinweise auf ihre Anlagen, Fähigkeiten, Talente und Neigungen. Diese zeigen sich mitunter deutlicher, wenn sie kleinere handwerkliche Arbeiten ausführen können.

Werden Anlagen, Neigungen, Fähigkeiten und Talente rechtzeitig gefördert, dann ist sehr bald zu erkennen, wozu das Kind am meisten geeignet ist, und es kann die weiterführende Schule besuchen, die seinen Fähigkeiten entspricht und sie fördert.

Wie ich schon kurz erwähnt habe, sollten die Eltern den heranwachsenden Jugendlichen zwischen neun und zwölf Jahren nicht in seinem Drängen nach Freiheit behindern, sondern so mit ihm sprechen und leben, daß er spürt, die Eltern sind seine Freunde – und nicht Diktatoren, die ihren Willen von ihrem Kind erfüllt haben wollen.

Der heranwachsende Jugendliche

Liebe Eltern, zwischen dem neunten und zwölften Lebensjahr beginnt die kritische Phase.

Hier beginnt das Kind, sich von der Hand der Eltern zu lösen. Der heranwachsende Jugendliche strebt nach Selbständigkeit.

Er soll in weiteren Jahren sein Leben selbst in die Hand nehmen.

Liebe Eltern, euer Kind entwächst den Kinderschuhen und will nicht mehr so umsorgt und behütet werden wie im Kindesalter. Der werdende Jugendliche erkennt sich allmählich selbst. Seine eigenen Wünsche und Vorstellungen drängen ihn zur Verwirklichung.

Sowohl bei den Mädchen als auch bei den Jungen beginnen die Hormone stärker zu wirken und drängen zu einer aktiven Geschlechtlichkeit. Der Junge spürt die Manneskraft und das Mädchen die Entwicklung zur Frau.

Diese Umwandlung vom Kind zum Jugendlichen und Erwachsenen bewirkt, daß allmählich die in der Seele vorhandenen Wünsche, Sehnsüchte und Vorstellungen aktiver werden.

Auch die Belastungen der Seele reifen und strahlen – über die Gene und die Sinne des Menschen – in den Körper. Sie steuern das Denken, das Wollen und die Wünsche und regen zugleich den Menschen zur Selbsterkenntnis an.

Der junge Mensch möchte allmählich selbst Entscheidungen treffen. Er möchte oftmals nicht mehr gefragt werden, was er heute nachmittag wohl tun wird. Er will nicht mehr bevormundet werden. Er fühlt, daß er kein Kind mehr ist. Er meint, vieles besser zu wissen, und möchte seinen eigenen Gefühlen und Empfindungen Ausdruck verleihen.

In dieser Sturm- und Drangzeit möchte der werdende Jugendliche die Ansichten älterer Menschen nicht mehr gelten lassen. Er hat seine eigene Weltanschauung.

Wer sie ihm ausreden möchte, der verstärkt sie damit nur. Er denkt, daß die Weisungen und Ratschläge seiner Mitmenschen wohl für diese selbst gut sein können – jedoch nicht für ihn. In dieser kritischen Zeit wählt der heranwachsende Jugendliche andere Freunde und schaut auch genauer hin, wenn „die Welt" ihre Reize anbietet und darstellt. Das hormonelle Aufbrechen wirkt auf die Sinne des jungen Menschen ein und bestimmt besonders in dieser Phase sein Leben.

Liebe Eltern, auch wenn ihr euer Kind oder eure Kinder frei und selbstlos nach den Gesetzen der Liebe erzogen habt, so müssen trotz allem manche Eltern jetzt feststellen: Das alles hat wenig gefruchtet. Ihr Kind, der werdende Jugendliche, gerät vollkommen aus der Bahn. Er ist nicht mehr das liebevolle und verständnisvolle Kind, das im Alter zwischen sechs und neun so klug und weise war. Es ist ein kleiner Wilder geworden, der sich von den Älteren nichts mehr sagen läßt, sondern mehr auf Jugendliche hört, die eventuell einige Jahre älter – und nun sein Vorbild sind.

Der junge Mensch hat nun andere Idole und Ideale und eifert unter Umständen dem Star nach, der auf dem Bildschirm zu sehen ist oder dem er bei Jugendtreffen begegnet ist.

Was ist geschehen?

Im werdenden Jugendlichen bricht nicht allein die Jugend auf. Das Kind wird nicht nur zum Jugendlichen, sondern gleichzeitig erwachen in ihm die Anlagen zum Mann und zur Frau.

Der heranwachsende Jugendliche sieht nun nicht mehr Mädchen und Jungen – sondern zwei Geschlechter. Er stellt fest, daß Mann und Frau unterschiedliche Wesensmerkmale haben, welche die Älteren auch die Reize nennen. Er wird ein genauer Beobachter. Der junge Mensch wird von den Hormonen seines

Körpers weiter gesteuert und in den Lebensabschnitt geführt, wo er allmählich selbst erkennt, daß sein Leben nicht nur von den Eltern abhängt, sondern von seinem eigenen Denken und Tun. Wegen dieser Entwicklung zur Selbständigkeit ergeben sich Vorstellungen und Wünsche, die oftmals denen der erfahrenen Eltern, Großeltern und Verwandten entgegenstehen. Im jungen Menschen hat eine Auf- und Umbruchzeit eingesetzt.

Liebe Eltern, ihr könnt euer heranwachsendes Kind mit einem jungen Bäumchen vergleichen. Das frisch eingepflanzte Bäumchen muß noch an einen Pfahl gebunden werden, damit es sich im Erdreich fest verwurzeln kann.

Ähnliches gilt für jedes Kind. Das Bäumchen, das Kind, ist in den ersten Erdenjahren an den Stamm der Familie angebunden. Hat das Kind laufen gelernt und Erfahrungen gesammelt, dann drängt die innere Kraft zur Reife, dann möchte das Bäumchen, der junge Mensch, seine eigenen Früchte bringen. Bis aber die Frucht reif ist und vom Baum fällt – und daraus wieder ein weiterer Baum entstehen kann –, gibt es zuerst Stürme im Leben des Kindes. Das bedeutet: Der junge Mensch, das heranwachsende Bäumchen, befreit sich allmählich vom Stamm der Familie, um seine eigenen Früchte hervorzubringen. Oftmals sind jedoch die ersten Früchte Wildfrüchte. Der Baum ist noch nicht veredelt, und die Früchte sind meist noch nicht genießbar.

Vorbild statt Autorität

Liebe Eltern, seid nicht verzagt und traurig. Der Wildwuchs, die wilden Triebe, müssen abgeschnitten und das Bäumchen muß veredelt werden. Doch bis es soweit ist, muß der noch ungestüme Mensch seine wilden, ungenießbaren Früchte selbst versuchen – oder gar essen. Das bedeutet für viele „Selbsterkenntnis durch Selbsterfahrung".

Das Leben, in das der werdende Jugendliche hineinwächst, ist sein Leben. Es trägt alle Merkmale seiner Seele, die zum Vorschein kommen und ihn darauf aufmerksam machen, was er selbst ändern und bereinigen soll.

Er erfährt selbst seine positiven und negativen Seiten. Der Sinn jedes Lebens lautet: Erkenne dich selbst und werde wieder göttlich. Nur durch Selbsterkenntnis und Verwirklichung reift die Seele. Der Mensch veredelt sich, um in weiteren Jahren des inneren Wachstums gute und schöne Früchte zu zeitigen. Oft muß noch der Erwachsene, aber auch schon der Jugendliche bittere Erfahrungen machen, um zur Selbsterkenntnis zu gelangen.

Liebe Eltern, deshalb möchte ich euch raten, in diesen Jahren der Sturm- und Drangzeit nicht bestimmend, bevormundend und autoritär auf euer Kind einzuwirken.

Bleibt trotz der Stürme ruhig! Was ihr dem Kind in den ersten Jahren seines Erdenlebens an Gutem und Edlem mitgegeben habt, ist nicht verloren. Es bleibt in Seele und Mensch und hat schon unmerklich Wurzeln gefaßt. Die Frucht kommt dann zur Reife, wenn die Sturm- und Drangzeit zu Ende geht und der Erwachsene sein Leben selbst in die Hand nimmt, um es zu meistern.

Versucht nicht, dem jungen Menschen eure Vorstellungen aufzudrängen und ihn in eine Denkschablone hineinzupressen, weil ihr glaubt, eurem Kind das ersparen zu müssen, was ihr in eurem Leben durchlitten habt.

Glaubt nicht, das Kind müsse das werden, was ihr in euren jungen Jahren habt werden wollen oder was ihr in den jungen Jahren versäumt habt. Meint auch nicht, das Kind müsse ein solcher Held werden, wie Großvater es war – oder so geistreich wie die Großmutter. Hütet euch davor, das Kind so zu sehen und haben zu wollen, wie ihr euch selbst gerne gesehen hättet.

Drängt eurem Kind nicht eure Vorstellungen auf. Wenn ihr die finanziellen Mittel dazu habt, sagt z.B. nicht, der junge Mensch könnte dieses oder jenes Studium absolvieren, um Titel und Namen zu erlangen, z.B. doch Arzt werden – oder einen anderen angesehenen und einträglichen Beruf erlernen. Oder meint nicht, das Kind müsse die Berufswünsche verwirklichen, die der Vater oder die Mutter sich selbst nicht erfüllen konnten.

Mit all diesen Argumenten und Vorstellungen, die ihr dem werdenden Jugendlichen einreden möchtet, vertreibt ihr den jungen Menschen aus dem Elternhaus. Statt dessen solltet ihr ihm eine Heimat bieten, in die sich der junge Mensch immer wieder zurückziehen kann und in der er Geborgenheit findet, wenn er in innere Konflikte gerät.

Geht auf den werdenden Jugendlichen nicht mit den üblichen Erziehungsmethoden zu, dem Verbot oder dem Gebot. Das Gebot erwacht dann in ihm, wenn ihr selbst ein gutes Vorbild seid.

Nehmt den heranwachsenden Jugendlichen ernst. Seht in ihm nicht mehr das Kind, sondern einen werdenden selbständigen Menschen, der noch der Veredelung bedarf.

Zur Veredelung könnt ihr, liebe Eltern, dann am besten beitragen, wenn ihr euer Kind ernst nehmt. Sprecht mit ihm, wann immer es sich ergibt. Doch belehrt es nicht, weil ihr glaubt, eure Erfahrung sei auch für euer Kind gut und könne ihm viel ersparen. Sicher wäre es gut, wenn manche Erfahrungen, welche die Eltern gemacht haben, dem Jugendlichen nützen würden. Doch gerade in der Sturm- und Drangzeit muß in vielen Fällen der junge Mensch seine Erfahrungen selbst machen.

Das gute Vorbild der Eltern ist der beste Ratgeber, besser als gute Lehren, wenn sie auch noch so gut gemeint sind. Ein unaufdringlicher Rat geht eher in das Gemüt des Jugendlichen ein als mahnende, zurechtweisende und belehrende Worte.

Liebe Eltern, seid ein gutes Vorbild für euer Kind, denn es wird allmählich erwachsen und will nun auch von euch so gesehen und behandelt werden.

Seid bestrebt, den Jugendlichen an entscheidenden Familiengesprächen teilhaben zu lassen. Fragt ihn, wie er denkt, und bemüht euch, Kompromisse zu schließen, wenn die Antwort des jungen Menschen nicht so ausfällt, wie ihr sie erwartet habt.

Sicherlich findet ihr auch in seinen Argumenten brauchbare und annehmbare Hinweise, auf die ihr eingehen könnt.

Die Teilnahme an den Gesprächen stärkt den jungen Menschen und gibt ihm Selbstsicherheit. Die Gewißheit, daß er angenommen ist, daß sein Denken und seine Vorstellungen anerkannt werden, gibt ihm die Kraft, in Zukunft immer klarer zu denken, zu sprechen und zu handeln.

Auch wegen der gemeinsamen Gespräche und seiner Mitsprache bei Entscheidungen, gleich welcher Art, wird der junge Mensch sein Elternhaus schätzen und dorthin immer wieder gerne zurückkehren.

Die Eltern werden sodann die guten Freunde des Jugendlichen, mit denen er über vieles sprechen kann, weil sie ihn verstehen und ihm Verständnis entgegenbringen und weil sie ihn ernst nehmen und als Heranwachsenden sehen, das heißt als das, wonach es ihn letzten Endes drängt, nämlich erwachsen zu sein.

Liebe Eltern, wenn ihr euer Kind gewissenhaft durch sein Leben begleitet, wird es euch auch nicht schwerfallen, ein gutes Vorbild zu sein.

Das gewissenhaft geführte Lebensbuch eures Kindes ist eine Selbstoffenbarung seiner inneren Empfindungen, Gefühle und Gedanken. Aus dem Lebensbuch läßt sich vieles erkennen und ableiten. Dadurch ist euch auch das Denken eures Kindes weitgehend vertraut. Ihr kennt seine Wünsche, sein Wollen und seine Leidenschaften. Der Inhalt des Lebensbuches läßt erahnen, was für den heranwachsenden Jugendlichen selbst noch verborgen ist.

Außerdem zeigt die Bilanz, die nach dem neunten Lebensjahr erstellt wurde, das Erledigte und das noch Unerledigte auf.

Deshalb, liebe Eltern, wäre es gut, wenn ihr das Lebensbuch eures heranwachsenden Kindes weiterführen würdet. Die Voraussetzung dafür ist jedoch, daß euer Kind, der heranwachsende junge Mensch, dies möchte.

Wenn ja, dann sollte das Lebensbuch ab dem neunten Lebensjahr anders gestaltet werden als bisher:

Es könnte nun mit dem Heranwachsenden gemeinsam so gestaltet werden: Die Eltern berichten im Lebensbuch kurz darüber, was sie am jungen Menschen erkennen. Dann berichtet auch der Jugendliche, was ihm jeder Tag brachte, womit er fertig wurde, was er also bereinigen konnte und was noch ansteht.

Auch die Höhenflüge und die Depressionen, die Wutausbrüche und die Ungereimtheiten im Denken und Wollen des werdenden Jugendlichen sollten im Lebensbuch festgehalten werden, auch aufflammende Begeisterungen.

Das alles sind entscheidende Erfahrungen und Erlebnisse des jungen Menschen, von denen sich später vieles ableiten läßt, insbesondere Schwierigkeiten oder gar Krankheiten, die noch in späterer Zeit auftreten könnten – aber ebenso seine Erfolge in der Jugend und im Erwachsenenalter. Jeden Tag einige kurze Notizen, wie und was der junge Mensch zwischen dem neunten und zwölften Lebensjahr denkt – z.B. welche Wünsche er äußert oder weshalb es an diesem Tag Zank und Streit gegeben hat –, zeigen seinen Werdegang an.

Bei Streit und Zank ist es wichtig festzuhalten, wie die Streitigkeiten und Zänkereien ausgegangen sind und was ihr, liebe Eltern, dazu beitragen konntet.

Liebe Eltern, notiert in das Lebensbuch eures Kindes nicht nur das Für und Wider, die positiven und negativen Dinge und

Äußerungen eurer Tochter oder eures Sohnes – sondern schreibt auch in das Lebensbuch, wie ihr selbst auf Zornausbrüche oder auf freudige, enthusiastische Phasen des jungen Menschen reagiert habt.

Wenn ihr eine Angelegenheit falsch gesehen und bewertet habt oder wenn ihr über Geschehnisse unmutig und zornig wart und dem jungen Menschen Unrecht getan habt, so solltet ihr darüber ebenfalls Notizen machen. Gerade diese Notizen der Selbsterkenntnis der Eltern im Lebensbuch des jungen Menschen erwecken in späterer Zeit, wenn dann das Kind erwachsen ist, in ihm noch Verständnis und Achtung vor den Eltern, die ihm Freunde geworden sind. Der junge Mensch, der in seinen Eltern Freunde gefunden hat, findet nach der Sturm- und Drangzeit sicher wieder zurück ins Elternhaus.

Wenn also im Lebensbuch der Tochter oder des Sohnes auch Schwächen der Eltern stehen – nämlich ihre falschen Reaktionen auf Angelegenheiten und Verhaltensweisen ihres Kindes –, dann wird der junge Mensch oder der schon Erwachsene seine Eltern verstehen und mit ihnen verbunden bleiben. Dies wird er jedoch nicht, wenn die Eltern nur ihre autoritären Gedanken im Lebensbuch festhalten. Denn damit wollen sie unter Umständen auch beweisen, sie seien unfehlbar und die besten Eltern der Welt.

Wer sich ins rechte Licht rücken will, will sich so darstellen, wie er gesehen werden will. Und jede Anklage, die den Nächsten betrifft, deutet auf Verteidigung hin. Wer glaubt, daß er der Beste und unfehlbar sei und der andere derjenige, der Fehler macht, der ist letztlich der Unterlegene. Und wer sich dazu noch verteidigt, der klagt sich selbst an.

Wenn sich beim späteren Lesen des Lebensbuches solche oder ähnliche Gedanken und Erkenntnisse ergäben, dann hätte es der heranwachsende junge Mensch oder die schon erwachsene Tochter oder der Sohn schwer, die Eltern als gute Kameraden und Freunde anzusehen und anzunehmen.

Jeder Mensch hat das Verlangen, sich frei entscheiden zu können, weil die Seele im Menschen das Gesetz der Freiheit birgt. Das feinfühlige und wache Empfinden des Kindes akzeptiert das Eingeständnis der Fehler der Eltern, wogegen es sich jedoch immer wieder aufs neue an dem autoritären Verhalten und an der gespielten Unfehlbarkeit reiben würde – und dadurch zu den Eltern und eventuell zu den Mitmenschen ein gestörtes Verhältnis bekäme. Deshalb, liebe Eltern, gebt euch so, wie ihr seid, und werdet gute Freunde für eure Tochter oder für euren Sohn.

Tochter oder Sohn bleiben wohl in euren Herzen euer Kind. Doch seht euch in ihm selbst:

Wollt ihr als Kinder behandelt werden? Sicherlich nicht. Sehet also in euren Kindern das gleiche wie in euch: den Kern der Freiheit, das Drängen zur Selbständigkeit. Es ist der gleiche Wunsch, ernst genommen zu werden, wie auch ihr ihn in euch habt. Es ist der gleiche tiefe Wunsch nach Frieden und Glück.

Erweckt Frieden und Glück in eurem heranwachsenden Kind, indem ihr ihm Freund werdet. Dann wird euer Leben zufrieden verlaufen, und das Glück wird bei euch bleiben.

Liebe Eltern, bemüht euch immer wieder, mit eurem Kind, dem Sohn oder der Tochter, ins Gespräch zu kommen. Nehmt Anteil am Denken und Leben eures Kindes. Dann erkennt ihr auch seine Freuden und Schwierigkeiten und könnt rechtzeitig mit einem selbstlosen Rat zur Seite stehen und helfen.

Wurde und wird das Lebensbuch eures Kindes gewissenhaft geführt, dann ist an Hand der Aufzeichnung erkennbar, wo die Wurzeln eventueller Schwierigkeiten liegen, was also deren Ursache ist. Oft wird von dem gesprochen, was aus anderen Erdenleben mitgebracht ist, besonders wenn Schwierigkeiten auftreten. Das darf aber nicht leichtfertig geschehen, um sich zu rechtfertigen. Es sollte erkannt werden und zugleich darin die Möglichkeit zur Wiedergutmachung: durch Bereinigung – durch Vergebung, durch die Bitte um Vergebung oder durch die Anwendung von positiven Gedankenkräften.

Um eine eventuell mitgebrachte Schuld zu bereinigen, muß zuerst dort begonnen werden, wo Schwierigkeiten auftreten: nämlich in diesem Erdendasein. Erst dann, wenn der Mensch von der derzeitigen Situation ausgeht, ist es ihm möglich, die Ursachen aus früheren Leben zu finden.

Treten später erneut Situationen auf, die in der Kindheit ähnliche Schwierigkeiten hervorriefen, dann sollten diese von den Eltern analysiert werden. Es ist möglich, daß eine von den Eltern nicht erkannte Situation oder ein falsches Verhalten diese Schwierigkeiten immer wieder hervorrufen. Dann wäre, um die Ursache zu finden, ein freundliches Gespräch mit dem Sohn oder der Tochter ratsam.

Sind die Schwierigkeiten darauf zurückzuführen, daß ihr, liebe Eltern, in eurem gemeinsamen Leben nicht in Harmonie wart, dann solltet ihr es eurem Kind sagen und euch dafür entschuldigen. Die Einsicht der Eltern kann die Aussicht der heranwachsenden Jugendlichen sein. Sie erkennen in den Eltern die Freunde, die ihre Fehler eingestehen und sich bemühen, wieder gutzumachen, was noch möglich ist.

Erlebt der Jugendliche oder der schon Erwachsene die Eltern als seine Freunde – nicht als die unfehlbaren, autoritären Menschen, die nur bestimmen und ihn vergleichsweise als eine wachsende Zelle sehen, die unter Umständen Wucherungen und Wildwuchs hervorbringt, die von ihnen behandelt werden müssen –, dann kann ein herzliches Gemeinschaftsleben entstehen.

Liebe Eltern, erkennt bitte, daß jeder junge Mensch erst der Veredelung und der Reife bedarf, wenn er als Erwachsener seine Früchte bringen soll.

Wiederholungen dienen der Einprägsamkeit. Deshalb wiederhole ich: Sind die Eltern die Freunde ihrer Kinder geworden und sehen diese in ihnen das positive Vorbild, dann werden sich immer wieder Gespräche ergeben, in denen Mißverständnisse zwischen Eltern und Kinder ausgeräumt und die positiven Aspekte verstärkt werden können.

Diese Gespräche sind jedoch nur dann anregend, aufbauend und für den jungen Menschen von Interesse, wenn die Eltern sich in ihrem eigenen Leben positiv ausrichten und sich bemühen, das Gesetz der Selbstlosigkeit zu achten und zu verwirklichen. Aus der Selbsterkenntnis und Verwirklichung der göttlichen Gesetze erwachen Verständnis und Wohlwollen dem eigenen Kind sowie allen Menschen gegenüber. Verständnis und Wohlwollen sind Zeichen innerer Autorität und innerer Größe. Die innere Größe eines Menschen bewirkt Liebe zu allen Menschen, Demut und Freiheit. Daraus entstehen die echten Freundschaften und Gemeinsamkeiten, auch mit den Familien und Verwandten der schon erwachsenen Kinder. Mit ihrer inneren Autorität, Großzügigkeit und Toleranz prägen solche Menschen ganze Betriebe und Konzerne.

Großzügigkeit und Toleranz erwachsen aus Wachsamkeit, Klarheit und Edelmut, jedoch nicht aus Gleichgültigkeit. Sie sind Voraussetzung für eine gesetzmäßige und gezielte Führung von Menschen und Betrieben.

Menschen, die ihr Leben gemeistert haben und nach den Gesetzen Gottes leben, sind echte Boten des wahren Menschentums, von dem der Herr spricht: „Das Alte wird vergehen; Ich mache alles neu." Aus dem Negativen steigt das Positive.

Menschen des Geistes binden den Geist in der Materie. Der Geist steigt aus dem Negativen, dem Menschlichen empor. Das bedeutet: Das Ungesetzmäßige, das, was die Menschen durch ihr Ego geschaffen haben, wird vergehen. Anstelle des Niederen, Ichbezogenen, manifestiert sich allmählich das göttliche Gesetz durch die Menschen, die den Willen des Herrn erfüllen.

Die Menschheit befindet sich in einer Umbruchszeit, wie sie noch nie dagewesen ist. Geistige Kräfte wirken auf die Materie und auf die Menschen ein und erfassen alles, vor allem Menschen, die guten Willens sind.

Der Geist wird durch gotterfüllte Menschen entbunden und bewirkt Frieden und Harmonie unter den geistig Erwachten.

Die positiven Kräfte werden das Friedensreich sichtbar werden lassen. Sie wachen auch darüber, daß immer mehr Menschen den Willen des Allmächtigen erfüllen.

Somit sind alle Eltern gerufen – und es ist ihnen als eine geistige Pflicht auferlegt –, ihre Kinder so zu erziehen, daß sie brauchbare Menschen werden, die ohne große Probleme ihr Leben meistern und positiv und selbstlos auf ihre Umwelt ausstrahlen.

Liebe Eltern, das heißt nicht, daß ihr euren Kindern alles erlauben sollt, was sie wünschen und wollen. Eine bedachte Führung des jungen Menschen ist notwendig. Sie wirkt sich oftmals erst im Erwachsenenalter positiv und befreiend aus. Wer zu sich selbst ehrlich ist, indem er sich selbst nichts vormacht, der ist auch offen gegenüber seinen Mitmenschen. Das wirkt sich besonders in der Familie aus.

Freie Menschen, die nicht unter dem Druck des eigenen Ichs stehen, können offen über ihre Schwächen und Fehler sprechen, auch zu ihren Kindern. Der Jugendliche beobachtet seine Eltern und seine Umgebung auf das genaueste, denn gerade in der Pubertät haben viele junge Menschen ein feines Empfinden für die Echtheit der Gefühle ihrer Mitmenschen, aber auch für den falschen Schein, das heißt für das, was sie vorgeben.

Liebe Eltern, euer heranwachsendes Kind spürt also genau, wenn ihr ihm nur eine heile Welt vorspielt, die es jedoch nicht gibt.

Die Sinne des Menschen des werdenden Jugendlichen werden auch hormonell beeinflußt, so daß sie die Welt nun so sehen, wie sie der Erwachsene wahrnimmt, nicht mehr, wie sie das Kind schaute und erlebte, das bisher an der Hand der Mutter und des Vaters noch wohlbehütet und umsorgt war. Der heranwachsende Jugendliche will – wegen der hormonellen Einwirkungen auf die Sinne – die Welt so kennenlernen, wie sie in vielen Fällen die Erwachsenen sehen: als Weideland für ihre Leidenschaften und Begierden. Noch suchen die zu neuen Ufern drängenden Sinne nach den Geheimnissen in dieser Welt.

Der Reiz des Unbekannten und noch nicht Erlebten drängt den jungen Menschen da- und dorthin. Er will die Welt erleben, so, wie sie ein Großteil der Menschheit erlebt.

Wenn der junge Mensch danach drängt, dann muß er wohl die Welt so erleben, wie sie die Masse sieht und erlebt, und daraus dann selbst seine Schlüsse ziehen. Dadurch lernt der junge Mensch, die richtige Entscheidung für sein Leben zu treffen. Er lernt die Welt und sich selbst in der Welt kennen. Er macht Erfahrungen und erlebt dabei Enttäuschungen. Beides ist wichtig und lehrreich für ihn. Dadurch kann er sein Leben allmählich selbst in die Hand nehmen und sich selbst auf den Weg begeben, der für ihn im Augenblick gut ist.

In ruhigen Stunden werden die Eltern mit ihrem Sohn oder ihrer Tochter als gute Freunde immer wieder im Lebensbuch blättern, in welchem nun schon viele Erkenntnisse und auch Verwirklichtes aufgezeichnet sind.

Der heranwachsende junge Mensch weiß, daß die Eltern, seine Freunde, das Lebensbuch fortführen und täglich Notizen über sein Denken, Leben und seine Verhaltensweisen machen, damit zu einem späteren Zeitpunkt, wenn eventuell Schwierigkeiten auftreten, die Ursache gleich erkannt und behoben werden kann.

Das Lebensbuch gibt auch Einblick in die Kinderjahre und hielt fest, wie der nun heranwachsende junge Mensch als Kind gedacht und gehandelt hat. Wenn er sodann sein früheres Denken, Leben und Handeln aufschlüsselt, so kann er unter Umständen sein derzeitiges Verhalten besser verstehen. Es spiegelt die positiven und negativen Seiten des heranwachsenden Menschen wider und zeigt, was der junge Mensch schon überwunden hat.

Das Lebensbuch ist ein Buch der Selbsterkenntnis. Aus ihm wird deutlich, wie die göttlichen Gesetze und das Gesetz von Ursache und Wirkung sich im Leben des Menschen vollziehen.

Denn so, wie der Mensch denkt, so ist er in seinem Verhalten und Leben; mit Gleichem und Ähnlichem umgibt er sich. Das gilt nicht nur für die Menschen, sondern im übertragenen Sinne auch für die Seelen in den jenseitigen Welten.

Als Merksatz kannst du dir notieren: Mein Denken und Tun führt mir gleichgesinnte Menschen zu.

Für die jungen Geschwister

Eigene Erfahrungen und Entscheidungen

Lieber Bruder, liebe Schwester, du wirst dir nun allmählich Gedanken machen, ob du in der Grundschule bleiben oder eine höhere Schule wählen sollst.

Dazu eine Frage deiner Schwester Liobani: Hast du schon einen Berufswunsch?

Wenn ja, dann bemühe dich, damit du dich ab und zu in dem Beruf oder Berufszweig umsehen kannst, von dem du glaubst, daß er für dich der richtige wäre. Schau dich um, wie das Leben dort abläuft, wo du einst sein möchtest, um deinen Lebensunterhalt zu verdienen – in späterer Zeit vielleicht sogar nicht nur für dich allein, sondern auch für deine Familie. Denn es liegt in der Natur, daß der Mann sich eine Frau nimmt und die Frau mit dem Manne ist.

Sprich mit deinen Eltern über deine Berufswünsche, und versucht dann gemeinsam, daß du einige Stunden in der Woche dort sein kannst, wohin es dich beruflich zieht. Wenn du schon in der Schule handwerklich tätig warst, Freude an Schreibarbeiten hast oder gar ein kleiner Erfinder warst, dann hast du schon eine Ahnung von einzelnen beruflichen Fachgebieten. Erkenne jedoch: Das Leben in der Welt zeigt sich auch von anderen Seiten. Deshalb wäre es gut, wenn du dich stundenweise auch in anderen Betrieben oder Einrichtungen umschauen könntest.

Liebe Eltern, in der Umbruchsphase vom Kind zum Jugendlichen, von der Grundschule zur höheren oder Fachschule, ist es notwendig, den Kontakt mit den Pädagogen zu pflegen. Sie haben euer Kind von einer anderen Seite kennengelernt.

Bei den Gesprächen zwischen Eltern und Pädagogen sollte hin und wieder auch der werdende Jugendliche anwesend sein, damit er keinen Argwohn schöpft, wenn zwischen Vater und Mutter und den Lehrern über ihn gesprochen wird. Der junge Mensch möchte wie ein Erwachsener behandelt, also ernst genommen werden.

Liebe Eltern, euer positives Vorbild, das euch über den Dingen stehen läßt, gibt euch in jeder Situation Klarheit und die rechten verbindenden und aufbauenden Worte und bewirkt im jungen Menschen Sicherheit.

Wurde das Kind richtig geführt und behütet, dann wird es auch die Sturm- und Drangzeit gut überstehen. Es weiß, warum und wozu es auf der Erde ist, und geht bewußt in seine weiteren Jahre.

Der junge Mensch in der Sturm- und Drangzeit möchte z.B. gerne tanzen und wünscht sich Bekanntschaften ganz nach seinen Vorstellungen. Er träumt von der Erfüllung seiner Wünsche, eventuell ein genialer Mensch zu werden, zu dem viele aufblicken. Die Hoffnung, daß sich seine Wünsche ab dem vierzehnten, sechzehnten oder achtzehnten Lebensjahr erfüllen, gibt ihm Mut.

Liebe Eltern, nehmt dem jungen Menschen nicht die Illusionen, sondern bemüht euch, ihm sowohl die Schatten-, als auch die Lichtseiten des menschlichen Daseins näherzubringen.

Sprecht ganz allgemein über die Lebensmeisterung und auch über Aufstieg, Niederlagen und Enttäuschungen vieler großer Menschen. Wenn der junge Mensch darauf auch keine Resonanz zeigt, so speichern doch die Sinne und Gehirnzellen, was er gehört und was er schon selbst erlebt hat.

Es gibt hin und wieder die Möglichkeit, Einblick in die Schicksale und Leiden seiner Mitmenschen zu bekommen. Das wäre auch für den jungen Menschen gut und ihm anzuraten, damit er sich selbst ein Bild macht und seinen Lebensweg entsprechend so gestaltet, daß ihm Gleiches oder Ähnliches nicht geschieht.

Wenn ihr über das Schicksal sprecht und dabei zeigt, wodurch es ausgelöst wird, sich anbahnt, aufbaut und vollendet, dann erlangt der junge Mensch einen Einblick in die Verhaltensweisen seiner Mitmenschen. Zugleich wird er dadurch angeregt und motiviert, über seine Denk- und Lebensweise nachzudenken. Kommt er später in eine ähnliche Situation, so wird er sich an das erinnern, was er über Mitmenschen gehört hat, die in einer solchen Lage waren. Der junge Mensch ruft sodann über die Sinne und über die Gehirnzellen das damals Gehörte ab. Dies hilft ihm, rechtzeitig die Weichen zu stellen. Die Entscheidung für sein Handeln liegt ausschließlich in ihm selbst. Wurden ihm jedoch im Kindheitsalter die rechten Lebensanweisungen – spielerisch und ohne Zwang – nahegebracht, dann hat er auch eine sichere und positive Entscheidungsfähigkeit entwickelt und wird sich der Situation entsprechend richtig verhalten.

Die Fähigkeit, gesetzmäßig zu entscheiden und zu handeln, bringt die Seele mit, sie muß jedoch im Kindheitsalter erweckt werden. Die Seele drückt sich, ihrem Reifegrad entsprechend, über das Gemüt und die Sinne des Menschen aus. Jede Seele im Menschen wurde dort, wo sie sich vor der Inkarnation aufhielt, belehrt, daß sie sich reinigen und aus dem Gesetz von Saat und Ernte herausfinden muß.

Solange der Mensch unter dem Gesetz von Saat und Ernte steht, wird er über seine seelischen Belastungen gesteuert. Die Steuerung der Seele erfolgt durch die geistigen Atome, die sich infolge der Belastung mehr und mehr der Welt, den äußeren Sinnen, zugewandt haben. Das göttliche Gesetz, das auf Strahlung beruht, wirkt auf das Gesetz von Ursache und Wirkung ein. Dabei werden die Belastungen der Seele angerührt, und der Mensch registriert sie in Empfindungen, Gedanken, Worten und Handlungen. Die Belastungen, die Seelenschuld, bewirken auch Krankheiten im Körper und Schicksalsschläge.

Der Mensch wird also über die Gehirnzellen und die Sinne vom Kausalgesetz, dem Gesetz von Saat und Ernte, gesteuert: Er schaut dorthin, wohin ihn das Kausalgesetz blicken läßt. Er hört dorthin, wohin ihn seine Ursachen hinhören lassen. Er riecht und steckt seine Nase dorthin, wohin ihn seine Ursachen treiben. Sein Geschmackssinn, die Geschmacksnerven, wird ebenfalls von den Ursachen gesteuert. Er verlangt nach ähnlicher Nahrung und nach ähnlichen Genußmitteln, die er in früheren Leben bevorzugt hat oder nach denen er sich sehnte und die er, gleich aus welchen Umständen, nicht bekam. Er greift und verlangt nach den Dingen, die er entweder in den Vorleben besaß, die er damals als angenehm empfand oder die er besitzen wollte.

Der Mensch wird so lange Tag für Tag, Stunde um Stunde, Minute um Minute von seinen Belastungen, die ich auch Entsprechungen nenne, gesteuert, bis er jeden Tag als seinen Tag dankbar annimmt und für die neuen Erkenntnisse, die ihm der Tag bringt, aufgeschlossen und dankbar wird.

Die Tagesenergie ist das Licht Gottes. Es möchte in jedem Menschen einen positiven Gesinnungswandel bewirken, daß er das wahre Leben, das wahre Sein, erkennt.

Wer sein Leben täglich annimmt und jeden Tag als ein Geschenk Gottes ansieht, wer sich bemüht, alles zu bereinigen, was er erkennt, was menschlich, also nicht göttlich ist, der erlangt innere Freiheit und Klarheit seines Bewußtseins. Jedem Menschen wird täglich gerade so viel Kraft zur Selbsterkenntnis und Verwirklichung gegeben, wie er anzunehmen und umzusetzen vermag.

Das Gesetz von Saat und Ernte wirkt allumfassend. Kein Mensch und auch keine Seele kann dem feinmaschigen Kausalgesetz entrinnen. In dieses Gesetz von Saat und Ernte strahlt die Liebe Gottes, der keines Seiner Kinder überlasten möchte. Die Tagesenergie bringt für jeden Menschen so viel, wie er heute bewältigen kann. Achtet er jedoch nicht auf die feinen Impulse, die der Tag ihm bringt, achtet er nicht auf seine Gedanken und

Regungen, dann ist es möglich, daß sich die negativen Energien zu einem Komplex zusammenschließen und eines Tages über ihn hereinbrechen. Das können Schicksalsschläge, Sorgen und Krankheit sein. Sie sind sodann die Summe vieler nichtbeachteter Impulse, Ermahnungen und Hilfen. Der Mensch sündigte weiter. Die Last kann die Summe vieler Ursachen sein, in denen der Mensch nicht auf die Impulse, Ermahnungen und Hilfen geachtet hat.

Was also nicht bereinigt wurde, kann für den einzelnen zur unerträglichen Last werden, weil der Mensch die Tage vergeudet hat und sich selbst nicht die Frage stellte, warum er lebt. Er hat also Tag für Tag das nicht aufgearbeitet, was ihm der Tag zeigte, in Gedanken und äußeren Ereignissen.

So mancher wird nun fragen: Woher soll ich wissen, daß die Tagesenergie auch auf einen Teil meines Ichs einwirkt und mich ermahnt, so daß ich mich erkenne und bereinige, was ansteht? Dazu sei folgendes gesagt:

Der Mensch hat die göttlichen Gebote. Viele Menschen gehen in die sogenannten Kirchen, in Steinhäuser, um dort Gott die Ehre zu geben. Viele lesen die Bibel und die Worte der Bergpredigt. Viele hören und lesen die Massenmedien und können Vergleiche anstellen zwischen dem, was gepredigt, und dem, was gelebt wird. Viele können hören und vergleichen: Wie sprechen die Repräsentanten von Kirche und Staat, und wie handeln sie jedoch?

Jeder kann sich fragen: Wie lebte Jesus von Nazareth, und was sagen die göttlichen Gebote? Darüber hinaus gab und gibt es zu allen Zeiten echte Propheten, Wortträger des Geistes.

Wer sich redlich bemüht, sein Leben zu vergeistigen, sein Schicksal zu erkennen, es rechtzeitig zu meistern, bevor es im Körper zur Auswirkung kommt, der wird auch über seine Gedanken und Sinne geführt, so daß er dorthin findet, wonach es ihn dürstet. Es gibt keine Ausrede für die Trägheit des menschlichen Ichs und für die Nachlässigkeit, in den Tag hineinzuleben und den Nächsten für die eigenen Sorgen, Nöte und Krankheiten verantwortlich zu machen. Nicht der Nächste ist der Schuldige, sondern jeder war und ist selbst der Verursacher alles dessen, was ihn trifft. Derjenige, der als der Schuldige bezeichnet wird, gab oftmals nur den Anstoß, damit eine Ursache sichtbar oder die Bitte um Vergebung angeregt wird. Inwieweit der Impulsgeber, der vom Kausalgesetz berührt und so geführt wurde, daß er den Anstoß zum Nachdenken gab, mit dem Betroffenen karmisch verbunden ist, das steht im Gesetz von Saat und Ernte.

Seid wachsam, liebe Menschengeschwister, und vergebt dem sogenannten „Schuldigen", damit auch ihr Vergebung erlangt, denn der Schuldige seid im Grunde ihr selbst.

Liebe Eltern, auch euer Kind muß früher oder später erkennen, daß nicht der Nächste der Schuldige ist, sondern stets derjenige, der Schicksal und Not zu erdulden hat. Je früher euer Kind dies erkennt, um so leichter ist es dann für den Jugendlichen, der mit Vorstellungen, Wünschen, Erwartungen und kleineren oder größeren Luftschlössern seinen kommenden Jahren entgegenblickt. Ein gutes Fundament für Selbsterkenntnis und Selbsterfahrung bewirken Gespräche über das Gesetz von Saat und Ernte. Der junge Mensch zwischen neun und zwölf hat daran sicherlich Interesse. Achtet darauf, daß ihr bei den Gesprächen keine Drohungen ausspreicht, wie z.B.: Wenn du dies oder jenes tust, wird dich dieses oder jenes treffen. Es sollten allgemeine Gespräche sein, so daß sich jeder das herausnehmen kann, von dem er glaubt, daß es für ihn gut sein könnte.

Wer meine Anregung befolgt, dem werdenden Jugendlichen Einblicke in seinen Traumberuf oder in seine Traumberufe zu ermöglichen, der kann für seine Zukunft die richtigen Weichen stellen. Sobald der junge Mensch die beruflichen Abläufe und Geschehnisse im rechten Licht sieht, fällt ihm manche Entscheidung leichter. Er wird daraufhin den Beruf wählen, der seinen Fähigkeiten und Eignungen entspricht.

Liebe Eltern, die Aufgaben und die Verantwortung für das Kind, das in die Pubertät kommt, werden nicht geringer. Jetzt zeigt sich, was ihr eurem Kind durch euer lauteres Verhalten für die weiteren Lebensjahre mitgeben konntet.

Ein irdisches Sprichwort lautet: Kleine Kinder kleine Sorgen, große Kinder große Sorgen.

Wer in rechter Weise sein kleines Kind nach den Lebensregeln der ewigen Gesetze erzogen und gelenkt hat und selbst Vorbild war und ist, für den bleibt dieses Sprichwort ein Sprichwort, nicht mehr.

Wer jedoch die Aufsichts- und Sorgepflicht vernachlässigt hat und sein Kind ohne Verantwortung und ohne die Maßstäbe der Zehn Gebote erzogen hat, der hat sich schuldig gemacht. In vielen Fällen muß er erfahren, daß sich das Kind von ihm abwendet, weil es wenig Liebe erfuhr.

Wer die Gesetze Gottes kennt und seinem Kind eine gute Mutter, ein guter Vater und dem Schüler ein guter Lehrer war, wer durch eigene Verwirklichung Vorbild war, der braucht sich nicht zu sorgen. Auch dann nicht, wenn im werdenden Jugendlichen manches Menschliche aus der Seele hervorbricht, die Sinne davon berührt werden und den jungen Mensch steuern. Das gute, gesetzmäßige Fundament, das die Eltern und Lehrer geschaffen haben, wirkt dem erwachenden menschlichen Ich entgegen.

Wenn die Hormone im Menschen stärker aktiv werden und das Kind zum Erwachsenen heranreift, wird aus der Seele, aus der Belastung, einiges abgerufen. Wer sich jedoch selbst und sein Kind in Gottes Hand weiß, der wird für sein Kind in rechter Weise sorgen.

Das heißt: Seid nicht sorglos, sondern sorgenfrei. Malt euch nicht aus, was alles Schlimmes geschehen könnte. Wenn ihr die Zukunft eurer Kinder nur unter dem Vorzeichen eurer Angst seht, kann das Befürchtete sogar tatsächlich eintreten. Sicher möchtest du ein sorgenfreier Mensch sein.

Der Weltmensch würde auf meine Darlegungen folgendes antworten: Dann bin ich ein Erfolgsmensch. Das ist jedoch nicht ganz so! Der weltlich orientierte Erfolgsmensch ist seinem Intellekt versklavt und glaubt nur an das, was er für richtig und gut hält, was er also begreifen kann. Solche Menschen sind meist sehr engstirnig und zugleich intolerant. Sie lassen nichts gelten, was sie nicht verstehen können und nicht in ihre Vorstellungswelt paßt.

Diese Erfolge sind begrenzt. Wie lange eine rein menschliche Erfolgsspanne dauert, das hängt von den Licht- und Schattenseiten der Seele ab.

Ein intellektueller Erfolgsmensch, der mehr autoritär ist als Autorität, sollst du nicht werden.

Ich wünsche dir, daß du eine geistige Autorität wirst, die innere Führungsqualitäten besitzt und fachlich, also in ihrem Beruf, fähig und souverän ist, der auch die Mitarbeiter Vertrauen entgegenbringen.

Die geistige Autorität bedeutet Selbstlosigkeit, sie ist die geistige Souveränität, welche Toleranz und Verständnis für den Nächsten umfaßt.

Menschen, die nicht autoritär, sondern echte Autoritäten sind, gibt es wenige.

Die meisten Menschen sind autoritär; sie bestimmen, dulden keine Widerrede und sind ständig bestrebt, ihr menschliches Ich aufzuwerten.

Eine wahre Autorität ist ein Mensch mit viel Einfühlungsvermögen, mit viel Verständnis und Toleranz dem Nächsten gegenüber. Er ist eine echte Führernatur, auf die Verlaß ist und von der sich die Menschen auch führen lassen. Sie schätzen und vertrauen ihrem Berufskollegen oder ihrer Kollegin.

Erkenne also den Unterschied zwischen Autorität und autoritär.

Autoritär sind solche Menschen, die keine Widerrede dulden, die aufsässig sind und ihren Mitmenschen als den Schuldigen anklagen, wenn etwas nicht so läuft, wie es hätte sein sollen. Autoritäre Menschen streiten viel, weil sie immer recht haben wollen, wenn ihnen einer widerspricht.

Autoritäre Menschen sind begrenzt; ihr Bewußtsein ist eingeengt, weil der Mensch nur auf sich bezogen ist. Solange sich ihre Mitmenschen ihrem Denken und Wollen unterordnen, wahren sie im Äußeren einen Scheinfrieden. Widersprechen sie jedoch dem ichbezogenen, autoritären Mitmenschen, dann entsteht der Kampf um Recht und recht haben.

Autoritäre Menschen leben beständig in einem Spannungsfeld. Sie sind meist unzufrieden, weil sie auf die Anerkennung ihres Nächsten angewiesen sind. Sie sind beständig darauf bedacht, daß ihr Nächster, also ihr Mitmensch, sie in dem bestätigt – das heißt das bejaht –, was sie, die Autoritären, für richtig halten.

Fähigkeiten, Talente, Qualitäten

Lieber Bruder, liebe Schwester, du hast die beste Voraussetzung, ein geistig wacher und aufgeschlossener Mensch zu werden, mit einer guten Auffassungsgabe, die Selbstlosigkeit und Klarheit umfaßt.

Du hast die Kinderjahre genützt, und nun wirst du auch deine Jugendjahre so durchleben und erleben, wie sie sind, und nicht, wie sie für die Menschen der Welt zu sein scheinen.

Du bist entweder in der Hauptschule geblieben oder hast eine höhere Schule gewählt. In beiden Fällen heißt es für den Schüler: „Auch dein Nächster ist ein Mensch, der aus seinem Leben das Beste machen möchte." Das heißt: Wie du hat auch er Fehler und kämpft, um sich im Leben zu bewähren.

Die Jahre von neun bis zwölf bringen die ersten Bewährungsproben. Du sollst deine Mitmenschen richtig kennen und einschätzen lernen. Deshalb ist es wichtig, daß du kein Nachahmer wirst, der das, was er selbst nicht hat, aber der Nächste eventuell besitzt, nachahmen oder besitzen möchte.

Erkenne dich selbst und erforsche deine eigenen Fähigkeiten und Qualitäten.

Schaue nicht auf deinen Nächsten, um von ihm das abzuschauen, was du nicht hast.

Finde dich selbst: Finde deine Fähigkeiten, deine Talente und Qualitäten. Dann wirst du selbstbewußt und im späteren Leben eine echte Autorität, wirst klar und logisch denken und so arbeiten, daß die Mitmenschen mit deiner Arbeit zufrieden sind.

Liebe Geschwister, die Jahre ziehen dahin. Ihr seid nicht nur älter, sondern auch reifer geworden. Eure Interessen sind nun andere als in den Kinderjahren. Vielleicht habt ihr auch neue Freunde.

Im Wechsel der Jahre reift der Mensch.

Entsprechend seinen Licht- und Schattenseiten nimmt er Eindrücke aus der Umwelt auf. Viele Eindrücke sind für den jungen Menschen völlig neu. Er muß sie erst annehmen und verarbeiten.

Wenn sich auch die Eindrücke von den Kinder- zu den Jugendjahren verändert haben und du nun deine eigene kleine Welt im Spiegel deiner Vorstellungen und Wünsche siehst, so solltest du trotz alledem nie vergessen, daß die Seele im Menschen auf

Erden ist, um wieder rein und selbstlos zu werden, ein Ebenbild des himmlischen Vaters, der dich und alle reinen Wesen geschaffen hat.

Zur Zeit bist du Mensch und solltest dein Menschsein erkennen. Es zeigt sich in deinem Ich, in der Abgrenzung von Mein und Dein, es verlangt, möchte besitzen, haben und recht haben. Das sollst du allmählich dem Geiste Gottes in dir übergeben. Dazu gehört auch die Gefallsucht, das Urteilen und Verurteilen und die Abwertung deines Nächsten, letztlich nur, um dich aufzuwerten. Kannst du dies übergeben und überwinden, dann werden in dir die inneren Kräfte aktiv, und du empfängst mehr Lebensenergie. Weitere Folgen sind: Klares und logisches Denken, Verständnis und Wohlwollen deinen Mitmenschen gegenüber. Auch in der Schule und später im Beruf wirst du viel kreativer und spontaner sein und eine rasche und präzise Auffassungsgabe haben.

Dies sind positive Merkmale eines geistig wachen und regen Menschen, der auf ihn zukommende Situationen rechtzeitig erkennt und meistert.

Lieber Bruder, liebe Schwester, wie du gehört hast, solltest du stundenweise in Betrieben oder Verwaltungen Arbeiten verrichten, von denen du glaubst, sie würden deinen Berufswünschen entsprechen, um deine Fähigkeiten und Qualitäten kennenzulernen. Vielleicht hast du schon Betriebe und Verwaltungen aufgesucht und deine Fähigkeiten getestet. Wenn ja, dann schreibe in dein Lebensbuch, was dich ansprach – aber auch, was dich nicht ansprach. Möchtest du, daß deine Eltern den Eintrag vornehmen, dann bitte sie darum. Erzähle ihnen von deinen Erfahrungen und Erkenntnissen.

Worin besteht der Unterschied zwischen Fähigkeiten, Talenten und Qualitäten?

Die Fähigkeiten können mannigfaltig sein; dann hast du das Geschick, in mehreren Berufszweigen diese und jene Arbeit auszuführen. Fähigkeiten für verschiedene Arbeitsgebiete bedeuten jedoch noch nicht, daß du die Gabe hast, daraus einen Lebensberuf zu machen.

Wir können das Wort Fähigkeit auch mit Geschick gleichsetzen. Wer mehrere Fähigkeiten besitzt, kann da und dort helfen und einspringen, wenn es nötig ist.

Die Fähigkeiten allein füllen ein kommendes Berufsleben nicht aus.

Oftmals wählen Eltern für ihre Kinder – oder die Kinder selbst – den Beruf nach den Fähigkeiten. In vielen Fällen ist sodann der Erwachsene als Arbeiter, Angestellter, Arzt, Theologe, Pädagoge, Betriebsleiter, Techniker oder Ingenieur nicht zufrieden. Denn die Fähigkeiten, die sich für einen Berufszweig aufgetan haben, genügen oftmals nicht, um den gesamten Berufskomplex mit Freude auszufüllen.

Talente sind in seltenen Fällen auch künstlerische Begabungen. Auch sie können dann die Wahl eines Berufes beeinflussen. Du hast z. B. Talent im Malen und Zeichnen. Du hast Talent für handwerkliche Dinge; ohne daß dich dies und jenes gelehrt wurde, nimmst du z. B. das rechte Handwerkszeug und gestaltest Dinge, deren Fertigung du nicht gelernt hast. Vielleicht hast du sogar die Gabe, zu schnitzen, zu töpfern, oder die Gabe, aus wenigen Stoffresten etwas Schönes zu gestalten. All das und vieles mehr gehört zu den Talenten.

Wenn du deine Fähigkeiten und Talente zusammen siehst, kannst du vielleicht schon daraus schließen, welcher Beruf dir Freude bereiten wird.

Qualitäten bedeuten darüber hinaus, aus den Fähigkeiten und Talenten etwas von Wert zu schaffen. Das heißt also, wenn du die Qualität besitzt, Fähigkeiten und Talente miteinander so zu verbinden, daß sich ein sinn- und wertvolles Ganzes daraus ergibt, dann hast du Fähigkeiten, Talente und Qualität in rechter Weise miteinander verbunden.

Oft hat ein Mensch viele Fähigkeiten und Talente, vermag jedoch nicht, sie in rechter Weise zu verbinden, damit daraus etwas entsteht, das von Wert ist, was von dir und deinem Nächsten gebraucht werden kann.

Wer Anlagen für Qualitätsarbeit besitzt, der sieht, aufgrund seiner Fähigkeiten und Talente, schon vor Beginn der Arbeit das Gesamtwerk vor sich. Du hast z. B. die besondere Fähigkeit und das Talent, eine Blume, einen Strauch oder ein Tier zu malen oder zu schnitzen. Kommen die Anlagen der Qualität hinzu, dann wird daraus ein Kunstwerk, dem von deinem Nächsten und der Umwelt Wert beigemessen wird. Die Talente, Fähigkeiten und Qualitäten sollten als Ganzes gesehen und beachtet werden, damit alle Voraussetzungen für den Beruf erfaßt werden können. Nur wenn der Mensch nach allen drei Aspekten seinen Beruf wählt, ist er davon erfüllt und in seinem Beruf zufrieden.

Um die Talente, Fähigkeiten und Qualitäten zu erforschen, hilft wieder das Lebensbuch des Kindes.

Ich gebe dazu folgende Anhaltspunkte, um sie zu erkennen und aus dem Lebensbuch herauszulesen:

Die Verhaltensweisen des Kleinkindes gegenüber den Lieblingstieren und der Puppe deuten auf seine Talente, Qualitäten und Fähigkeiten hin. Sie zeigen auch, in welchen Situationen und auf welche Weise das Kind zu den Lieblingen liebevoll, streng oder gar abweisend war. Was hat ihnen das Kind in seinem Überschwang oder in traurigen Stunden zugeflüstert?

Welche Qualitäten, Talente und Fähigkeiten entwickelte es in den kleineren und größeren Pflichten im Haus oder außerhalb, im Garten, beim Einkaufen und in der Schule?

Wie verhielt und verhält sich das Kind gegenüber seinen Lehrern und Mitschülern?

Wie verhielt und verhält sich das Kind gegenüber den Straßenpassanten und in den Verkehrsmitteln?

Welche Wesensmerkmale der Eltern, Lehrer und Mitschüler nahm und nimmt es als gegeben hin, welche bejaht es, und welche lehnt es entschieden ab?

Gegen was oder gegen wen lehnte sich das Kind auf?

Welche Familienglieder und Verwandten nimmt das Kind an, und welche lehnt es ab?

Wie und was spricht das Kind über seine Mitmenschen?

Welche Wesensart schätzt es am Menschen, und welche lehnt es ab oder verwirft sie mit Wut- oder Haßausbrüchen?

Liebe Eltern, schreibt das alles aus dem Lebensbuch heraus und analysiert den gesamten Komplex. Gerade die Jahre zwischen neun und zwölf sagen sehr viel aus!

Wer das Denken, Reden und Handeln seines Kindes ernst nahm und ernst nimmt, wer für das Leben seines Kindes Verantwortung trägt, der hat sich auch die Mühe gemacht, das Lebensbuch gewissenhaft zu führen, und wird nun auch die Fähigkeiten, Talente und Qualitäten herausarbeiten können.

Liebe Eltern, wenn ihr das getan habt, dann stellt sie dem Lehrstoff der vorgesehenen Schule und den derzeitigen Berufs- und Schulwünschen des Jugendlichen gegenüber. Daraus läßt sich unter Umständen ableiten, ob der junge Mensch die richtige Schule gewählt hat.

Diese Aufzeichnungen aus dem Lebensbuch können auch den verantwortlichen Pädagogen vorgelegt werden, wenn es darum geht, mit ihnen über die Berufswünsche und über die Berufswahl zu sprechen. Auch das Verhalten des Kindes in den verschiedenen Schulfächern ist aufschlußreich für die rechte Berufswahl. Deshalb sollte bei der Berufswahl auch der Lehrer mit herangezogen werden.

Sich selbst finden

Liebe Geschwister, ihr werdet nun Jugendliche. Eine Frage an euch:

Welche Wesensmerkmale deuten auf einen geistig erwachten und besonnenen jungen Menschen hin?

Wie begegnet der heranwachsende Jugendliche den Erwachsenen und älteren Menschen?

Er respektiert seine Mitmenschen. Er wird nicht über sie lachen und sich lustig machen, wenn sie etwas sagen und tun, was ihm nicht gefällt oder was für ihn lächerlich und unzutreffend erscheint.

Lieber Bruder, liebe Schwester, lache nie über Eigenarten älterer Menschen. Wer weiß, wie du wirst!

Allmählich bestimmst du nun selbst dein Leben. Du entwächst der Fürsorge deiner Eltern und möchtest dein eigenes Leben in die Hand nehmen und so leben, wie du glaubst, daß es richtig sei. Prüfe dein Denken und Handeln, auch in der Sturm- und Drangzeit, und dein Verhalten deinen Mitmenschen gegenüber.

Erkenne, daß du jetzt noch in der Umbruchsphase bist, vom Kind zum Jugendlichen und danach vom Jugendlichen zum Erwachsenen: Heute denkst du so und morgen schon wieder anders. Das ist besonders dann ausgeprägt, solange du von den Meinungen, Vorstellungen und Wünschen anderer Menschen abhängig bist. Nicht jeder ältere und reife Mensch, der in deinen Augen manchmal sonderlich scheint, hatte in seiner Jugend die Möglichkeit, nach den geistigen Gesetzen unterwiesen zu werden, so, wie du angeleitet und geführt wurdest. Viele dieser alten und scheinbar sonderlichen Menschen haben sich in vielen Lebenssituationen auf die Meinung anderer gestützt, wurden enttäuscht und haben sich erneut an Menschen angelehnt.

Dadurch haben sie versäumt, ihre geistigen Aspekte und Qualitäten zu entwickeln. Verängstigt, erschreckt und enttäuscht vom Leben, ließen viele ihr Leben verstreichen. Sprich mit den Menschen, von denen du glaubst, sie wären sonderlich. Dann erkennst du mitunter, was du in deinem irdischen Leben besser machen kannst:

Vielleicht sind in deinem Verwandtenkreis Tanten und Onkel, die du ablehnst, weil du glaubst, ihre Lebensanschauung sei verschroben, und ihre Hartnäckigkeit, etwas zu behaupten, wenn es um ihr persönliches Leben geht, ist für dich in vielen Fällen nicht annehmbar. Vielleicht denkst du, es wäre Zeitverschwendung, dich mit ihnen zu befassen. O nein! Lerne, dich in solche Menschen hineinzufühlen, dann wirst du in manchen Fällen erkennen, daß sie in ihrer Kindheit nicht die richtige Führung hatten, daß sie eventuell autoritär erzogen und daher eingeschüchtert wurden – oder daß sie ihrer Vergangenheit nachtrauern oder darüber verärgert sind.

Viele ältere Menschen erkennen, daß ihr Leben anders hätte verlaufen sollen und sind darüber traurig. Sie müssen erkennen, daß sich die Lebensuhr nicht mehr zurückdrehen läßt. Sie glauben, an ihrem Leben vorbeigelebt zu haben oder um ihr Leben betrogen worden zu sein, weil, wie sie sagen, andere, vielleicht die Eltern, auf sie bestimmend eingewirkt hätten.

Sehen wir es vom ethisch-moralischen Prinzip und vom ewigen Gesetz her: Viele Menschen sind sich ihrer Verantwortung für ihr Leben und das ihres Nächsten nicht bewußt. Sie leben in den Tag hinein und sehen ihre Fehler, die ihnen der Tag zeigen wollte, bei ihren Mitmenschen.

Mancher ältere Mensch hatte in seiner Jugend ähnlich gedacht wie du – und ist nun selbst so geworden, wie er damals über seinen Nächsten dachte. Obwohl es immer wieder Menschen gibt, die tiefere Einblicke in den Sinn des Lebens und in das Gesetz von Ursache und Wirkung haben und auch darüber sprechen – und obwohl es viele Bücher darüber gibt –, wollen sich nur wenige Menschen damit befassen. Und wenn sie davon hören, so wollen sie doch ihr gewohntes Denken und Leben beibehalten, weil dies bequemer ist.

Es ist auch bequemer, anderen die Schuld für das eigene Schicksal und das eigene Fehlverhalten zu geben, als bei sich selbst zu suchen und bei sich selbst zu beginnen. Damit aber findet der Mensch nicht zu seinem eigentlichen Leben. Solange er dem Nächsten für sein Verhalten die Schuld gibt, glaubt er oft, der andere hätte ihn um sein Leben betrogen; zum Beispiel weil die Eltern autoritär gewesen seien, hätte er sich seine Wünsche nicht erfüllen können.

Das ist möglich; doch jedem Menschen, und sei es erst im Erwachsenenalter, wird rechtzeitig die Möglichkeit zur Umkehr und zur Verbesserung seiner Lebensqualitäten gegeben.

Wer jedoch beständig auf seinen Nächsten blickt und von ihm das abschaut, was er gerne sein oder haben möchte, der wird sich selbst nicht finden, an seinem eigenen Leben vorbeileben und ein Nachahmer bleiben.

Solche Menschen, die nur das tun, was andere für richtig halten, binden sich an deren Meinungen und Vorstellungen und entdecken ihre eigenen Fähigkeiten, Talente und Qualitäten nicht.

Solche Menschen leben an ihrem Leben vorbei, sie werden von anderen gelebt, die ihre Meinungen und Vorstellungen durch solche Nachahmer sichtbar werden lassen wollen. Das sind die Autoritären, die ihre Hörigen zu ihren Sklaven machen. Die Hörigen lassen sich versklaven, weil sie zu bequem sind, an sich selbst zu arbeiten.

Solche Menschen kennen weder ihre wahre Natur noch sich selbst als einen Menschen mit eigenen Gedanken und Wünschen. Es gibt genug solche Sklaven, die von anderen gelebt werden, weil sie nur auf den Nächsten blicken, ihn nachahmen – und zuletzt von ihm beherrscht werden.

Das sind dann die Menschen, die mit ihrem Leben unzufrieden sind, die in mittleren Jahren schon alt und sonderlich geworden sind, weil sie vom Leben, wie sie glauben, enttäuscht wurden. Auf diese Weise bleiben sie an der Vergangenheit haften und sehen nicht mehr, was ihnen die Gegenwart an Freundlichem und Wohlwollendem, an Freiheit und Frieden bereithält.

Lieber Bruder, liebe Schwester, gerade in den jungen Jahren, vom neunten Lebensjahr an, wenn sich die Hormontätigkeit verstärkt, werden auch die Licht- und Schattenseiten deiner Seele aktiver und wirken auf dich ein.

Die verstärkte Hormontätigkeit regt auch deine Sinnesorgane an, den Seh-, Hör-, Geruchs-, Geschmacks- und Tastsinn. Was dir früher nicht aufgefallen ist, das registrieren nun deine Sinne. Diese stärkere Sinneswahrnehmung wirkt sowohl auf die Belastungen als auch auf die reinen Bereiche der Seele ein, die beide dadurch aktiver werden. Über das Gehirn des Menschen strahlen sie wiederum auf die Sinne, auf die Gefühle und auf die bisher verborgenen Wünsche ein. Der Mensch erhält dadurch die Möglichkeit, diese aus der Seele aktiv werdenden positiven und negativen Anlagen und Neigungen richtig zu erkennen – um das Negative zu überwinden und das Positive gesetzmäßig anzuwenden und einzusetzen. Wenn sie selbst Lebenserfahrung und Lebensweisheit erlangt haben, können erfahrene Eltern und Pädagogen dem Jugendlichen eine wertvolle Stütze sein.

Lieber Bruder, liebe Schwester, deshalb ist es gut, wenn du deine Eltern und verständnisvolle Lehrer als deine Freunde ansiehst, die dir beistehen, dich beraten und dir im Gespräch das vermitteln, worüber es sich lohnt nachzudenken. Um kein Nachahmer zu werden, dessen Leben von anderen gelebt wird, erhalte dir die gute Freundschaft von selbstlosen, erfahrenen Menschen, die dir helfen, deine Fähigkeiten, Talente und Qualitäten zu ermitteln.

Schätze gute Freunde und bewahre die Freundschaft, das soll heißen: Sprich mit deinen Mitmenschen über ihre Erfahrungen und bringe auch dein Wissen und deine Verwirklichung ein. Sei nicht bestimmend und intolerant, wenn das Gespräch einen anderen Verlauf nimmt, als du gerne hättest, oder wenn es für dich uninteressant wird. Übe dich im Gespräch und bemühe dich, es interessant werden zu lassen oder auf einer entsprechenden Ebene zu halten. Mit geschickten Fragen, die immer wieder neue Aspekte anregen, ist dir das möglich.

Übe dich auch darin. Dann wirst du dich selbst erfahren und erkennen, daß jeder Mensch auf einer anderen Stufe des Lebens steht, auf der er mit sich ringt, und daß keiner, der sich nach der Welt orientiert, groß ist.

Ich, Liobani, wünsche dir, daß du groß im Geiste wirst und erfüllt von göttlicher Weisheit und Liebe. Denn solche Menschen gibt es noch wenige.

Ich sprach „es gibt noch wenige". In der Zeit des geistigen Aufbruchs, in der viele Menschen höheren Idealen und Werten zustreben, wird es immer mehr große Menschen geben, welche aus der Allmacht Gottes schöpfen, in dieser Welt das ewige, kosmische Gesetz lehren und es auch in Wort und Tat verkörpern. Willst auch du einer von diesen sein, dann achte auf dein Denken, Reden und Handeln.

Erkenne dich selbst und werde selbstlos!

Setze dir zum Ziel, kein Nachahmer zu werden, sondern dein Leben so zu gestalten, wie es dir von deiner Herkunft her, vom Geist Gottes, gegeben ist.

Finde in allen Menschen das Positive und sprich es in dir und in deinen Mitmenschen an.

Baue keine Luftschlösser, sondern analysiere deine Gedanken und Wünsche. Das heißt, betrachte sie, ob sie realisierbar, also durchführbar, sind. Sicherlich kannst du darüber mit guten Freunden sprechen.

Ich wiederhole: Eltern, Verwandte und Pädagogen sollen dem jungen Menschen gute Freunde sein, die ihm gegenüber nur eine beratende Funktion ausüben, die nicht belehren oder gar bestimmen wollen.

Weichen stellen

Lieber Bruder, liebe Schwester, jetzt gerade stellst du die Weichen für dein Leben als Erwachsener.

Sicher hast du dir für dein irdisches Leben viel vorgenommen. In deinem Alter ist der heranwachsende Jugendliche der Meinung, in seinem Leben vieles besser zu machen als die Erwachsenen, von denen er weiß, daß sie mit ihrem Leben unzufrieden sind und daher oftmals mürrisch und zänkisch den Tag beginnen und beenden.

Liebe Geschwister, jeder Mensch und jede Seele, alle müssen einst erkennen, daß sie nicht im Zeitlichen leben, um das Leben in vollen Zügen zu genießen, sich also aller Sitte und Moral zu entledigen und ungezügelt und hemmungslos zu sein.

Der Mensch soll erkennen, weshalb seine Seele im Erdenkeid ist, also im Menschen.

Nimmt der Mensch den Tag so an, wie er ihm gegeben ist, und macht er das Beste daraus, dann wird er bis ins hohe Alter ein innerlich jugendlicher und dynamischer Mensch bleiben.

Deine Seele ist im Erdenkörper. Du bist Mensch, um die hohen Ideale und Werte der Seele, die des Reiches Gottes, wieder zu erlernen und in Freiheit, Gesundheit, Glück und Zufriedenheit leben zu können. Wer wünscht sich das nicht?

Alle Menschen sehnen sich nach Glück, Geborgenheit, Zufriedenheit, Gesundheit, nach Geld und Gut. Die meisten Menschen setzen all ihre jeweiligen Kräfte daran, sich ihre irdischen Wünsche zu erfüllen. Die meisten müssen hart arbeiten, andere bauen sich Machtpositionen auf oder machen Gewinn aus ihren Erfindungen oder schrecken nicht vor Intrigen und Betrug zurück.

Das Erfüllen solcher irdischen Wünsche ist oft nur ein Scheingewinn. Mancher, der hart arbeitet und spart, kann sich in dieser Welt wohl einiges mehr leisten als andere; wenn du jedoch einen Einblick in sein Denken und Leben bekommst, siehst du, daß er trotz seines Hab und Gutes unzufrieden und oft sogar unglücklich ist. Die echte Zufriedenheit des Menschen kommt von innen und aus einem gesetzmäßigen und geradlinigen Leben.

Viele Menschen sind der Meinung, wer Geld, Gut und Ansehen besitzt, dem gehöre die Welt. Daher streben sie nach Macht und Machtpositionen, damit sie auf ihre Mitmenschen Einfluß nehmen und sie wie Spielfiguren da- und dorthin schieben können, nach ihrem Gutdünken. Ein anderer wiederum besitzt viel Geld und glaubt, er wäre damit denen überlegen, die weniger besitzen. Wer jedoch der Meinung ist, daß Geld und Gut alles sei, der ist arm im Geiste, auch dann, wenn ihn seine Mitmenschen wegen seines Geldes und seines Ansehens achten. Ansehen erlangt er jedoch nur bei denen, die auf sein Geld spekulieren oder die von ihm für ihre Zwecke Hilfe erwarten.

Bei allem nur materiellen Streben verkümmern immer mehr die geistigen Qualitäten und die geistigen Ideale und Werte. Solche Menschen sind im Inneren arm, weil sie nur nach Äußerem trachten und daher nie zufrieden sind. Sie sind unzufrieden und ständig darauf bedacht, noch mehr zu erreichen und zu erhalten. Reiche Menschen haben sehr wenige selbstlose Freunde. Ihre Freunde sind meist diejenigen, die gleich viel besitzen, oder solche, die ihrem Geld gut Freund sind.

Wahre, selbstlose Freundschaft ist das, was ihr, liebe Geschwister, anstreben sollt. Echte Freunde bilden eine innere Gemeinschaft, in der sich einer auf den anderen verlassen kann. Deshalb bemühe dich, einen Beruf zu erlernen, der dir Freude macht, und nicht einen, mit dem du äußere Dinge erreichen willst.

Finde echte Freunde. Du findest sie, wenn du zu dir und zu deinen Nächsten ehrlich bist, wenn du von ihnen nichts erwartest, sondern dich einbringst.

Trachte niemals nach Ansehen und viel Geld, um nur Materielles zu erlangen, wie ich es eben geschildert habe. Sonst bleibst oder wirst du im Inneren arm und einsam. Denn diejenigen, die dir scheinbar Freund sind, wollen sich in deinem Ansehen sonnen und von deinem Geld profitieren. Du erkennst sehr wohl, daß dies nicht die wahren Freunde sind. Sie gleichen den Schlingpflanzen, die sich um Sträucher und Bäume winden und diese mit der Zeit immer mehr aussaugen, bis sie kaum mehr zu leben vermögen und daher auch immer weniger Blüten und Früchte hervorbringen. In vielen Beispielen und Gleichnissen zeigt die Natur dem Menschen, wie er denken und leben soll: Mit dem ichbezogenen, machthungrigen Menschen ist es ähnlich wie mit der Schlingpflanze. Der Mensch umgarnt seine ihm hörigen Mitmenschen, indem er ihnen schmeichelt; er tut es jedoch um seiner selbst willen, um zu erreichen, was er für sich persönlich hören oder besitzen möchte, z.B. Geld, Gut und Ansehen.

Lieber Bruder, liebe Schwester, die Früchte des Lebens, die inneren Ideale und Werte, sollen aus dir herausstrahlen und sich im Äußeren in deiner Selbstlosigkeit zeigen. Das ist wahres Menschen- und Heldentum.

Deshalb erlerne den Beruf, der dir Freude macht und der deinen Fähigkeiten, Talenten und Qualitäten entspricht.

Wenn es dein Wunsch ist, deinem Nächsten mit deinem Beruf zu dienen, und nicht nur, für dich Geld und Gut zu erwerben, dann bist du auf dem rechten Weg.

Echte und edle Früchte sind die, die aus dem Inneren des Menschen kommen. Solche Menschen arbeiten nicht nur, um für sich Geld und Gut anzuhäufen, sondern um ein gesundes Gemeinschafts- und Wirtschaftsleben aufzubauen.

Wenn du viel Geld erworben oder geerbt hast, dann behalte nicht alles für dich. Es bringt dir auf die Dauer wenig Glück und wenig innere Zufriedenheit. Setze davon einen Großteil für die Allgemeinheit ein und lebe auch wie die Allgemeinheit. Nicht in Armut, sondern in einem guten Mittelstand.

Wenn du dein irdisches Leben auf diese Weise aufbaust, dann wirst du auch echte Freunde finden, die dich als ihren Nächsten annehmen und es nicht nur deines Geldes wegen sind.

Geld und Gut gehören nicht dem Menschen. Gott gibt sie dem Menschen, damit er den größten Teil davon für die Allgemeinheit einsetzt und damit den ärmeren Mitmenschen hilft, und nicht, damit er sich als Herr aufspielt und die anderen, die weniger besitzen, als Knechte betrachtet.

Die Reichen, die ihr Vermögen halten und somit an sich binden, deren einziges Bemühen es ist, es für persönliche Zwecke zu vermehren, werden nicht in das Reich Gottes eingehen. Ihre Seelen werden nach dem Gesetz von Saat und Ernte so lange wieder in diese Welt kommen, also inkarnieren, bis sie die Selbstlosigkeit gelernt haben und sich nicht mehr über ihre Mitmenschen stellen, sondern das Prinzip Gleichheit und Brüderlichkeit anwenden.

Das Prinzip der Gleichheit ist das himmlische Gesetz. Kein göttliches Wesen hat mehr oder weniger als die anderen. Jedes besitzt die gesamte Unendlichkeit als Essenz in sich. Das ist der Reichtum des Inneren, der sich auch im Äußeren ausdrückt.

Im Vaterunser beten die Christen: „wie im Himmel, so auf Erden". Sie bitten mit den Worten „Dein Reich komme, Dein Wille geschehe" um Gleichheit. Das Gesetz der Himmel ist der Ausgleich der Kräfte, welcher die Gleichheit bewirkt.

Hat ein Mensch ein wesentlich größeres Vermögen als der andere und nennt er das Vermögen sein Eigen, dann ist er wahrlich ein armer Tropf vor dem großen, allmächtigen Gesetz der Gleichheit. Früher oder später wird er arm sein. Denn was er an sich bindet, was er sein Eigen nennt, wird er verlieren. In diesem Leben hat er unter Umständen viel Geld und Vermögen geerbt, im nächsten Leben wird er der arme Tropf sein, der sodann lernen darf, die Energien durch das Gesetz „Bete und arbeite" zu erwerben. Mit den Energien meine ich das Geld der Menschen.

Im nächsten Leben kann also ein jetzt Reicher lernen, was es bedeutet, redlich zu arbeiten und selbstlos zu werden. Deshalb stecke deine persönlichen Ziele, deine Wünsche nicht zu hoch und lasse sie nicht zu weit in die Welt hinausschweifen.

Bleibe auf dem Boden der Realität und bemühe dich, ein guter und brauchbarer Erwachsener zu werden, ein Mensch mit inneren Idealen und Werten, der seine Mitmenschen als einen Teil von sich selbst bejaht.

Selbstlosigkeit

Lieber Bruder, liebe Schwester, damit du das Leben so erkennst, wie es ist, kannst du jetzt schon viele Erfahrungen sammeln. Du kannst dich in der Selbstlosigkeit üben und erleben, wie sie in dir wirkt und in deiner nächsten Umgebung.

Beginne, das Gesetz Gottes, die selbstlose Liebe, an dir selbst zu erfahren. Übe dich damit in kleinen selbstlosen Taten.

Du hast gehört: Jeder Tag ist dein Tag. Er bringt dir Empfindungen, Gedanken und Wünsche. Das ist deine Tagesenergie, die du einst ausgesandt hast. Gutes und weniger Gutes bringt der Tag, also das, was du in diesem oder in früheren Leben in die Atmosphäre projiziert hast. Es sind deine Empfindungen, Gedanken, Worte und Handlungen. Nimm dankbar die Impulse an, die dir der Tag bringt. Setze die guten in die Tat um, und die menschlichen Impulse bereinige, entweder indem du für Begangenes um Vergebung bittest oder dir zugefügtes Leid vergibst.

Beginne, dich in der Selbstlosigkeit zu üben. Auf deinem Schulweg oder in der Schule hast du immer wieder die Möglichkeit, Gutes zu tun, ohne Dank und Lohn zu erwarten. Du kannst z.B. einem älteren Menschen über die Straße helfen oder ihm behilflich sein, wenn er aus der Straßenbahn steigt. Du kannst auch deinem Lehrer helfen, wenn viel Arbeit ansteht, die du verrichten kannst. Du kannst auch Botengänge oder kleine Dienste für ein geringes Entgelt übernehmen und davon einen Teil ärmeren und hilfsbedürftigen Menschen geben; oder einem dir Bekannten eine selbstlose Freude bereiten. Du kannst auch eine kleine Spende einer Hilfsorganisation für Tiere geben oder im Winter, sowohl im Garten als auch im Wald, Futterhäuschen aufhängen und dafür sorgen, daß die Vögel Futter haben, das du zum Teil von deinem Taschengeld kaufst. Das alles und vieles mehr kannst du tun, um Selbstlosigkeit zu üben.

Hast du selbstlos gehandelt, ohne Dank und Lohn zu erwarten, dann prüfe dich, was du dabei in und an dir selbst empfunden hast und empfindest.

Du kannst dich auch mit einem Freund zusammenschließen und für ältere Menschen Botengänge machen. Wenn ihr dies gemeinsam gewissenhaft und selbstlos verrichtet, dann werdet ihr am Ende des Tages erkennen, wie ihr glücklich, froh und zufrieden seid. Ihr fühlt euch besser, als wenn ihr für Dank und Lohn gearbeitet hättet, denn ihr seid im Inneren reicher geworden. Das soll jedoch nicht heißen, daß ihr keinen Beruf erlernen und es bei Gelegenheitsarbeiten belassen sollt. O nein, es ist gut, einen Beruf zu haben, der Freude bereitet.

Dieser Rat, die Selbstlosigkeit zu erfahren, hilft euch auch in der Schule weiter und später in eurem Beruf. Aus den Erfahrungen mit Menschen, aus kleinen Verdiensten und selbstloser Hilfe lernt ihr Menschen und deren Schicksale kennen. Mit diesen kleinen und größeren selbstlosen Diensten wirst du für viele Menschen Verständnis erlangen und auch die Tiere lieben lernen. Wenn du dann erwachsen bist, wird dir manche Erfahrung aus der Jugend über Hindernisse hinweghelfen.

Dein ichbezogenes Denken, das sich nur auf dein Wohl bezieht, wird immer mehr schwinden. Menschen, die sich in der selbstlosen Liebe geübt haben und üben, denken über den kleinen Horizont des menschlichen Ichs hinaus, weil sie in ihrem selbstlosen Bemühen viele ihrer Mitmenschen verstehen und weil sie schon in deinem Alter Erfahrungen gesammelt haben. Aus den Erlebnissen und Erfahrungen mit deinen Nächsten lernst du auch selbst, wie du sein und wie du denken sollst, was ichbezogen und was selbstlos ist.

Lieber Bruder, liebe Schwester, mit diesen Ratschlägen möchte ich dich nicht von dem unbekümmerten Sein der Jugend abhalten. O nein, ganz im Gegenteil: Sei der Jugendliche, der mit wachen Sinnen in die Welt blickt und die Realität vom Schein unterscheiden lernt.

Du sollst froh und heiter sein, sollst springen und hüpfen, Spiele und Wanderungen machen und dich so geben, wie du bist, ganz natürlich – so wie es die jungen Tiere sind. Junge Menschen gleichen manchmal jungen, ungebändigten Fohlen, die noch unbekümmert, doch erwartungsvoll in die Welt galoppieren.

Erlebe also die Welt. Doch betrachte sie sachlich – wie ein Mensch, der schon Erfahrungen gemacht hat mit Selbstlosigkeit und ersten kleinen Verdiensten.

Auch das sei wiederholt: Werde bitte kein Nachahmer! Wenn du beachtest, was ich dir eben geraten habe: dich in der Selbstlosigkeit übst, kleine Arbeiten verrichtest, schon einen kleinen Verdienst hast und auch kurzzeitige Tätigkeiten übernimmst, um deine Fähigkeiten, Talente und Qualitäten kennenzulernen, so bringt dir dies Erfahrung und Einsicht. Du wirst dich dabei immer mehr selbst entdecken, wirst deine Fähigkeiten, Talente und Qualitäten ausbauen und kein Nachahmer werden, der nur das möchte, was andere wollen oder besitzen. Du wirst keine Luftschlösser bauen, sondern die Welt, die sich dir, dem Jugendlichen, nun von einer anderen Seite zeigt, sehen, wie sie ist. Du lernst, neue Eindrücke besser einzuordnen und zu verstehen. Du wirst auch eine freundschaftliche Beziehung zu den älteren Menschen bekommen, die dir durch deine kleineren und größeren Erfahrungen mit ihnen nicht mehr fremd sind. Sie sind dann auch nicht mehr so weit von deinem Denken entfernt. Mit den kleinen selbstlosen Hilfen hast du ältere Menschen kennen, verstehen und auch schätzen gelernt.

Wenn du innerlich wach bist, beschäftigst du dich nicht so oft mit dir selbst und mit deinen Wünschen und erlebst jeden Tag anders. Denn jeder Tag ist reich an Erfahrungen und Erkenntnissen.

Es wäre gut und würde zur Freundschaft zwischen deinen Eltern und dir beitragen, wenn du mit ihnen über deine täglichen Erfahrungen sprichst und Wesentliches in dein Lebensbuch schreibst oder deine Eltern darum bittest, dies zu tun.

Zwischen dem neunten und zwölften Lebensjahr wird der Tag nun etwas anders verlaufen. Das beginnt schon beim morgendlichen Erwachen. Deine Mutter muß sich nicht mehr um jede Kleinigkeit kümmern.

Weil du nun immer selbständiger wirst, so darf ich dir auch raten, eventuell eine Viertelstunde früher aufzustehen und nach dem Waschen und Ankleiden, also vor dem Frühstück, dich in dein Zimmer zurückzuziehen, um zu Gott, unserem Vater, zu beten.

Lege den neuen Tag und alles, was er dir bringen wird, in Seine liebevollen Hände.

Lege auch deine Eltern und Lehrer, alle Menschen, denen du begegnest und mit denen du an diesem Tag zu tun hast, in Gottes Hand.

Bitte Gott, daß Er dir in der Schule beisteht, und wende dich auch an deinen Schutzgeist, wenn schwierige Aufgaben oder gar Prüfungen bevorstehen.

Du solltest oft mit deinem Schutzgeist sprechen; er ist ein guter, treuer unsichtbarer Freund an deiner Seite. Er ist bei dir; er schützt dich und will dir in jeder Situation helfen. Er hilft dir aus kleineren und größeren Schwierigkeiten heraus. Auch bei Schularbeiten und Prüfungen steht er an deiner Seite. Denke jedoch auch an ihn, wenn du dich freust und Erfolge hast.

Der Schutzengel ist bei dir und von Gott, unserem himmlischen Vater, nicht nur gesandt, um dir zur Seite zu stehen, dir zu helfen und zu dienen, sondern auch, um dich zu ermahnen, wenn du etwas falsch siehst oder tust.

Achte also auf deinen unsichtbaren geistigen Freund.

Zuerst gebührt jedoch Gott, unserem Vater, die Ehre und der Dank. Danke also am frühen Morgen, vor dem Frühstück, Gott für alles, was der neue Tag bringt. Übergib alles Gott, unserem Herrn, was vor dir liegt und wovon du schon weißt, daß es heute auf dich zukommt, und besprich dich anschließend mit deinem geistigen, lichten Freund, dem Schutzgeist. Bitte ihn, dir im Namen des Herrn beizustehen. Gestärkt durch Gott und geführt von Gott und deinem Schutzengel, beginnst du dann den neuen Tag.

Wenn tagsüber Dinge auf dich zukommen, die du nicht richtig zu erfassen, zu erkennen und anzupacken weißt, bete zu Gott und sprich auch zu deinem unsichtbaren Freund, dem Schutzengel. Der Schutzengel hilft dir nach den Gesetzen Gottes, unseres himmlischen Vaters.

Wer ist Liobani? – Die Geistwesen

Vielleicht hast du schon gefragt, ob auch ich, Liobani, ein Schutzgeist bin?

Ich bin kein Schutzgeist, der einen Menschen begleitet und beschützt, sondern ein Lehrengel in den vier geistigen Entwicklungsebenen der Himmel. Hier treffen sich viele Lichtstrahlen, vereinen sich und zeigen sich in der weiteren Entwicklung als geistige Minerale. Aus den geistigen Mineralen entwickeln sich in den himmlischen Welten allmählich die Pflanzen, dann aus diesen die geistige Tierwelt und aus den Tierformen sodann, in einem langen Evolutionsprozeß, die Elementarwesen der Himmel.

Was ich, Liobani, in den Entwicklungsebenen alles zu tun habe, möchte ich dir kurz schildern, damit du erkennst, daß die ganze Unendlichkeit auf selbstloses Dienen ausgerichtet ist.

Als ausgereiftes Naturwesen wurde ich in den göttlichen Strahl der Weisheit eingeboren. Das heißt: Ich ging als geistiges Kind aus dem Strahl der Weisheit hervor. Somit bin ich ein Kind, eine Tochter der göttlichen Weisheit.

Als Geistkind habe ich, wie alle anderen Geistkinder, noch einmal alle himmlischen Ebenen in mir aktiviert, also belebt und zugleich die drei Kindschaftseigenschaften stärker entwickelt. In der Welt heißen die drei Kindschaftseigenschaften Geduld, Liebe und Barmherzigkeit. Während dieses Evolutionsweges vom Geistkind zum ausgereiften Geistwesen habe ich erkannt, daß meine geistige Mentalität – du würdest sagen, meine Eigenschaften, Fähigkeiten, Talente und Qualitäten – in der Betreuung der Geistkinder liegt, und zwar in dem Evolutionsbereich der vier geistigen Entwicklungsebenen.

Wenn die Geistkinder auf ihrem Evolutionsweg die sieben Grundstrahlen Gottes aktivieren und auch die vier Entwicklungsebenen noch einmal beschreiten, um auch diese Kräfte stärker zu beleben, dann bin ich – und viele weitere Lehrwesen – für sie zuständig:

Wir bemühen uns, daß sie ihr ehemaliges Entwicklungsleben, das Werden und Wachsen vom Mineral bis hin zur geistigen Geburt, zum Geistkind, noch einmal durchleben. Durch diese geistige Schulung wird im Geistkind die Verbindung zu allen Seinsformen verstärkt.

Wie lernen also die Geistkinder?

Die Kinder im ewigen Sein, im Reich Gottes, lernen – wie die Kinder dieser Welt auch lernen sollten – nicht in der Theorie, sondern in der Praxis.

Die geistigen Kinder sitzen nicht in Schulen auf Schulbänken, um den Lehrstoff theoretisch aufzunehmen oder fein säuberlich aufzuschreiben oder gar auswendigzulernen.

Du hast gehört, daß in der ganzen Unendlichkeit alles Bewußtsein ist. Geistige Mineralien, Pflanzen, Tiere, Gestirne und Geistwesen sind Bewußtsein.

Wenn die geistigen Kinder – mit einem geistigen Kind meine ich einen geistig selbsttätig leuchtenden Strahlenkörper – das Bewußtsein der Mineralien, Pflanzen, Tiere und Naturwesen in sich aktivieren, also stärker beleben, dann befinden sie sich in diesem Bewußtseinsfeld, um sich mit diesen Bewußtseinsbereichen zu verbinden. Sie lassen die Kräfte der geistigen Essenzen vom Mineral, von Pflanzen, Tieren und Naturwesen in ihren geistigen Leib strömen und empfangen auf diese Weise weitere Körperenergie. Das bewirkt sodann den Reifeprozeß und das Wachstum des Geistkindes. Die Geistkinder befinden sich also dort, wo sich die Gottesenergien formieren, das heißt geistige Formen annehmen.

Wie du schon vernommen hast, wird dein geistiger Leib – also deine Seele – über ein geistiges Atom, einen Lichtstrahl, aufgebaut. Die Struktur des geistigen Leibes entsteht über die geistigen Mineralien, Pflanzen, Tiere und Elementargeister, die auch Elementarwesen genannt werden. Das alles hat ein Geistkind schon in sich entwickelt.

Als geistiges Kind nimmt es jedoch nun seine Geiststruktur noch viel bewußter wahr. Es erkennt sich als ein Kind Gott-Vaters, der ihm Ur-Vater und Ur-Mutter ist.

Von einem Dualpaar, einem geistigen Elternpaar, wurde das ausgereifte Naturwesen in den Schoß der Eltern aufgenommen und wurde zu ihrem geistigen Kind, das sie dem Ur-Vater, dem Vater-Mutter-Gott, weihten.

Das Kind entwickelt sich nun zum ausgereiften Geistwesen, indem es die Urempfindungen der geistigen Mineralien, Pflanzen und Tiere noch einmal in sich belebt. Als Geistkind nimmt es ebenfalls noch einmal intensiv die Verbindung zu den Elementarwesen auf, von denen es selbst zuvor eines war. Es erlebt also in sich noch einmal die Evolution der Mineralien und Pflanzen, erlebt, wie im Laufe weiterer und größerer Lichteinwirkungen aus den noch unförmigen Pflanzen-, Tier- oder Elementarformen immer vollkommenere Formen werden. Als Geistkind erlebt es noch einmal den Rhythmus der Evolution.

Dieses Aufnehmen des Evolutionsgeschehens besteht darin, daß das Geistkind bei der Evolution mithilft und den kleinen, noch unförmigen geistigen Formen dient, indem es z.B. einer Pflanzenart beim Wechsel von der Pflanzenform zur beginnenden Tierform beisteht.

Du könntest die geistige Evolution von der Pflanze zum werdenden Tier auch als eine Neugeburt sehen, die einer Entbindung ähnlich ist. Bei diesem herrlichen Evolutionsgeschehen helfen die Geistkinder unmittelbar mit. Das ergibt die Einheit, das absolute gesetzmäßige „Verwoben- und Verflochtensein" vom Geistwesen mit allen Lebensformen.

Die geistigen Kinder des Reiches Gottes durchlaufen alle Himmelsebenen und stellen dabei zu allem, was sie in sich tragen, noch einmal als Geistkind die geistige Verbindung her. Das heißt, sie vertiefen nun, was sie auf ihrem Evolutionsweg vom Mineral zum Geistkind in sich aufgenommen haben. In den Himmelsebenen vertiefen sie auch ihr Verstehen der Wirkungsweise des göttlichen Gesetzes und den Ablauf der Himmelsmechanik. Auf diese Weise lernen sie in allen Einzelheiten die Funktion des Absoluten Gesetzes kennen. Gleichzeitig werden ihre Geistkörper immer aktiver. Dabei wird auch ihre Mentalität, das heißt ihre besonderen geistigen Fähigkeiten, geweckt.

Das universelle Gesetz umfaßt auch das gesamte himmlische Kommunikationssystem. Das heißt: Jedes Geistwesen steht in einer beständigen Verbindung mit allen kosmischen Energien und kann in sich selbst alles schauen, was sich in der ganzen Unendlichkeit vollzieht. Um diese kosmischen Abläufe zu schauen oder sich mit einem Geistwesen in Verbindung zu setzen, muß es nicht an dem entsprechenden Ort sein. Es schaut alles in sich. In der Unendlichkeit gibt es keinen Ort, da alles in allem enthalten ist, auch in jedem Geistwesen. Das Geistwesen erlebt deshalb die ganze Unendlichkeit in sich selbst. Jede Strahlung und jede Gesetzmäßigkeit ist ihm bewußt. Dieses intensive Aufnehmen der gesamten kosmischen Strahlung macht das Geistkind selbst zum Gesetz Gottes, es ist daher göttlich.

Für diese geistige Schulung des Geistkindes, das alles, was es erkennt, sofort in sich selbst erfährt, schaut und umsetzt, bedarf es weder der „Schulbank" noch des theoretischen Unterrichts. Es lernt, erfährt, erlebt und schaut alles in einem.

Dieses geistige Reifen des Geistkindes ist sein Wachstum. So wie das Geistkind die Strahlung, die Himmelsmechanik, alle sieben Grundkräfte des Universums einschließlich der vier geistigen Entwicklungsebenen in sich aufnimmt, so erweitert sich sein Bewußtsein. In der Unendlichkeit ist alles absolutes Bewußtsein. Das Geistkind entfaltet allmählich sein volles Bewußtsein und wird dadurch zum ausgereiften Geistwesen.

Sobald ein ausgereiftes Naturwesen in die Kindschaft Gottes erhoben wurde, also von einem geistigen Dualpaar – du würdest sagen, von einem geistigen Elternpaar – aufgenommen wurde und durch dieses Elternpaar die Kindschaft erlangt hat, ist es ein geistiges Kind, nicht mehr ein Naturwesen. Es befindet sich nicht mehr in dem Reservat, an das es als Naturwesen gebunden war.

In dieser Schulung erweckt das Geistkind in sich alle sieben Grundhimmel, zu welchen auch die drei Kindschaftseigenschaften gehören, Geduld, Liebe und Barmherzigkeit. Hat das geistige Kind die sieben Grundhimmel mit den vier Entwicklungsebenen erschlossen, dann ist es Träger des absoluten Bewußtseins, woraus sich der absolute freie Wille ergibt. Es ist also nicht mehr willensgebunden, so wie die Entwicklungsformen der Mineralien, Pflanzen, Tiere und Elementargeister.

Mit der Entwicklung zur absoluten Willensfreiheit ist das Geistkind zum ausgereiften Geistwesen geworden, welches das ewige Gesetz in allen Einzelheiten lebt. Es ist sodann zum Gesetz Gottes selbst geworden.

Liebes Menschenkind, siehe, deine Seele hat all diese Details, die ich dargelegt habe, schon durchlaufen. In dir, in deinem Menschen, befindet sich das ausgereifte Geistwesen, das die gesamte Himmelsmechanik kennt und das zu allem Sein Verbindung hat. Mit der Einverleibung deines Geistleibes in den materiellen Körper wurde nach dem ewigen Gesetz vieles von deiner Herkunft abgedeckt.

Außerdem: Mit deinem Werdegang als Mensch hast du dich belastet. Im Wechsel der Inkarnationen hast du immer wieder gegen das Gesetz, Gott, verstoßen, und damit hat diese Belastung das himmlische Gesetz in dir immer wieder abgedeckt. Daher ging dir als Mensch das Wissen um das Kommunikationssystem mit den göttlichen Kräften verloren. Tief in deiner Seele liegt jedoch die ganze Unendlichkeit verborgen. Nun hast du als Mensch die Aufgabe und viele Möglichkeiten, die Schatten deiner Seele zu erkennen und sie durch den Geist Christi, die erlösende Kraft, zu überwinden, so daß die ewigen Gesetze in dir wieder zum Durchbruch gelangen.

Warum du Mensch wurdest und weshalb du deine Seele belastet hast, darüber könntest du mit deinen Eltern oder mit guten Freunden sprechen. Aus den vielen Offenbarungen des ewigen Herrn und Seines Dieners, des Himmelsfürsten und Gesetzesengels der göttlichen Weisheit, der auf Erden Bruder Emanuel genannt wird, wissen deine Eltern und Freunde von dem Fallgeschehen, dem Engelsturz, den ein Engel, der wie Gott sein wollte, ausgelöst hat. Dieser Engel mußte die reinen Himmel verlassen. Mit ihm gingen viele Geistwesen, die sich von ihm überzeugen ließen. Außerdem kamen seit dem Engelsturz im Laufe der Zeiten viele Geistwesen aus den Himmeln zur Inkarnation – also zur Einverleibung in ein Erdenkleid –, um den ungehorsamen und treulosen Fallwesen zu helfen und zu dienen. Dabei aber unterlagen viele helfende Geistwesen als Menschen den Verlockungen der Dunkelheit, die sich über die Sinne, Empfindungen, Gedanken, Worte und Handlungen in den Menschen einschlichen und einschleichen, ihn verführten und verführen, so daß es ihm dann nicht mehr möglich war und ist, die Gesetze Gottes zu erkennen und zu befolgen.

Das gesetzwidrige Empfinden, Denken, Sprechen und Handeln ergab sodann die Belastung. Deshalb müssen nun viele einverleibte Geistwesen, die zum Durchbruch auf die Erde kamen, wie die Fallwesen, unter ähnlich schwierigen Bedingungen, wieder den Inneren Weg in das Reich Gottes beschreiten.

Das war nur ein kurzer Einblick in das Fallgeschehen, damit du Anknüpfungspunkte für ein solches Gespräch hast.

Sicher haben deine Eltern oder Freunde darüber einiges gelesen und vielleicht schon selbst erfahren, wie „der Satan der Sinne", die Dunkelheit, die das Licht scheut, den Menschen verführen möchte und verführt.

Es liegt nahe, daß auch du einst als reines Wesen den gefallenen Geistwesen im Erdenkleid helfen wolltest – dich jedoch als Mensch belastet hast, weil du deine Sinne, Empfindungen, Gedanken, Worte und Handlungen unkontrolliert der Welt preisgabst und dich der Satan der Sinne verführen konnte. Die Verführung kann dadurch geschehen sein, daß du z.B. nach Geld und Gut getrachtet und dabei eventuell deine Nächsten übervorteilt hast, damit dir dein Vorhaben gelingt. Oder du hast deine Mitmenschen abgewertet, indem du Übles über sie gesprochen hast. Du hast es getan, um dich dadurch selbst aufzuwerten. Oder du hast gar deinen Nächsten bestohlen oder ermordet. Wisse: Auch wer Tiere bewußt tötet, mordet.

Siehe, die vielen unschönen, gehässigen Gedanken und die vielen lieblosen Handlungen decken das Schöne, Selbstlose und Gute der Seele zu.

Alles, was gegen die selbstlose Liebe ist, wie z.B. Haß, Zank, Streit und Feindschaft, sind satanische Wesenszüge. Sie bewirken Trennung unter den Menschen; daraus ergibt sich, daß Waffen hergestellt werden und Kriege ausbrechen.

Erkenne: Das Satanische, das Dunkle, kann der einzelne nicht bekämpfen, indem er nur darüber spricht. Er selbst muß anpakken und seinen eigenen niederen Empfindungen, Gedanken, Worten und Wünschen den Kampf ansagen und sie mit der Kraft Christi besiegen.

Erst wenn es in der Seele und im Menschen heller wird, ist er für den Nächsten eine Leuchte und ein selbstloses Vorbild. Nur so wird es in dieser Welt, auf der Erde, lichter und heller, und die Menschen finden wieder in Liebe zueinander.

Nicht durch Reden, auch nicht durch Beten allein wird es lichter in der Welt, sondern durch ein gesetzmäßiges Leben, indem der Mensch das Göttliche verwirklicht, über das er spricht – und indem er das selbst vollzieht, wofür er im Gebet bittet. Also beginne zuerst bei dir selbst.

Ich, Liobani, habe dich beraten. Nun kommt es auf dich an, wieviel du annimmst und verwirklichst.

Du mußt wissen, die Seele jedes Menschen kommt erst wieder in die Heimat zurück, in die ewigen Himmel, wenn sie makellos geworden ist. Du selbst bestimmst, wann das sein wird.

Gewiß ist, daß jeder irdische Körper den Tod erlangt. Es ist das Hinscheiden des Leibes. Deine Seele jedoch trägt in sich, was du verursacht oder bereinigt hast, die lichten Seiten und die Schattenseiten deines irdischen Lebens. Was du als Mensch nicht bereinigt hast, das nimmt die Seele mit in das Jenseits. Das ist ihr Reisegut. Mit dieser Belastung kommt sie wieder in das Dasein, in einen irdischen Leib, wenn sie nicht etwas davon in den Seelenreichen tilgen konnte. Daher nütze die Zeit, die Stunden und Minuten.

Du hast also erfahren, daß sich Gott, unser himmlischer Vater, durch deinen Erlöser, Christus, bemüht, daß du als Mensch deine Belastungen auf Erden bereinigst und deine Gehirnzellen weder mit vielem Wissen allein noch mit vielen Wünschen und Sehnsüchten programmierst, sondern dich vielmehr darin übst, das umzusetzen, das heißt zu verwirklichen, was du erkannt hast. Dabei lernst du das Leben in der Welt kennen und lernst auch, deine Fähigkeiten und Talente und Qualitäten frühzeitig zu entdecken, und wirst sodann den Beruf wählen, der dich erfüllt und ausfüllt. Und du wirst keine Luftschlösser bauen!

Christus, der Menschheit Erlöser, erbaut durch Seine Getreuen das Reich Gottes auf Erden durch Menschen, die zuerst das Reich Gottes in sich suchen – und es durch Verwirklichung der heiligen Gesetze finden, indem sie Edles und Gutes denken und tun. Dieses innere Reich kommt durch Menschen, die sich bemühen, Gottes Willen zu erfüllen. Es wird auf Erden auch das umfassen, was zur Herstellung z.B. von Obdach, Kleidung, Nahrung und vielem mehr notwendig ist. Deshalb wird es auch im Reich Gottes auf Erden Handwerksbetriebe geben. Der Mensch lernt, die göttlichen Gesetze in die Tat umzusetzen, indem er das Gebot „Bete und arbeite" erfüllt. Die Handwerksbetriebe werden auf dem Grundprinzip der göttlichen Harmonie aufgebaut. Hier lernt der Mensch, richtig zu denken, zu leben und zu arbeiten. Um vieles leichter wird sich dabei der Mensch tun, der von Kindheit an eine geistige Entwicklung erfahren hat.

Deshalb berate ich. Nimmst du an?

Wer die göttlichen Gesetze mehr und mehr verwirklicht, der gehört in die wahre Bruderschaft Christi.

Menschen in der Bruderschaft Christi leben miteinander und sind auch füreinander – und nicht gegeneinander.

In ihr leben Familien, die sich in Liebe zugetan sind. Der Mann wird seine Familie als positiv gebende Kraft redlich ernähren und schützen. Im Einklang der zwei Pole, dem männlichen und dem weiblichen Prinzip, wird die Frau die Hüterin und Bewahrerin dessen sein, was der Mann, die positiv gebende Kraft, gemeinsam mit ihr geschaffen hat. Beide, Mann und Frau, werden sich ergänzen und sich in selbstloser Liebe zugetan sein in Verständnis und Treue. Deshalb werden sie auch ihren Kindern gute Eltern, Kameraden und Freunde sein.

Der Berggeist

Als heranwachsender Jugendlicher wirst du auch Streifzüge durch Wälder und Felder machen. Oder du wirst mit deinen Eltern oder mit einem Lehrer und deinen Mitschülern Bergtouren erleben. Vergiß bitte nicht, daß die Natur lebt. Jede Blume, jedes Tier empfindet, sogar der unscheinbarste Stein empfindet deine Strahlung. Leben spürt wiederum Leben, das ist die Kommunikation der positiven Kräfte.

Nun werde ich dir einiges vom Berggeist berichten, damit du auch von dieser Elementarkraft Kenntnis erlangst und, wenn du in den Bergen deine Ferien verbringst oder Bergtouren machst, weißt, daß in Gott alles seine Ordnung hat.

Auch die Berge sind in Reservate eingeteilt, weil auch auf und in den Bergen die Naturwesen ihre Dienste versehen. Hoch oben in der Felsenregion, wo es kaum mehr Vegetation gibt, wirkt der Berggeist.

Der Berggeist ist das innere Leben der Berge. Das Bewußtsein des Berggeistes besteht aus der geistigen Essenz der Steine und Mineralien. Jede Steinart und jedes Mineral ist Bewußtsein. Alles, was aus dem ewig strömenden Geist Form annahm und annimmt, ist eine geistige Manifestation und der Bewußtseinsstand der Form. Infolgedessen haben die verschiedenen geistigen Substanzen, die in den Steinen und Mineralien enthalten sind, Bewußtsein. Das Ganze, z.B. der Stein als solcher, wird Bewußtsein genannt. Der Berggeist ist das Bewußtsein der unzähligen Steine und Mineralien eines Berges.

Ein großes oder kleineres Bergmassiv ist ein Reservat. Hier sind auch die Naturwesen tätig. Der Berggeist kann dem Stein- und Mineralbewußtsein entsprechend Gestalt annehmen, so wie die Elementargeister des Feuers, des Wassers und der Luft. Sowohl die Feuer- als auch die Wasser- und Luftgeister und ebenso der Berggeist können also sowohl, ihrem Bewußtsein entsprechend, Form annehmen oder in die strömende Allkraft als Bewußtseinspotential übergehen. Hingegen bleiben Pflanzen, Sträucher, Bäume und Tiere formgebunden. Auch die Naturwesen bleiben manifestierte Energie, weil die sogenannten Elfen und Wichtel sich schon auf den Vorstufen zur Kindschaft Gottes befinden.

Die Elementargeister von Feuer, Wasser, Erde und Luft, die erst andeutungsweise eine Form haben, können, wie auch der Berggeist, ihre ersten, noch unförmigen und nur angedeuteten Formen noch in die strömende Energie zurückfließen lassen. Sie zeigen sich jedoch hin und wieder in ihren geistigen Evolutionsformen, besonders dann, wenn sie von den Naturwesen, den Elfen und Wichteln, gerufen und um Hilfe gebeten werden. Auch dann geben sie sich entsprechend ihrem Bewußtsein eine Form, wenn die Elementargeister zum Gebet, z.B. zum Sonnentanz, zusammenkommen, um den Allgeist anzubeten.

Auch der Berggeist kann sich eine Form geben. Er zeigt sich als eine mächtige Gestalt, die um vieles größer ist als der Riese, den du von deinen Märchen her kennst. Wenn er Gestalt annimmt und über die Berge hinwegschreitet, dann meist weit oben, wo nur noch Felsen sind und wenig Vegetation.

Ein feines inneres Gehör registriert es, wenn der Berggeist über die Berge schreitet.

Es ist ein feines Schwingen und ein Vibrieren, das aus dem Inneren des Berges kommt. Sofern er eine Gestalt annimmt, schmückt sich der Berggeist mit den seltenen Blumen und Gräsern, die der Berg, also das Gestein und das Erdreich, hervorbringt. Auf dem Haupt trägt er hin und wieder eine Krone. Sie ist den Zacken und Spitzen der Berge ähnlich. Wenn sich Naturwesen und Berggeist begegnen, begrüßen sie sich sehr freundlich und sind sich in Liebe zugetan. Jedoch nicht immer läßt sich die Majestät der Berge auf ein Gespräch ein.

Der Berggeist ist sehr darauf bedacht, daß auf den Bergen alles geordnet verläuft und die Berge sauber bleiben. Er mag die Unordnung der Menschen nicht, die auf den Bergen Papier und sonstiges liegenlassen.

Handeln die Menschen gegen die Gesetzmäßigkeiten der Berge, gegen die Ordnung, dann setzt der Berggeist sein Bewußtsein ein, damit sie sich aus seinem Bereich entfernen. Er ruft z. B. den Luftgeist und bittet ihn, kalt und stürmisch zu blasen oder Wolken dem Berg zuzutreiben, damit es einen Regenschauer gibt. Er bittet die Tiere, mit ihrem Verhalten anzuzeigen, daß sich das Wetter ändert, so daß der Bergsteiger oder Bergwanderer dies erkennen kann.

Der Berggeist grollt auch, wenn die Menschen achtlos oder mit problembeladenen Gedanken Berge besteigen oder auf den Bergen spazierengehen. Er stößt mit dem Fuß an eine Bergspitze, so daß die Vibration ein donnerartiges Geräusch auslöst und der Mensch in der Befürchtung, es zöge ein Gewitter auf, ins Tal zurückgeht.

Wenn du also die Welt der Berge besuchst, dann bemühe dich, den Berggeist ernstzunehmen. Begrüße diese Elementarenergie und bemühe dich, keinen grüblerischen und mürrischen Gedanken nachzuhängen. Sonst sendet der Berggeist seine Energien aus, strömt in deine Gedanken ein und bewirkt, daß du aus irgendeinem Grund den Berg erst gar nicht besteigen möchtest.

Der Berggeist ist ein sehr bizarrer Elementargeist. Sein Wesen entspricht noch dem felsigen und massiven Gestein. Jedoch ist auch er sehr freundlich und liebevoll. Er kann sich wie ein kleines Kind freuen, wenn Menschen zu ihm kommen und sich am Berg, dem massiven Gestein, an der Schönheit der Bergwiesen und den einzelnen Blumen erfreuen oder sich an den kleinen und größeren Quellen laben, die aus dem Inneren des Berges fließen.

Der Berggeist freut sich, wenn Menschen in Gedanken lauter sind. Das Gemüt, die Liebekraft des mächtigen Riesen, des Berggeistes, kann wie ein Kind werden. In seiner kindlichen Freude steigt die geistige Gestalt, der Berggeist, sodann tiefer in das Tal als üblich, um sich diesen Menschen zu nähern. Er strahlt seine Liebeempfindungen in das sonnige Gemüt des Bergsteigers oder Wanderers und führt sie zu sonnigen oder schattigen Plätzen. Er spricht den Menschen über seine Empfindungswelt an, da- und dorthin zu blicken, entweder ins Tal oder zur Bergspitze, an der sich die Sonne spiegelt. Er zeigt dem freundlichen Wanderer eine seltene Blume oder einen schönen Stein und regt ihn sogar an, diesen mitzunehmen. Will der Bergsteiger oder Wanderer den Stein mitnehmen und steckt ihn dankbar in seine Tasche, dann verstärkt der mächtige Riese, der Berggeist, die positiven Kräfte des Steines, die sodann auch positiv auf den betreffenden Menschen einwirken.

Diese Kräfte des Steines, des kleinen Geschenkes des Berggeistes, regen den Menschen zu weiterem positiven Denken an; oder sie erinnern ihn immer wieder an die schöne Bergwelt, wenn es Schwierigkeiten gibt oder wenn der Mensch von der Alltagslast müde ist.

Die positiven Kräfte wirken auch auf das Magnetfeld des betreffenden Menschen ein, der den Stein besitzt, und stabilisieren sein Nervensystem. Die Wirkung des Steins hängt jedoch ab von seiner Zusammensetzung, den Mineralien und Spurenelementen, die er enthält; denn diese bilden sein Bewußtsein. Das wirkt auf den Menschen ein, besonders dann, wenn der Berggeist die positiven Kräfte verstärkt hat.

Ihr erkennt also, liebe Geschwister, daß die Sprache der reinen Wesen reine, lichte Empfindungen sind. Sie teilen sich den lichten Menschen über ihre reinen Empfindungen mit. Ihr empfindet und wißt oftmals nicht, daß das die Liebekräfte der reinen Wesen oder der Elementargeister sind.

Ungehalten reagiert jedoch der Berggeist, wenn der Mensch einen ganzen Strauß seltener Blumen pflückt, um sie zu Hause in die Vase zu stellen. Dann kann es sein, daß der Berggeist das geistige Leben der Blumen zurücknimmt, so daß sie entweder schon verwelkt sind, wenn der Bergsteiger oder Wanderer zu Hause ankommt, oder daß sie in der Vase sehr schnell welken. Eine einzelne Blume macht er dem Wanderer jedoch gerne zum Geschenk.

Gute Menschen führt er auch zu Quellen, regt sie an zu trinken und verstärkt gleichzeitig die positiven Kräfte des Wassers, so daß sie zu Heilkräften werden. Diese gereichen dem Körper sodann zum Wohle, erfrischen ihn, bauen ihn auf und kräftigen ihn.

Wenn ein guter Mensch, ein Wanderer, innehält, tief atmet und den Schweiß von der Stirn wischt, ruft der Berggeist den Luftgeist und bittet ihn, dem Wanderer kühle Luft zuströmen zu lassen. Fühlt sich der Wanderer sodann wohl und gestärkt und freut er sich über den kühlen Lufthauch, dann freut sich der riesige Berggeist noch mehr. Der mächtige Riese hüpft wie ein Kind und dankt dem Allgeist, daß ihn gute Menschen vernommen haben und er ihnen dienen durfte.

Er kann jedoch auch vorübergehend zu den Elfen und Wichteln sehr streng sein, wenn diese einmal im Reservat nicht alles so bestellt haben, wie er denkt, daß es gut sei. Er läßt sich jedoch auch bereitwillig von den Naturwesen belehren, da er weiß, daß diese ein weiter entwickeltes Bewußtsein haben als er selbst.

Der Berggeist ist hocherfreut – ihr, liebe Geschwister, würdet sagen, er ist ein Genießer –, wenn die Elementarwesen, die

Feuer- und Luftgeister, die Elfen und Wichtel ihren Gebetstanz, den Sonnentanz, halten. Dann stellt er sich nämlich ab und zu in die Mitte des Kreises und läßt sich von den kleinen Elfen liebevoll am Bart und am Haar liebkosen, das aus feinen Gräsern und Halmen besteht. Dann lacht der Berggeist wie ein Kind. Lacht er laut, dann hallt es über das Bergmassiv. Daraufhin kommen viele kleine Tiere zum Gebetstanz und singen dem Berggeist ein Ruhelied.

Wenn die Nacht gekommen ist, die Tiere und Blumen zur Ruhe gehen und die Elementarwesen ihre geistigen Wohnungen aufsuchen, dann setzt sich der Berggeist auf eine Bergesspitze, um die letzten Strahlen der untergehenden Sonne und die ersten Strahlen der wieder aufgehenden Sonne zu empfangen. Oder die mächtige geistige Gestalt, die Form, löst sich auf und strömt als Energie in das Innere des Berges.

Liebe Geschwister, ihr erkennt also, daß alles, worauf ihr tretet, lebt. Überall, wo ihr seid, seid ihr vom sichtbaren und unsichtbaren Leben umgeben:

> Gottes Allmacht ist im Feuer, in der Luft, im Wasser und im Stein.
>
> Gottes Allmacht ist im Tier, in der Pflanze, im Strauch und in jedem Baum.
>
> Gottes Allmacht ist im Elfchen und im Wichtel.
>
> Gottes Allmacht ist in jedem Berg.
>
> Gottes Allmacht ist auch in dir und in jedem Menschen, der dein Nächster ist.
>
> Gottes Allmacht wirkt in jeder Seele, im Schutzgeist, in allem Sein.

Wer Gott liebt, der liebt das sichtbare und unsichtbare Leben.

Wer selbstlos liebt, fragt nicht nach dem Daheim. Er erkennt: Weder hier noch dort, nirgendwo ist ein Ort, wo Gott nicht ist. Überall ist somit Ewigkeit, auch im Erdenkleid. Das ist wahres Daheim.

Wer Gott liebt, sucht nicht einen Ort, wo Gott sein könnte. Gott ist allgegenwärtig, überall. Gott ist Bewußtsein. Er ist alles in allem. Er ist auch in dir, also ganz nah! Er ist da. Wo du auch bist, da ist Gott.

Lieber Bruder, liebe Schwester, du sagst, du siehst Ihn nicht. Doch du schaust Gottes Allmacht im Stein, in der Pflanze, im Tier und in den Gestirnen. Du schaust Gottes Allmacht in deinem Nächsten und in dir.

> Lebe in Gott und finde das Gute in allem Sein,
> dann ziehen Freude, Liebe, Frieden und Harmonie
> in deine Seele ein.
> Und du bleibst glücklich und froh
> und dein Nächster ebenso.

Ich wünsche dir die Sonne im Herzen. Strahle sie aus!
Es ist Gottes Liebe. Trage sie von Haus zu Haus.

Liebe, diene, bleibe selbstlos, so wie du von Urbeginn bist, dann veränderst du mit vielen diese Welt, und es wird licht.

> Ich grüße dich mit dem Frieden der Heimat
> und reich' dir die Hand.
> Ich reich sie dir aus dem geistigen Gewand.
> Nimm sie an und geh mit mir Hand in Hand
> ins Land der Liebe,
> denn Gott ist Liebe.

Friede!

Deine geistige Schwester *Liobani*

Informationen

Universelles Leben

Wir leben heute in einer Zeit des Aufbruchs und des Umbruchs. Am Beginn des sogenannten Wassermannzeitalters strahlt der Geist Gottes verstärkt in Erde und Mensch ein. Er regt alles zu erhöhter Aktivität an: Licht und Finsternis.

So werden nun die negativen Ursachen aktiv, welche die Menschheit über Jahrtausende hinweg gesetzt hat, indem sie gegen die göttlichen Gesetze verstieß. Die Wirkungen zeigen sich in Form von Naturkatastrophen, Kriegen, Krankheiten, Seuchen und vielem mehr.

Doch Gott, der liebende Vater, läßt Seine Kinder nicht im Stich: Christus, der Erlöser aller Menschen und Seelen, möchte uns durch die angesagte Zeit der Katastrophen sicher führen.

Heute sind viele Menschen geistig so weit gereift, daß sie das verstehen können, was Er als Jesus von Nazareth vor nahezu 2000 Jahren noch nicht sagen konnte. Heute erfüllt sich in vollem Umfang Sein Wort:

„Noch vieles habe Ich euch zu sagen, aber ihr könnt es jetzt nicht tragen. Wenn aber jener kommt, der Geist der Wahrheit, wird Er euch in die ganze Wahrheit führen." (Joh 16, 12f)

Heute offenbart sich Gott erneut über das Prophetische Wort wie zu allen Zeiten. Heute, an der Schwelle des neuen Zeitalters, schenkt Er uns tiefste Belehrungen aus der göttlichen Weisheit – in einer nie dagewesenen Tiefe, Detailliertheit und Klarheit.

Über Seine Lehrprophetin, Gabriele – Würzburg, vermittelt Er uns in allen Einzelheiten den Inneren Weg, der Schritt für Schritt zurück zum Herzen Gottes führt. Dieser christlich-mystische Pfad der Liebe ist der kürzeste Weg zum absoluten Bewußtsein. Wir kommen Gott und damit unserem eigentlichen Wesen in dem Maße näher, wie wir im Inneren friedvoll und liebevoll werden – indem wir das niedere Menschliche, Egoistische, das Besitzen-, Sein- und Habenwollen mit Hilfe der Kraft Christi überwinden und immer mehr die göttlichen Gesetze in unserem Leben verwirklichen und erfüllen.

Daraus erwächst auch im Äußeren das Reich des Friedens und der Liebe, das Weltreich Jesu Christi. Schon heute werden die Fundamente gelegt:

Die Christusfreunde, die Urchristen im Universellen Leben, machen Ernst mit der Nachfolge Jesu Christi. Sie sind bestrebt, die Bergpredigt in allen Lebensbereichen zu verwirklichen – in Ehe und Partnerschaft, in Wohngemeinschaften, in der Erziehung der Kinder, im Heilwesen, im Verhältnis zur Natur, in der Arbeit usw. So entstehen in Würzburg immer mehr Christusbetriebe, in welchen Geschwister nach einer geistigen Betriebsordnung leben und arbeiten, um das Gesetz „Bete und arbeite" im Sinne der Lehre Christi zu erfüllen.

Damit ersteht auch im Äußeren die Urgemeinde des Herrn, das Neue Jerusalem. Sie strahlt ihr Licht hinaus in die Welt, damit, von ihr ausgehend, noch viele weitere Gemeinden auf dieser Erde entstehen. Diese Fundamente des Friedensreiches Christi, des immer mehr sich entfaltenden neuen Menschentums, werden die kommende, schwere Zeit überstehen und erblühen im Lichte der Neuen Zeit.

Gleichheit, Freiheit, Einheit und Brüderlichkeit sind die Grundprinzipien des geistigen Menschentums, das schon jetzt von mehr und mehr Menschen angestrebt wird: Weltweit beschreiten bereits Tausende von Urchristen, Christusfreunde im Universellen Leben, den Inneren Weg. Und so entstehen überall auf der Erde Oasen des Friedens und der Liebe; ein Netz von strahlenden Lichtpunkten überzieht, immer dichter werdend, die Erde – mit dem pulsierenden Herzen des Neuen Jerusalem als Mittelpunkt.

Das Friedensreich Jesu Christi entsteht – in Seinem Geiste ist es bereits Wirklichkeit. Die Christusfreunde im Universellen Leben lassen es in sich erblühen, und sie umkleiden es mit der Materie, damit es auch im Äußeren offenbar wird.

Gleichheit, Freiheit, Einheit und Brüderlichkeit im Geiste Gottes zeichnen die Neue Zeit.

Grundsätze und Ziele
der Nachfolger des Nazareners

Diese Darlegungen zeigen auf, wer wir sind und was wir glauben.

Wir sind Nachfolger des Nazareners. Wir nennen uns Christusfreunde oder Urchristen. Wir haben unser Denken und Leben in die Nachfolge des Jesus von Nazareth gestellt, der durch Seine Opfertat unser aller Erlöser wurde.

Die Grundsätze der Nachfolge

Jesus von Nazareth lehrte und lebte die Gesetze der Unendlichkeit. Durch die Darlegungen der Bergpredigt gab Er tiefe Einblicke in das Gesetz Gottes, in die Liebe unseres himmlischen Vaters. Das Gesetz Gottes bewirkt im Gesetz von Saat und Ernte, dem Kausalgesetz, daß der Mensch durch die ersten Schritte von Toleranz, Verständnis, Wohlwollen und selbstloser Liebe allmählich seinen Weg zu höheren Idealen und Werten findet. Toleranz, Wohlwollen, Verständnis und selbstlose Liebe zeigen jedoch auch den göttlichen Ernst auf.

Gott spricht aus Seinem Gesetz: „Ich habe euch den freien Willen gegeben, den Ich nicht unterbinden werde, einerlei, wie oft der Mensch sündigt. Das Gesetz der Freiheit gilt allen Meinen Kindern. Daher müssen sie nicht vollziehen, was ihre Nächsten von ihnen verlangen." Das bedeutet für uns Menschen: Gott gab uns den freien Willen: Er toleriert unser Denken und Tun. Doch Gott vollbringt nicht unsere Werke des Ichs, sondern Sein Werk der Liebe, durch Christus, unseren Erlöser. Gott toleriert unseren Willen, doch Er führt nicht aus, was wir wollen. Gott hat Verständnis für unsere Lauheit, weil wir durch Sünde geschwächt sind. Doch Er selbst bleibt stark. Gott reicht uns wohlwollend Seine Hand, um uns aufzuheben. Doch Er läßt sich nicht von unserem Eigenwillen beeinflussen. Gott schenkt uns Seine Liebe. Nehmen wir sie an, dann empfangen wir. Lehnen wir uns dagegen auf, dann wenden wir uns von Gott ab.

Trotz alledem schenkt uns Gott weiterhin Seine Liebe. Er drängt sie uns jedoch nicht auf.

Das Gesetz der Unendlichkeit ist absolut, und keiner kann daran rütteln. Toleranz, Wohlwollen, Verständnis und selbstlose Liebe bilden im Gesetz von Saat und Ernte das Fundament. Auf diesem Fundament bauen wir, die Christusfreunde, auf, um Gottes Willen zu erfüllen. Wir sind also freie Menschen in Gott. Wir lassen uns unseren Glauben nicht aufzwingen. Wir bemühen uns, die Gesetze Gottes zu erkennen und zu verwirklichen, so daß wir im Glauben an Ihn erstarken. Aus diesem gemeinsamen Erkennen der Gesetze Gottes und durch die Verwirklichung ergibt sich der gemeinsame Glaube und das eine Ziel, wieder unserem Ursprung näherzukommen, dem Ebenbild Gottes.

Was wir für uns in Anspruch nehmen, die Freiheit, das zu glauben, was wir selbst erfahren haben, gilt für uns auch unseren Mitmenschen gegenüber: Wir üben Toleranz, Wohlwollen und Verständnis. Doch wir werden nicht tun, was uns andere bezüglich ihres Glaubens aufoktroyieren wollen. Unser Grundsatz lautet: Jeder ist in seiner Glaubensentscheidung frei. Keiner muß glauben, was wir glauben. Wer seinen Glauben propagiert, der hat auch die Pflicht, sich zu bemühen, danach zu leben. Sonst ist er von vornherein unglaubwürdig. Wer die Bibel für die einzige Wahrheit hält und dies propagiert, der sollte die Lebensregeln der Bibel auch verwirklichen. Sonst ist er unglaubwürdig. Nur die vorgelebten Beweise zählen – nicht die Rede. Das gilt insbesondere dann, wenn der Glaube anderer verurteilt wird. Wer sich als Atheist bezeichnet, der hat sich dazu entschieden. Das ist sein Recht. Wer sich Atheist nennt, der soll jedoch auch die Toleranz wahren und seinen Nächsten glauben lassen, was dieser für die Wahrheit hält. Jeder Mensch hat das Recht, seinen Glauben darzulegen. Doch keiner hat das Recht, seine Mitmenschen zu zwingen, das zu glauben, was er für richtig hält. Wer vorgibt, Christ zu sein, der sollte auch christlich leben und die Auszüge aus dem ewigen Gesetz, die Zehn Gebote, verwirklichen. Sonst ist er unglaubwürdig und kein Christ. Der Ernst Gottes spricht auch aus dem nachfolgenden Text: Wer den Namen Christi mißbraucht und gegen den Glauben seiner Nächsten vorgeht, sie verleumdet und verunglimpft, bedarf der

Aufklärung, um zur Selbsterkenntnis zu finden. Mißbraucht er weiterhin den Namen des Herrn, so kann er später seinen Nächsten nicht vorhalten, daß sie ihn nicht aufgeklärt hätten.

Jeder hat das Recht zu sagen: „Das ist mein Glaube" und diesen Glauben darzulegen. Keiner hat jedoch das Recht zu sagen: „Was dieser glaubt, ist falsch." Denn solange Menschen ihren Glauben nicht beweisen können, bleibt es Glaube. Wahrheitsgetreue Aufklärung ist gesetzmäßig – nicht jedoch mutwillig falsche Darlegungen und Aussagen, um andere Gläubige in ein schlechtes Licht zu rücken. Das sind die Grundsätze der Nachfolger des Nazareners.

Was sind unsere Ziele?

Wir begnügen uns nicht damit, einfach zu sagen: „Wir glauben." Der Glaube basiert auf dem Fundament der Toleranz, des Wohlwollens, des Verständnisses und der Liebe. Auf diesem Fundament aufzubauen erfordert, den Glauben durch die Taten im Geiste des Herrn zu beweisen, damit in diese Welt das Licht des Herrn leuchten kann. Wir wollen keine Regierenden sein und keine neue Regierung bilden. Wir bemühen uns, daß der Geist Christi die Herrschaft über die Materie erlangt und dadurch die Menschen untereinander Frieden halten. Wir bemühen uns, in Ehe und Familie den inneren Frieden zu finden: Wir lernen die inneren Werte unseres Nächsten lieben und machen ihn nicht zu unserem Sklaven, der zu glauben und auszuführen hat, was wir von ihm erwarten und fordern. Wir bemühen uns, zuerst das selbst zu geben, was wir von unserem Nächsten erwarten.

Auch unsere Kinder erziehen wir von klein auf nach diesen Prinzipien der inneren Freiheit. Das erfordert, daß wir ihnen vorleben, was sie stark, glücklich und zufrieden macht. Sind die Eltern gute Vorbilder, dann werden es auch die Kinder in dieser Welt besser und leichter haben. Wir binden unsere Kinder nicht an die kleine Parzelle der kleinen Familie. Wir streben die Großfamilie an, in der mehrere Familien zusammenleben. Durch die Offenheit in der Großfamilie findet das Ehepaar enger zusammen, weil Schwierigkeiten rascher angesprochen und bereinigt werden. So wachsen die Kinder in größerer Freiheit und Verbundenheit miteinander auf. Eines steht dem anderen bei und hilft ihm und wächst dadurch in die Selbstlosigkeit hinein. Es gelten dann nicht wie bisher die Prinzipien: Das ist mein, und das ist dein.

Wir wahren in allem die Gesetze dieser Welt, auch im schulischen Bereich. Doch der musische Zweig wird mit an erster Stelle stehen. Schon Krabbelstuben und Kindergärten werden von Menschen geführt, die einen Um- und Weitblick haben und sich bemühen, den Kindern das zu vermitteln, was sie in ihrem Denken und Tun frei macht. Unseren Schulen werden Kleinbetriebe angegliedert, damit auch die handwerklichen Talente des Kindes gefördert werden. In allem, was wir tun, wahren wir die irdischen Gesetze des Staates.

Was wir erkannt und verwirklicht haben, das strahlen wir aus und geben es von uns aus weiter. Wir wollen gemeinsam leben und miteinander verwirklichen, woran wir glauben: Wir glauben an die Liebe unseres himmlischen Vaters. Wir glauben an Christus, unseren Erlöser. Wir glauben an die reinen Himmel und an das ewig eherne, unumstößliche Gesetz Gottes. Wir glauben an die geistige Welt, an göttliche Wesen und an Geistwesen, die uns zum Schutze beigegeben sind. Wir glauben an die Präexistenz der Seele, daran, daß diese nach unserem Erdendasein in den Bereich der jenseitigen Welten geht, von dem sie gemäß ihrem Lebenswandel angezogen wird. Wir glauben an das Gesetz von Saat und Ernte: Was der Mensch sät und nicht rechtzeitig bereinigt, das wird er ernten. Daraus ergibt sich die Reinkarnation. Wir glauben also an die Wiederverkörperung der Seele, bis diese den geistigen Entwicklungsgrad erreicht hat, um nicht mehr von ihren Belastungen, den Sünden und dem materialistischen Denken, ins Erdenkleid gezogen zu werden. Wir glauben an die Auferstehung der Seele und ihren Heimgang. Wir glauben jedoch nicht an die Auferstehung des Fleisches. Wir glauben nicht an den Schlaf der Seele im Grabe bis zum Jüngsten Tag, weil Gott Leben und ewige Evolution ist. Wir glauben an keine ewige Verdammnis. Wir glauben auch an keinen Ort, der Hölle genannt wird. Wir glauben: Himmel und Hölle sind in jedem selbst, gemäß seinem Denken und Leben. Wir glauben nicht an Dogmen und vollziehen keine Rituale. Wir halten ein gemeinsames Abendmahl zur Verherrlichung unseres Herrn, Jesus Christus. Wir vollziehen dies in Seinem Gedächtnis.

Wir sind weder katholisch noch protestantisch, weil Christus niemals von Katholiken und Protestanten sprach. Er sprach schlicht: „Folget Mir nach!" Um diese Nachfolge bemühen wir uns. Wir brauchen keine religiösen Führer. Wir haben Christus als den einzigen Hirten und streben danach, Seine Herde zu sein. Wir glauben, daß alle Menschen einst gemeinsam die Familie des Herrn bilden werden. Wir drängen und zwingen keinen unserer Mitmenschen, mit uns zu gehen und zu glauben, was wir erkannt haben. Wir legen unseren Glauben dar. Wer ihn fassen kann, der fasse ihn. Wer ihn lassen will, der lasse ihn.

Wer Fleischnahrung bevorzugt, der soll Fleisch essen. Wer sich vegetarisch ernähren möchte, der soll es so halten. Jedem ist es freigestellt, sich so zu ernähren, wie er möchte. Unsere Maßstäbe sind: Wir leben vegetarisch und ernähren uns von dem, was uns die Natur schenkt. Wir wollen keinen überzeugen, das zu essen und zu trinken, was wir für uns für richtig halten. Wir glauben an die Heilkraft des Geistes und vernachlässigen den Körper nicht. Jeder kann seinen Körper dort pflegen und behandeln lassen, wo er glaubt, daß es gut für ihn sei. Für uns gilt der Grundsatz: Wer seinem Nächsten die Freiheit läßt, der ist selbst frei. Wer seinen Nächsten an seine Meinung bindet, der ist auch an ihn gebunden. Keiner muß glauben und vollbringen, was wir glauben und tun. Wer jedoch für sich selbst Toleranz, Verständnis und Wohlwollen erwartet, der soll dies auch seinem Nächsten gegenüber halten.

Würden diese Grundsätze gehalten, so könnten wir nach unserem Glauben leben. Die einzige Bitte an unsere Mitmenschen ist: Laßt uns nach unserem Glauben leben. Wir halten es auch gegenüber unseren Mitmenschen so!

Die Christusfreunde
im Universellen Leben

Meditations-Fernkurs

Meditieren – im Fernkurs
Der Beginn des Inneren Weges

Die Urchristen wußten – durch das unmittelbare Prophetische Wort – um den Weg zurück zu unserem Ursprung, unserer ewigen Heimat, zur Einheit mit Gott.

Das Wissen um diesen INNEREN WEG, der die göttlich-geistigen Kräfte in uns wieder erschließt, ging der Christenheit trotz einiger prophetischer Mahner verloren. In der Jetztzeit, der Zeit geistigen Aufbruchs, wirkt der Geist Gottes verstärkt in unsere Welt ein. Christus lehrt erneut den INNEREN WEG durch das Prophetische Wort, diesmal in allen Einzelheiten, gemäß Seiner Ankündigung vor 2000 Jahren: „Noch vieles habe Ich euch zu sagen..." (Joh 16,12f).

Dieser Schulungsweg, den wir als Fernkurs anbieten, beginnt mit einer ersten meditativen geistigen Aufbereitung von Seele und Mensch. Während eines ersten, sechsmonatigen Meditationskurses lernen wir, unser Fühlen, Denken und Handeln mehr und mehr auf Christus auszurichten.

Gezielte Bewegungsübungen, die jeweils vor der Meditation durchgeführt werden, bewirken eine zusätzliche Harmonisierung von Seele und Körper.

An diese erste Schulung schließt sich ein zweiter, neunmonatiger Meditationskurs an. In ihm lernen wir, die Geistkraft, das heißt die göttlichen Energien, in uns wieder verstärkt zur Wirkung zu bringen, zur Gesundung von Seele und Mensch.

Nach diesen beiden meditativen Aufbereitungskursen folgt der eigentliche INNERE WEG. Es ist der Pfad der Selbsterkenntnis und Verwirklichung, der uns allmählich aus dem Kausalgesetz, dem Gesetz von Ursache und Wirkung, herausführt in die Freude und Freiheit, nach denen sich jeder sehnt.

So entsteht wahrer Friede.

Bücher
im Universellen Leben

Göttliche Offenbarungen

Band I
Liobani. Ich erzähle – hörst Du zu?*
100 S., 7 Farb-Illustr., geb., ISBN 3-926056-03-7

Dein Kind und Du
Lebensschule der selbstlosen Liebe –
Erziehung der Säuglinge und Kleinkinder
im Universellen Leben
88 S., kart., Best.-Nr. S 110

Vaterworte auch an Dich
100 S., geb., Best.-Nr. S 108

Gottes Liebe begleitet Dich*
Ein Kleinod aus dem Geiste Gottes
75 S., 16 SW-Fotos, geb., ISBN 3-926056-05-3

Du bist nicht verlassen*
Gott ist Dir nahe in Wort und Tat
112 S., 21 Farbfotos, geb., ISBN 3-926056-06-1

Ursache und Entstehung aller Krankheiten*
Was der Mensch sät, wird er ernten
2. Auflage, 224 S., geb., ISBN 3-926056-56-8

**Erkenne und heile Dich selbst
durch die Kraft des Geistes**
210 S., Best.-Nr. S 102

Schriften der Prophetin Gottes

Mit Gott lebt sich's leichter*
135 S., kart., ISBN 3-926056-03-X

Gott heilt*
80 S., kart., ISBN 3-926056-08-8

Schriften der Christusfreunde

Ich kam – woher? Ich gehe – wohin?*
Leben nach dem Tod – Die Reise Deiner Seele
70 S., kart., ISBN 3-926056-04-5

Reinkarnation
Das Heraus- und das Hineinschlüpfen in das Fleisch
48 S., kart., ISBN 3-926056-54-1

Richard Wagner
*Gott sprach und spricht durch sie über
Den Engelsturz und die Rückkehr ins Reich Gottes**
192 S., kart., ISBN 3-926056-02-9

Gott ist Klang – singe
Lieder im Universellen Leben
112 S., geb., mit 10 Farbbildern, Best.-Nr. S 419

Die mit Stern * gekennzeichneten Bücher können über den Buchhandel bezogen werden.
Diese und zahlreiche weitere Schriften sind z. T. in mehreren Sprachen erhältlich. Näheres entnehmen Sie bitte dem aktuellen **Gesamtverzeichnis** unserer Bücher und Cassetten, das wir Ihnen auf Wunsch gerne kostenlos zusenden.

Universelles Leben · Postfach 5643 · D-8700 Würzburg